guıde

阿伦特：

关键概念

Hannah Arendt: Key Concepts

帕特里克·海登（Patrick Hayden） 编

陈高华 译

重庆大学出版社

目 录

作者介绍

伊丽莎白·弗雷泽（Elizabeth Frazer） 牛津大学政治与国际关系系主任，新学院政治学研究员。她的研究兴趣集中于政治生活的规范观念，发表了一些有关政治的概念、政治教育的论文，同时与金伯利·哈钦思（Kimberly Hutchings）合作出版了论述暴力与政治之间关系的著作。

卡琳·弗莱（Karin Fry） 威斯康星大学斯蒂芬斯角分校哲学助理教授。她的专长是十九、二十世纪大陆哲学，社会哲学与政治哲学，以及艺术哲学。她是《阿伦特：迷途指津》（*Arendt: A Guide for the Perplexed*, 2009）一书的作者，以及《哲学论题》（*Philosophical Topics*）"阿伦特著作卷"的共同编者。她的研究兴趣还包括公共哲学、宗教与政治，以及哲学与大众文化。

艾腾·贡多杜（Ayten Gündogdu） 巴纳德学院-哥伦比亚大学政治科学助理教授。她的研究主要是援引现当代政治思想资源来处理颇具挑战性的人权问题和移民问题。她的论著主要是发表在

《当代政治理论》(*Contemporary Political Theory*)、《欧洲政治理论杂志》(*European Journal of Political Theory*)和《法律、文化与人文》(*Law, Culture and the Humanities*)上的文章,现在她正撰写一部著作,内容是用阿伦特的思想来审视当代移民的权利斗争。

帕特里克·海登(Patrick Hayden)　圣安德鲁斯大学政治理论和国际关系教授。他是《全球化时代的政治邪恶:阿伦特与国际关系理论》(*Political Evil in a Global Age: Hannah Arendt and International Theory*, 2009)和《世界主义的全球化政治》(*Cosmopolitan Global Politics*, 2005)的作者,以及《Ashgate 伦理学和国际关系研究指南》(*The Ashgate Research Companion to Ethics and International Relations*, 2009)的编者。他的研究集中于国际政治理论、当代社会与政治理论、人权与全球化政治中的正义/非正义问题。

安娜贝尔·赫佐格(Annabel Herzog)　以色列海法大学政治科学部治理和政治理论系高级讲师。她的研究主要集中于阿伦特、列维纳斯、加缪和德里达。她编有《汉娜·阿伦特:极权主义与恶之平庸》(*Hannah Arendt: totalitarisme et banalité du mal*, 2011),著有《不同的政治考量》(*Penser autrement la politique*, 1997),此外,她还发表了大量关于伦理、政治和解释学的论文。

西沃恩·卡塔戈(Siobhan Kattago)　爱沙尼亚塔林大学哲学系教师。她的研究兴趣包括集体记忆与政治哲学,著有《含糊的记忆:纳粹的过去与德国的民族认同》(*Ambiguous Memory: The Nazi Past and German National Identity*, 2001)和《当代欧洲的记忆与表征:过去的持存》(*Memory and Representation in Contemporary Europe: The Persistence of the Past*, 2012),目前,她正在编辑《Ashgate 记忆研究指南》(*The Ashgate Research Companion to Memory Studies*, 2014)。

道格拉斯·B. 克鲁斯梅尔（Douglas B. Klusmeyer）　斯坦福大学历史学和法学双料博士，曾任职于卡耐基国际和平基金会（Carnegie Endowment for International Peace），现任教于美利坚大学司法、法律和社会系，同时也是历史系的附属成员。他出版了大量关于公民身份和移民政策问题的论著，当前的研究兴趣集中于一般的法律问题和国际政治理论问题，具体则集中于对汉娜·阿伦特的研究。

玛格丽特·拉凯齐（Marguerite La Caze）　昆士兰大学哲学助理教授。她著有《惊异与慷慨及其在伦理学和政治学中的作用》（*Wonder and Generosity：Their Role in Ethics and Politics*, 2013）、《分析的想象》（*The Analytic Imaginary*, 2002）、《正直与脆弱的自我》（*Integrity and the Fragile Self*, 2003；与戴米安·科克斯［Damian Cox］和迈克尔·莱文［Michael Levine］合著），此外，她还发表了大量论文，涉及的思想家有阿伦特、波伏瓦、德里达、弗洛伊德、伊利格瑞、康德、米什莱·勒多夫（Michèle Le Dœuff）、萨特和艾里斯·马里恩·扬（Iris Marion Young）。

小安东尼·F.朗（Anthony F. Lang, Jr）　他在圣安德鲁斯大学拥有国际政治理论教席，主持一个全球宪政主义中心。他的教学和研究集中于全球层面、中东地区的法律、政治和伦理的交叉部分，尤其关注宪政主义概念，著有《惩罚、正义与国际关系：冷战后的伦理和秩序》（*Punishment, Justice and International Relations：Ethics and Order after the Cold War*, 2008），（与约翰·威廉斯［John Williams］）共同编有《阿伦特与国际关系：跨界读本》（*Hannah Arendt and International Relations：Reading Across the Lines*, 2005）。

玛莎·罗维叶（Maša Mrovlje）　任教于圣安德鲁斯大学，也是该大学的博士候选人。她的研究兴趣大致在国际政治理论和政治

思想史领域,尤为关注 20 世纪的生存哲学及其对当代世界中政治
判断、自由、责任、批判和转型正义所提出的问题和挑战的意义。

拉斯·伦斯曼(Lars Rensmann) 意大利罗马约翰·卡波特大
学政治科学助理教授。他的工作主要集中于国际政治思想、批判
理论和全球政治及欧洲政治,近来的著作包括《法兰克福学派与反
犹主义》(*The Frankfurt School and Antisemitism*,即出)、《阿伦特与阿多
诺:政治研究与哲学研究》(*Arendt and Adorno: Political and Philosophical
Investigations*,与萨米尔·甘德沙[Samir Gandesha]合编,2012),以及
《游戏世界:体育在如何重构全球政治和文化》(*Gaming the World:
How Sports are Reshaping Global Politics and Culture*,与安德雷·S.马科
维茨[Andrei S. Markovits]合著,2010)。

保罗·沃伊斯(Paul Voice) 在贝宁顿学院教授哲学。他的
研究领域包括正义问题、应用政治哲学以及浪漫爱情的哲学,近来
发表的作品有《被解释的罗尔斯》(*Rawls Explained*,2011)、《非正义
的噪音》(Unjust Noise,刊于《北欧应用伦理学杂志》[*The Nordic
Journal of Applied Ethics*])以及《爱作为情感契约的权威》(The
Authority of Love as Sentimental Contract,刊于《哲学论文》[*Essays in
Philosophy*])。

菲利普·沃尔什(Philip Walsh) 多伦多约克大学社会学助理
教授。他的研究兴趣包括社会理论、知识社会学和社会科学哲学,
著有《怀疑主义、现代性和批判理论》(*Skepticism, Modernity and
Critical Theory*,2005)。他最近发表的作品主要是,为了社会科学的
未来去看待阿伦特和埃利亚斯作品的意义。

导　言

阐明阿伦特

⊙ 帕特里克·海登

　　作为哲学家、政治理论家和批评家的汉娜·阿伦特,可以说是20世纪最具才华的思想家之一。她不仅是20世纪思想舞台当中独立不羁、学识渊博的人物,也是那些关乎人文社会科学基本问题的原创性和深刻性概念最有影响的贡献者之一。她的研究范围极广、路径不拘一格,涉及的问题有自由与责任、暴力与革命、战争与极权主义、社会异化与技术癖、想象与判断、参与式政治与公民不服从,以及人类生存的意义本身。她的全部作品包括复杂费解却别具一格的哲学和政治理论著作,数以百计的论文、访谈和演讲,论题涉及历史、哲学、文学和文化,此外,还有较为私密的来往信件和观察敏锐的新闻报道。作为一个写作者和公共人物,阿伦特被人广泛阅读,而且常常引发争议;她那不同寻常的人生际遇和那些独特的作品,既吸引了大量充满激情的拥趸,也招来了同样强烈的批评者。最重要的是,阿伦特的思想和概念为的是突显那些使现代世界发生转变且常常晦暗不清的过程,强调我们各自以及共同要面对的大挑战;说到底,她的思想和概念是对世界的观察,这个世界正奋力地在一个充满不确定性的时代寻找出路。

在这篇导言中,我叙述了阿伦特一生中的几个关键时刻,借此表明她的亲身经历在多大程度上构成了她的那些哲学文本和政治文本的决定性基础,同时也为读者们进入她的著作提供几个路标。其间,我也会考察阿伦特的哲学感觉如何从现象学-存在主义传统中生发出来。当然,由于现代性处境下政治之命运这个急迫的问题,她的这种哲学感觉发展成了一种独特的理论声音。接着,我会处理几个核心论题,它们源自阿伦特对人类生存的那种常常悖谬性特征的反思,以及她对既日益恶化又日益集权的境况(对此种境况,人类必须加以回应)的理解尝试。

生平概述

阿伦特 1906 年 10 月 14 日出生于德国的汉诺威,在哥尼斯堡长大,当时的哥尼斯堡是东普鲁士的首府,如今它成了俄罗斯的加里宁格勒。[1] 阿伦特的曾祖父母和曾外祖父母都是受德国犹太人免于遭受反犹主义大屠杀前景的吸引,在 19 世纪从俄罗斯迁移到哥尼斯堡的。她的父亲叫保罗·阿伦特(Paul Arendt)、母亲叫玛莎·科恩(Martha Cohn),都是有教养的人,他们一家是典型的职业家庭(她的父亲是一位工程师),属于中产阶级商业共同体的稳定成员,而且,她的父母是社会民主党的坚定支持者。尽管在孩童时期,阿伦特就身处反犹主义的氛围之中,不过她母亲一直跟她说,一定要保护自己,坚定地维护自己的尊严。尽管"'犹太人'一词从未在家中提起",阿伦特曾这样谈到(Arendt 1994:7-8),但同化了的阿伦特一家也从未否认如下事实,即他们"生来"就是犹太人,并且一直与犹太教人士保持着良好关系。在阿伦特的一生中,

---

1　扬-布鲁尔(Young-Bruehl 2004)的传记,仍是英语世界唯一全面研究阿伦特生平的著作。

对于犹太认同问题,以及更为宽泛的宗教认同、民族认同、社会认同和政治认同问题,她都时有探究。

阿伦特7岁那年,她父亲保罗在久病之后去世。1914年8月,由于俄国军队在第一次世界大战之初进攻哥尼斯堡,阿伦特与母亲逃到了柏林,但是,当德国军队击退这次进攻之后,她们又在同年末设法回到了哥尼斯堡。阿伦特是一个早熟、坚毅而且极为聪明的少女——用她母亲的话说,"难以相处、神秘兮兮"(Young-Bruehl 2004:36)——她在学习上很活跃,很早就接触到了古典语言、哲学、神学、文学、历史和诗歌。在通过要求极高的高级中学毕业考试(德国中学生进入大学所要求的毕业考试)——尽管她因"反叛性地"抵制某位老师的课程而被开除——之后,阿伦特1924年秋天在马堡大学注册入学。在那里,她跟随受人尊重的神学家鲁道夫·布尔特曼(Rudolf Bultmann)学习神学,最为重要的是,她跟随马丁·海德格尔学习哲学。那时,海德格尔在学生中获得了如下声誉:一个才华横溢的开创性思想家,通过对形而上学的激进的现象学批判,他能够一扫后康德主义哲学的阴霾,让原创性的思考"重新焕发生机"(Young-Bruehl:49;也可参看 Arendt 1971)。阿伦特与海德格尔彼此都为对方深深吸引,不久开始了一段秘密的恋情,可惜好景不长,只持续到1925年夏天就结束了。海德格尔后来说,他在撰写1927年出版的杰作《存在与时间》(*Being and Time*)期间,阿伦特是他的灵感之源(Young-Bruehl 2004:50)。

在下定决心断了与海德格尔的恋情后,阿伦特在弗赖堡大学待了一个学期,跟随海德格尔的老师和导师埃德蒙德·胡塞尔学习,后者是哲学现象学流派(现象学致力于对活生生经验的结构及其主体维度的反思性描述和分析)的领袖人物。随后,她为了继续自己的学业,来到了海德堡大学跟随卡尔·雅斯贝尔斯学习,后者起初是个生理学家,后来转变成了一个哲学家,他提出了一种

Existenzphilosophie(生存哲学),这是"阐明生存"和人的自由的一种现象学-生存论尝试(Arendt 1994:183)。在雅斯贝尔斯的指导下,阿伦特1928年以一篇关于圣奥古斯丁的爱的概念的论文获得博士学位。阿伦特认为雅斯贝尔斯对自己的思想发展有着决定性的影响,让她意识到如何把人的生存与人际间的对话、实践和政治联系起来进行哲学思考。此后,她与雅斯贝尔斯之间形成了一种持续终生的亲密友谊,前后四十多年。

1929年,阿伦特来到柏林,在那里她遇到了哲学家君特·斯特恩并与之结婚,那一年,她还出版了自己的博士论文。阿伦特在进行德国浪漫主义研究的同时,还着手撰写一部关于拉埃尔·瓦恩哈根的传记,后者是19世纪早期的犹太作家、社交女性和沙龙主人(salonnière)。1933年阿伦特就完成了关于瓦恩哈根传记的大部分手稿,但是,由于当时德国恶化的社会和政治处境,这一传记未能完成,一直到1958年才成书出版。由于希特勒在1933年1月被任命为总理以及同年2月的国会大厦纵火案的发生,德国议会通过了一项紧急状态令或"授权法案",授权希特勒有权中止公民自由,可以经由命令通过法律。在国会大厦纵火案发生之后的几个月里,阿伦特在政治上变得积极,不顾法令,把自己的公寓当作共产党和犹太的政治人物逃避希特勒政权的中转站。她的丈夫君特·斯特恩就是那些被迫逃离的人之一,他在国会大厦纵火案后盖世太保开始清除左派之际去了巴黎。阿伦特则仍待在柏林,在普鲁士国家图书馆为她的朋友库尔特·布鲁门菲尔德——布鲁门菲尔德是犹太复国主义德国联合会的秘书长——进行秘密研究,目的是搜集德国的民间社会组织、商业团体和专业协会的反犹言论。随后,阿伦特因这一工作被逮捕,在柏林警察局审问了八天。释放后不久,她与她的母亲在没有任何旅行证件的情况下逃离了德国,先是逃到布拉格,然后到日内瓦,最后到了巴黎,在巴黎,阿伦特作为"无证"难民生活了七年(Arendt 1994:5-6；Young-Bruehl 2004:105-7)。

对于阿伦特而言,巴黎的那段时间是她在思想和政治上集中成形的时期。如果说1933年标志着阿伦特深刻的政治意识的觉醒——她认识到"漠不关心已不再可能",而责任则意味着不能"只做一个旁观者"(Arendt 1994:3)——那么接下来的这七年则代表着她的政治哲思的逐步成熟。尽管对阿伦特来说,作为难民在巴黎生活极为艰难,这导致了她与君特·斯特恩在1936年分离,但那里也有文化和政治上极为厚实的世界主义环境。尽管对于犹太复国主义的一些因素极为不满,但阿伦特仍热情地为好几个巴黎的犹太组织工作,帮助移民和难民儿童定居巴勒斯坦。那时,她完全领会了母亲在小时候对她的教导的意义,因此在谈到自己为何会积极参与其中时她说:"如果一个人因为是犹太人而遭受攻击,那他就必须以犹太人的身份来为自己辩护……我想要做些实际工作,而且只做与犹太人有关的工作"(Arendt 1994:12)。阿伦特也认识了许多著名的知识分子,其中包括同为流亡者的瓦尔特·本雅明和贝尔托·布莱希特,以及其他一些人,比如亚历山大·科耶夫(Alexandre Kojève)、让·华尔(Jean Wahl)、让-保罗·萨特和阿尔贝·加缪。或许,最为重要的是,阿伦特在1936年遇见了非犹太的德国政治难民海因里希·布吕希尔。布吕希尔曾经是一名共产党员,是罗莎·卢森堡领导的革命的斯巴达联盟的活跃分子。虽然有一个无产阶级的背景,而且没接受什么传统意义上的正式教育,但布吕希尔却是一位很有智慧的政治人物。在一起后,阿伦特从布吕希尔那里学到了很多政治领域的事,而布吕希尔则从阿伦特那里学了不少哲学和政治理论。他们俩1940年1月结婚,此后便一直是彼此忠诚的伴侣、朋友和合作者,直到布吕希尔在1970年10月去世。

1940年5月,维希政府把大量的无国籍人和难民(主要是德国犹太人)归为"帝国侨民",把他们关入集中营。因此,阿伦特被迫与布吕希尔分开,并被关入法国西南部的古尔集中营。由于感到严重危险,阿伦特设法在当年七月逃离集中营,并来到一个安全的地方,在那里竟很幸运地与布吕希尔重逢,布吕希尔也是设法从他所在的巴黎郊外的集中营逃出来的。在经过了几个月的逃亡生活之后,阿伦特和布吕希尔获得了前往美国的紧急护照。随后,他们必须到里斯本,在那里等了三个月才于1941年5月安全到达美国纽约(Young-Bruehl 2004:152-9)。十年后,阿伦特成了美国公民。

在纽约生活的最初一段时间,也是很艰难的。适应完全不同的社会生活、找工作以及学习新的语言,诸如此类都要经受无数的挑战。阿伦特先是在一家德语报纸《建设报》(*Aufbau*)任专栏作家,期间她发表了大量揭露欧洲犹太人受迫害和最终解决扩大化的文章,同时,她还兼职做教师,之后,她在1946年担任了肖肯丛书(Schocken Books)的高级编辑。1940年代中后期,她也为欧洲犹太文化重建委员会工作,后者的任务是确定纳粹占领欧洲期间掠走的重要文物,以便归还和复原。正是在这一时期,阿伦特进行了大量的研究,使得她的第一部重要著作出版,这也是她的第一部用英语写就的作品,即1951年出版的《极权主义的起源》(*The Origins of Totalitarianism*)。人们对于这本著作的态度,既有赞许,也有批评。有些批评者集中于阿伦特在历史方法论上的缺陷,另一些批评者则不满于阿伦特给予纳粹主义的关注太多,与斯大林主义相比太不成比例(Baehr 2010)。无论如何,它是最早分析"极权主义的主要因素"的著作之一(Arendt 1994:403),并且历史地说明了它的"史无前例"性质,是至今尚无法想象的一种现象。

由于《极权主义的起源》一书大体上得到了正面评价,阿伦特的学术声誉开始扩展开来,从德国移民的小圈子进入了美国学界的网络和机构。1952 年,阿伦特获得了古根海姆基金(Guggenheim Foundation fellowship),开始了一项研究计划,她设想借此充实马克思的思想与斯大林主义之间的关联,而这一点在《极权主义的起源》中只有简单提及。在随后的几年里,阿伦特在一些机构发表了一系列高调的演讲,比如芝加哥大学、圣母大学和普林斯顿大学,这些演讲不仅阐述了她对马克思的批判,而且提出了她对西方哲学传统的批判性审问,以及这一传统向来对于言说和行动这两种政治自由的敌意。1955 年,她到加利福尼亚大学伯克利分校担任访问教授,1959 年,她被任命为普林斯顿大学(阿伦特以其一贯不留情面的"刻薄"方式说这是一所"出了名的势利眼大学";Young-Bruehl 2004:272)的全职教授。阿伦特的第二本重要著作,即《人的境况》(*The Human Condition*),出版于 1958 年,它对公共-政治事件如何构成一种适宜的人类生存,进行了阐明。

　　在 1953 年 7 月阿伦特写给卡尔·雅斯贝尔斯的一封信中,她抱怨说,"要是我对恶的问题了解得多些就好了"(Young-Bruehl 2004:287)。1961 年,阿伦特如愿以偿,被《纽约客》(*The New Yorker*)杂志派作记者去报道在耶路撒冷进行的对阿道夫·艾希曼的审判。艾希曼是党卫军的中层军官,在大屠杀或浩劫期间负责把欧洲犹太人有序地送往纳粹的死亡集中营,被阿伦特用来表明恶的"平庸"。在《极权主义的起源》中,她把灭绝营称为"根本的"恶,但在 1963 年 5 月出版的《耶路撒冷的艾希曼》(*Eichmann in Jerusalem*)中,她尽力所阐述的问题则是,恶如何由那些"缺乏思考地"参与到国家政策之执行或忠诚地追随国家政策的看似正常的个体造成。阿伦特的论点随即引爆了大量的争议和敌意。一些批评者认为,"恶的平庸"这种说法让最终解决这一骇人的暴行变得微不足道,而另外一些批评者则更加直接,谴责她是在谴责犹太受害者,因为她还分析了犹太委员会曾在这场大屠杀中与纳粹官方合作(Arendt 2007a:465-511)。

于是,在接下来的十年中,阿伦特专注于一系列相互勾连的概念,从政治的恶如何发生这个极其真实的问题来看,它们有深刻的道德和政治意蕴,比如思考、判断、责任、权力、暴力、意见、复多性、传统与革命。她的许多反思都受到了让美国社会和政治环境变得暗淡的危机的激发,其中包括种族隔离和公民权斗争、越战和水门事件丑闻。在这段困难重重但也极为高产的时期,阿伦特出版了《过去与未来之间》(*Between Past and Future*, 1961)、《论革命》(*On Revolution*, 1963)、《黑暗时代的人们》(*Men in Dark Times*, 1968)、《论暴力》(*On Violence*, 1970)和《共和危机》(*Crises of the Republic*, 1972)。

在赢得了杰出的学术声誉之后,当然也有许多恶名,阿伦特1967年在纽约的社会研究新学院谋得了大学教授的职位。她也获得了认可其一生工作的公共嘉奖,其中包括大量的荣誉学位、1967年的德国语言和文学学会的西格蒙德·弗洛伊德奖、1969年美国艺术和科学学会的爱默生-梭罗奖章,以及1975年为其对欧洲文明的贡献而颁发的松宁奖。1973年,阿伦特应邀主持苏格兰阿伯丁大学著名的吉福德讲座。在这一系列讲座中,阿伦特介绍的内容,按计划是一本考察三种明确的心灵活动——思考、意愿和判断——以及提出其对于思考与政治之间联系的书。然而,阿伦特的这本书终究没能完成。1975年12月4日,阿伦特死于心脏病发作,其时她正在纽约的寓所接待朋友。《心灵生活》(*The Life of the Mind*)在她死后于1978年出版。

阿伦特的现象学-生存论感受性

1964年10月,阿伦特接受记者君特·高斯(Günter Gaus)的电视采访时,曾这样描述自己的思想方向和职业:"我不属于哲学家的圈子。如果一定要说我的职业的话,它应该是政治理论。我从未觉得自己是一个哲学家,恐怕我也没有被哲学家圈子所接受"(Arendt 1994:1)。阿伦特进而表明"哲学与政治之间存在着一种重要的张力"(Arendt 1994:1),后来又阐明说,她"认为若没有个人经验,就不会有任何思想过程。一切思想都是事后思想,即对某个问题或事件的反思"(Arendt 1994:20)。就教育背景而言,阿伦特主要受的是哲学教育,尤其是受海德格尔和雅斯贝尔斯的影响,然而,尽管她与哲学学科显然有着密切关联——有论者说,阿伦特是"哲学家的哲学家"(Arendt 1979:307)——但她始终拒绝对自己的生平和著作进行严格的归类。因此,她对于严格意义上的哲学始终持一种模棱两可的态度,尤其是对它的"职业"模式充满怀疑。她既是位多产的作家,也是位博学多才的思想家,用现有的思想流派和既定的政治划分难以给她的思想定位。著名的国际关系学者、阿伦特的亲密朋友汉斯·摩根索曾这样问她,"你是什么?你是一个保守主义者?你是一个自由主义者?在当代政治的种种可能性中,你的位置何在?"对此,阿伦特面带苦笑,回应道:

> 我不知道。我真的不知道,而且我从来没有明确过。我想我从未有过那样的位置。你知道的,左派认为我是个保守主义者,而保守主义者有时又认为我是个左派或持异见者,或天知道是什么东西。不过我必须要说,我不怎么关心这些。我不相信这个世纪的真正问题能通过这种方式得到澄清。我不属于任何团体……因此,我没法回答这个问题。

> (Arendt 1979:333-4)

正如阿伦特在高斯的访谈中所说的那样,"我一直在做自己喜欢做的事情……我不是特别有礼貌,也不是很客气;我想什么就说什么"(Arendt 1994:3,17)。这就容易理解,读者起初会惊讶于这样一个显然"难以相处、神秘兮兮"的思想家竟会如此受尊重、大受欢迎。尽管如此,但对于阿伦特而言——无论是从个人的角度,还是从理论和政治的角度——最重要的是养成"有意识的贱民"态度,这是一种局外人的异议立场,他或她在保持自己的独立和批判性距离的同时,政治上仍关切着世界(Arendt 1968:13-14;2007a:275-97)。在阿伦特看来,唯有深思熟虑采取一种有意识的贱民立场,拒不墨守成规,一个人才可能完成思考和判断。"社会性的不墨守成规",阿伦特曾说道,"是取得思想成就的必要条件"(Young-Bruehl 2004:xliii)。

阿伦特著作的核心是她对思考活动及其赠予"启迪"的能力(如她在回应摩根索时所说的那样)的关注。阿伦特从未认为自己为实现良善社会或构建公正社会提供了什么不可置疑的方案。她也有意不去提出不可置疑的观念,或撰写那样的论文,它们可用于依照完美主义理论或方案来重建社会。她甚至认为,这种做法让"政治哲学"传统有了"负担"(Arendt 1994:3),其不幸的结果就是哲学家长期以来成了政治领域的主导者。相反,作为一个非传统的政治理论家,阿伦特关注的是一个很重要但几乎从未得到承认的问题,即"我们正在做什么?"易言之,她一生孜孜以求的,她的全部著作所要形塑的,"就是去思考一下我们正在做什么"(Arendt 1958:5)。她认为,现代人的境况最典型的是缺乏思考,或者说不假思索地接纳那些习惯性地承诺了进步和幸福的社会政策、经济政策、技术政策和政治政策,然而,毫无例外的是,带来的却是死亡、毁灭、不安全、腐败、不平等和异化。我们因有了随手可得的信息、事实和技术专家而不再感到有思考的需要——当然,要是因特网和移动设备是万能的,现在可以说是"一点即来"。既然我们身后是一个崩溃的传统留下的碎屑,我们面前又有一个为所谓的专家治愈其疾病的社会的错觉,那我们自己现在身处何方,我们以为自己在做什么? 当前我们可以把什么样的标准当作自己的支撑?
我们能够理解复杂的目标吗? 那可是意味着要在一个显然向着更
高迸发的世界中对选择和行动加以控制。为了换来所谓的更美好
的明天,如今我们还情愿牺牲什么或牺牲谁?

阿伦特提到,思考活动以及政治推理活动不是什么"生产性
的"东西,即不是为如何"把事情做好"提供指南——"知道-如何",
如她在《人的境况》(Arendt 1958:3)中所表述的那样——相反,它
是某种"启迪性的"东西,即对政治生活面对的一连串具体问题以
及为了回应这些问题陷入的险境提供启示(Arendt 1968;Curtis
1999)。思考我们正在做什么,要考虑对于行动和事件的丰富解
释,它揭示了具有历史重要意义的多重可能性,它也为挑衅性的批
判眼光揭露了动机、证成、意图和效果。最为重要的是,思考引发
我们去理解,进入我们赋予正在做的事情和居于其中的世界以意
义的过程。像萨特(1998:575)一样,阿伦特认为人是"意义的猎
手"。"在我看来重要的是",阿伦特在她的著作中断言,"去理解"
(Arendt 1994:3)。

尽管阿伦特不把自己归于任何一个具体的思想流派或系统的
方法论本身,但她确实认为自己是"某种现象学家"(Young-Bruehl
2004: 405)。她这样说的意思是,她反思人的境况和政治事件的方
式旨在把它们理解为现象,也就是说,以它们向那些遭受它们的人
显现那样去经验它们、解释它们。她倾向于把自己的作品看成具
有宽泛意义上的现象学和生存论性质,这一态度最明确地体现在
1972 年的如下评论中:"什么是我们思想的主题? 经验! 别无他
物。我们若没有经验的基础,就完全陷入了各种[抽象的]理论"
(Arendt 1979: 308;[1961]1968:14)。这样一来,政治理论就有了
一种生存论意义,它对于阿伦特而言极为重要,因为从一开始它就
源于活生生的经验,而且始终保持着对活生生经验的接触,这些经

10

验是人类生存最具政治性的特征:自由、归属、责任、出生与死亡、友爱、支配、想象等。阿伦特的现象学-生存论综合使她一贯强调活生生的经验,坚持一切思考都是一种"事后思考",通过留意我们身处其中的人类世界以及我们与他人有意义地显现其中的各种方式而形成。[1]　无论如何,阿伦特拒不认为自己是传统意义上的哲学家,这是原因之一。阿伦特认为,纯粹的哲学沉思是自我指涉的;它是一个循环过程,其中思考总是思考着自身(内省)。与此相对,阿伦特主张,思考作为一种道德和政治上极为重要的活动,推动它的是思想与外在的显著现实的冲突——最为根本的是,思想与我们时代的社会和政治经验之间的冲突。不可否认,思考绝不应切断与日常人类事务世界的联系,但是,它仍要求一种孤独和宁静,以便开启和显现自身:人必须不时停下来才能思考(Arendt 1978b:4)。

　　胡塞尔、海德格尔和雅斯贝尔斯的影响激发了阿伦特的现象学-生存论倾向,并且得到了她从古希腊罗马哲学、悲剧和诗歌中获得的启示的补充(参看 Villa 1996)。阿伦特非常认真地说,希腊语 phainómenon 指的是"现象",即自身的显现、展露或展现。尽管 phainómenon 一词所具有的是一种非政治的含义,但在阿伦特看来,它以最显然地表明了自我与他人在政治领域的世俗空间中相互显现的方式。实际上,polis 一词的准确意思是"显现空间",是一个"人们走到一起、在一起并彼此谈论某事"的空间,在那里,"一切事物的多面性首先得到辨识"(Arendt 2005:164,167)。现象学-生存论的感受性特别适合于用来描述阿伦特的做法,她力图使我们的思考靠近政治现实这一活生生的经验,它是我们在与他人共

1　从海德格尔、生存哲学和存在主义的影响来看阿伦特思想的发展,参看欣奇曼和欣奇曼(Hinchman and Hinchman 1984,1991),塔米尼奥(Taminiaux 1997)和维拉(Villa 1996)。

享的有意义世界中的处境的一种特殊形式。相互揭示的踪迹——我们在一个人际显现空间的复多性中相互展现的踪迹——不仅历史地反映在法律和制度中,而且也反映在语言以及我们借以传递、表达、探询我们的境况和经验的意义的概念中。那就是为何概念,哪怕是源自遥远的时代和地方的概念,对于阿伦特如此重要的原因所在。从语言上来说,概念是对现象上具体的历史经验和生存论上人的境况这个独一无二的领域中活生生的要素的结晶或萃取,最有名的是她在《人的境况》中详细加以阐释的劳动、工作和行动概念(Young-Bruehl 2004:318;Arendt 1958)。阿伦特作品中不断重现的各种概念,都是用来探索这些多样的经验领域,她认为,这些领域应该在经验和概念上仔细地加以区分。[1]

　　在 1946 年的论文《什么是生存哲学?》(What is Existential Philosophy?)中,阿伦特宣称,胡塞尔现象学最引人注目的方面是其对人文主义的后形而上学"重建"。胡塞尔把现实带入人类解释领域,目的是为了让哲学返回活生生的经验世界。这不是要简单地聚焦于情感状态,而是要把种种特殊现象汇集在一起,使其融入可理解的世界,以便能够交流——借此魔法般地"从一个疏离的世界中召唤出一个新家"(Arendt 1994:165)。现象学主张,要像事物显现自身那样去抓住其独特性,要从现存一切事物的神秘偶然性出发,不过它仍肯认了人性的价值,即使"人不是存在自身的创造者"(Arendt 1994:167)。这与现代科学和正统哲学的去人性化倾向形成了强烈的对比。不过,阿伦特虽然认可胡塞尔的优点在于使人类经验成为当代哲学的主要关切,但她很快就表达了对胡

1　我们一定要注意,不要过分突出阿伦特对差异的强调。帕琴·马克尔(Markell 2011:33)论证说,阿伦特不是说要把这些领域的差异简化为严格的区别,保持各自的纯洁性;相反,它们具有一种复杂的"同时存在的差异和相互依赖关系"。

塞尔的现象学假设——现象学的观察能构成一幅客观的人性图景——的反感。阿伦特认为,在客观真理的框架下是不可能解决生存问题的,于是她转向了克尔凯郭尔,因为后者表明"主观真理,即'存在之物'的真理,是一个悖谬,因为它从来就不是客观的,不是普遍有效的"(Arendt 1994:168)。在阿伦特看来,借由人性提供客观真理,这种"傲慢自大"的做法因现象学从外部世界退入意识内在性的倾向而变得更严重。因此,阿伦特对后胡塞尔现象学和存在主义的批判性处理,就是通过对政治生活的尊重使其变得更"世俗化"。阿伦特认为,正是这种适当政治化的现象学,开启了世界之创始或显现这一更深刻的问题,而这种经验只有当一起居于世界的"复多的个体或人"之间互动和交流之际才会产生(Arendt 2005:175)。不要低估阿伦特的这一观点,这一点至关重要,它构成了她全部著作的动力。为了描绘出思想与经验之间的关联,阿伦特坚持认为思考必须以世界为导向,保持对一切偶然性、不可预测性、不可思议性和陌生性的敏感。于是,根据政治推理的模式,她希望阐明某些政治境况和经验——最显然的是复多性、自由、行动以及阿伦特所说的"新生性",或者说把新事物带入世界的能力——它们因柏拉图以来的哲学传统而变得晦暗不明。这也是与他人一起造就一个有意义世界的生存论成就的问题:"政治的 raison d'être(存在理由)是自由,它的经验领域是行动"(Arendt[1961]1968:146)。

　　然而,阿伦特认为,思考和政治推理的揭示或展示力量不只适用于诸如自由那样的正面现象。她认为,理论还应该反思和启明世界的"黑暗时代",反思和启明雅斯贝尔斯称之为"边界处境"的事件或时期(Arendt 1994:182-4);这都是些例外处境,身处其中,人类意识面临着不可预测的经验,扰乱我们此前的思考和行动方式,从而导致混乱、绝望、恐惧和焦虑。"黑暗时代",是阿伦特从布莱希特的诗《致后人》(To Posterity)中借用的一个表述,她告诉我们说,它指的是"混乱和饥饿、屠杀和刽子手、对于不义的愤怒和身处'只有不义而没有愤怒'中的绝望,在那里,正当的憎恨只会让人变坏,合理的愤怒也只是让声音变得刺耳"(Arendt 1968:viii)。这样的时代,严重沉默、系统腐败、谣传、混乱不堪、剥夺、欺骗、秘密、恐怖和恐惧盛行;简而言之,它们是"政治灾难"和"道德灾难"的时代,公共领域被遮蔽在阴影之中,真理本身变得晦暗不明(Arendt 1968:vii)。黑暗时代意味着人之为人的境况遭到严重威胁,因为我们维持脆弱境况的能力完全依赖于如下这种可能性:与他人一起共享一种实在感、一个有意义的世界。20 世纪出现了许多这样的时代——极权主义、法西斯主义、独裁统治、帝国主义、种族灭绝、世界大战、冷战、核扩散、官僚转移——它们使共有世界之存在变得暗淡无光,凡此种种,21 世纪也不陌生,而且还出现了更新的社会和政治灾难(比如,原教旨主义国家和非国家恐怖主义、全球环境恶化、长期存在的导致衰败的不平等,以及巨型金融机构与最强有力的政府勾结在一起操纵着世界范围的经济体系)。然而,阿伦特认为,黑暗时代的活生生经验,或者,最起码这种持续存在的黑暗幽灵,是理论反思的关键出发点,因为"甚至在最黑暗的时代,我们都有权利期待某种启明",照亮我们所面对的困惑(Arendt 1968:ix)。因此,我们在阿伦特著作中发现的现象学-生存论的感受性,是她进行理论化的驱动力,它建基于阿伦特如下这样一种深深的承诺:"让人们的事务得到照亮",以使"他们无论好坏,都能够通过行迹和言辞来展现自己是谁、能做什么"(Arendt 1968:viii)。与新生性的"奇迹"一样(Arendt 1958:247),政治思考对于世界这一公共空间的潜在更新有着重要作用。因此,选择去思考,就是去承担对于共同世界的命运的可怕重负。

13

阿伦特著作的关键主题

政治推理的启示性任务之中正面现象与负面现象的统一,在阿伦特 1954 年演讲"近来欧洲哲学思想中的政治关切"(Concern with Politics in Recent European Philosophical Thought)中有清楚的表述。在这个演讲中,阿伦特表明,政治思想的"最初境况"如古希腊人所说的那样是一种 thaumazein,即对人类事务领域中"是其所是的惊异"感。然而,阿伦特指出,在现代世界经验这一背景下,当今政治思想应以之为开端的惊异感有两种相互密切联系的形式,即"对感激的无言惊异"与"无言的恐怖",它们都是对"人能做的和世界可能成为的样子"的考量所引发的(Arendt 1994:445)。政治理论表露这种无言的惊异和恐惧,就是迫不及待地重述政治哲学的经典问题:"什么是政治? 人作为政治的存在是什么样子? 什么是自由?"但是,在阿伦特看来,若不使这些问题以当代政治现实为着力点,不考虑它们对于适当的人类生活,即"人作为一种行动的存在"的生活的可能性的丰富或贬损,它们仍然是毫无意义的(Arendt 1994:433)。确实,这样的做法奠定了阿伦特全部著作的主要主题,由此也奠定了作为本书参考点的概念。

14 　　阿伦特著作中无处不在的一个主题,是她对"人类事务之脆弱性"的关切(Arendt 1958:188,222)。从《极权主义的起源》以来,阿伦特就强调公共领域易受政治病理的影响。公共领域作为介质所起的作用,是通过具体行动来培养我们的人性,但是,这一显现空间常常转瞬即逝,容易闭合。这种脆弱性反映在人本身的地位上。在阿伦特看来,适当的人之状态取决于相应适当的政治状态,因此也取决于一定的社会-政治境况。她强调,我们之所以是人,并不只是因为我们身体的诞生,而且是因为我们与他人在政治上共属一个我们在自身之间一起创建的世界；我们是基于自己第二次即"政治的"诞生的新生性，才成为完全意义上的人（Arendt 1958：176）。对此还有另外一种表述，即尽管我们天生在物种上是人，但我们超越纯粹的身体生存成为人的过程，正是由公共-政治的团结产生的人际经验特征。用阿伦特的话来说，人性是一种人际状态，它是在复多性和脆弱性境况为其特征的公共领域中，我们通过相互承认为彼此保证这一点（Arendt 1958：176，188，222）。阿伦特说，我们的言说和行动能力构成了一个共同的政治世界，在那里，我们可以向彼此显现，揭示我们各自独一无二的或与众不同的身份，即那个"谁"，而不只是我们的那个"什么"。言说也是行动的一种，借此我们认识到自己的不同，明白自己是与复多的他人共在。然而，我们也是通过言说变得平等的，因为言说是使我们能够相互理解的共同媒介，借此我们认识到彼此都是人类共同体的平等成员。政治承认过程的规范意义在于，它是人类尊严的基础。尊严——我们的 humanitas（人性）——并不简单就是一种内在的主观素质，而是一种世间经验特征，是一种对他人的脆弱和个性表达了应有尊重的存在样式，它借由平等承认的互动方式而获得。因此，我们获得人性的能力依赖于每一个个体有其平等的政治地位，它在一个由复多的他人构成的共同体中得到相互承认。这种依赖性既突出了人之状态具有历史的处境性，又表明其在面对支配、压迫和排斥时的不稳定性。

　　另一个重要且相关的主题是多余性，或阿伦特称之为危及人之复多性本身的过程。阿伦特所谓的"多余性"，是一个去人性化的问题，它与大部分人的政治生活被任意摒弃联系在一起。多余的人不只是受到不公正的压迫或对待；而且被从一个适当的人类世界消耗掉，这一点对于他们各自的人之状态是致命的。例如，让"人之为人变得多余"是极权主义计划的核心因素（Arendt & Jaspers

1992:166)。极权主义政权通过对人的自发性、个性和复多性的系统清除,不只是清除了个人,而且消灭了人性观念本身。所有人,包括极权主义政权的领袖本人,都被认为是完全多余的和可消费的(Arendt & Jaspers 1992:69)。不过,多余性问题不限于极权主义,在阿伦特看来,它也是理解现代"大众社会"及其去人性化的关键。最初由帝国主义孕育、后来被极权主义极端化的行政组织,它那让人变得多余的性质已经成了现代社会秩序和政治秩序的核心特征。殖民帝国主义造成了"多余的"资本和"多余的"人("不事生产的"欧洲人和殖民地的大众)(Arendt〔1951〕2004:198-200),极权主义造成了集中营里大量"可消费的"受害者(Arendt〔1951〕2004:592),而当代社会(无论是国内还是国际)产生的境况则有让许多人——"寄生的"移民和难民、"无用的"穷人,以及不可挽救的"落后者"或技术上"未发展的人"——在政治上变得无能,进而让人类联合的范围变得模糊不清的危险。阿伦特强调,对于那些让他人疏远"所有人共同的世界"的政治组织模式,理论家必须加以注意(Arendt 1968:16)。

阿伦特对公共领域和人之状态的脆弱性的关切,以及她把多余性投射进现代性,显然与自由和人类行动这些关键主题汇合在一起。与海德格尔高扬有死性或把"向死而生"刻画为人类生存的明确特征不同(Arendt 1994:181),阿伦特的思考基于诞生或"新生性"这一现象。不可否认,新生性与有死性彼此难以截然分开,但是它们在道德和政治上存在着明确的差异,因而两人强调的重点各有不同。按照海德格尔的说法(〔1927〕1967:284),有限性或有死性只对单一的个体即完全独立的自我才有本真的意义。相反,诞生所涉及的不是孤立的自我,而是让复多的自我——"我们"而不仅仅是一个"我"——之间的创造性行动成为必然。"我们通过诞生进入世界",这一事实对于理解阿伦特的人之境况至关重要,因为若没有诞生,"人的生存就像世界的存在一样,完全是易消亡的"(Arendt 1958:51)。这种创造新人的能力不仅为人类团结的世界增添了新生力量,而且在政治上与人们开务成新、自发做事即展开人类行动的能力相应(Arendt 1958:178)。在这一点上,阿伦特援引了亚里士多德对 poiesis(制作)与 praxis(实践)的区分(1955)。poiesis 指的是为了达成外在目的的工具性活动,而 praxis 则是一种以自身为目的的行动;必然性是 poiesis 的天性,而自由是 praxis 天性。相应地,新生性与行动之间的关系显示的是人类自由的潜能。借由共享政治生活中的自由这一中介,一起行动的"共存者"有可能超越个人单独绝无可能逃避的有死性,支撑住暴露在时间之流中的公共领域的脆弱。行动自由要求以多样的行动者和旁观者身份出现的交谈和复多性,后者分享着他们的行迹和言辞,并把它们织入世代相传的叙事,讲述他们来自何处、他们是谁,以及正往何处。这样的叙事所缝合起来的织物,包括了人类事务领域。集体记忆保存着过去,而持续的对话、争论和劝说开启了显现空间,让多样的声音和新意见得以呈现。因此,行动中自由的显现在其核心处存在着一个根本的悖论。一方面,它把变化——新颖之物、不可预料之物、独一无二之物——引入了现存的人类成就之网;另一方面,它把持久性——持续性、稳定性、基础——赋予共享的世界。因此,行动可能会把过往的成就一扫而尽,但它也可能把过往的成就从遗忘中拯救出来。

由于阿伦特认为复多性是政治生活的"基本生存境况之一"(Arendt 1978b:74),因此,只要关于不同观点和意见的争论与共识是公共领域共存的构成要素,那么权力、暴力、判断和宽恕这些主题就也是她思想的核心。无论是从存在论上还是政治上来说,阿伦特都认为权力是一种潜能,它只有当独特的人们被他人承认为平等者,一起言说和行动,借此构成一个他们之间共享的世界,才可能现实化。然而,传统的政治权力概念却主要把它看成是施加"自己的意志于他人的抵抗"的能力(Weber 1978:53),与此相反,阿伦特理解的权力源自于一起行动的个人为了一个共同目的而达成的相互承诺和一致。根据阿伦特的阐述,权力与支配和暴力相对,因为它是相互肯认各自的平等的独特个人参与互动的结果。它的实现,只能通过意在创建或确定共享利益和一个相对稳定的空间——在那里,自由才有可能显露——的集体行动和言说。因此,权力产生于公共空间中复多的他人之间,他们通过劝说性的言辞和行动进行争论和商议、谈判和意见交换。她指出,借由言说的"揭示性特征",行动者显现于人类世界,展现自己作为主体的独特身份,而且,这种揭示性只有"在人们与他人一起,不是为了支持或反对他们"之际,才会发展出来(Arendt 1958:150)。一旦暴力工具用来反对他人,人类的团结和公共自由就会丧失殆尽。正因为此,阿伦特主张权力和公共领域必须被看成是相伴相随之物。公共领域是这样一个空间,在那里,个人作为平等的政治行动者可以自由地交换不同观点,由此形成共识或产生分歧。政治作为一种授权活动,不仅要以复多性境况作为前提,而且要在一个共享的人类世界中培育复多性,实际上,暴力只能灭绝政治权力,而无法产生它(Arendt 1970:56)。然而,尽管阿伦特区分了权力和暴力,但她确实也认为,有时诉诸暴力是正当的(Arendt 1970:51-2)。她说,在某些特定情形中,为了保护无辜者的生命,或者开启政治领域的空间,需要暂时使用暴力(Arendt 1963:19-20;2007a:445),比如,当以上种种受到邪恶他人的暴力毁灭之际。实际上,权力和暴力常常"一同出现"(Arendt 1970:52)。尽管如此,这样的暴力仍不应与权力或严格意义上的政治混为一谈,因为,持续地使用暴力不可避免会使公共领域得以建基的脆弱关系处于危险之中。

因此,在公共领域中,权力与自由一样脆弱。权力不是被占有

的静态财产,它是人们在一起自由行动时产生而当这种存在样式
被阻碍、剥夺或完全停止时消失的可逆现象。权力始终有被压制
的危险,它的显现是暂时的。不过,除了各种病理——比如腐败、
强制、歧视、专制和暴力——确实常常对公共领域中权力的潜在现
实化充满敌意,政治判断和宽恕的能力则对其充满善意。在政治
领域这个冲突和紧张常常呈现的地方,阿伦特主张判断在引导思
考对行动——这些行动有可能侵蚀和毁坏庇护我们共同利益的世   18
界——进行反思性评价的过程中有根本作用。然而,我们行动的
结果常常是不可预测的,它们对于他人的重要性或意义也无法事
先确定。尽管一切行动的发生都处于某种既定的背景之下,因而
总是难免要利用现存世界及其既定的意义传统,并且成为其中的
一部分,但是政治行动仍显示了人类开务成新的能力。与此同时,
行动源于具体的人际处境和关系,因而直接为对于他人的各种解
释和评价敞开了大门。然而,行动自身却无法毁灭或取消它给人
类事务领域造成的效应,哪怕这种效应是坏的或错的。当然,阿伦
特关于这一主题的论述不只如此,因为,正如她所指出的那样,围
绕行动之意义而形成判断和达成共识的能力,为通向承诺和宽恕
的救赎力量扫清了道路。阿伦特最伟大的洞见之一,就是认为宽
恕这一"意想不到的"行动常常是自由和新生性的前提,因为它在
过往悲剧行动之后为集体开启了开新的可能性,但这不是要遗忘
过去(Arendt 1958:237-41)。此外,宽恕因此与承诺关联在一起,因
为唯有对未来共同承担一种责任感,承诺过往的错误不再发生,才
能宽恕过往的错误(Arendt 1958:234-7; Arendt 1963:175)。在这
个意义上,宽恕和相互承诺是指向权力和授予权力的积极政治行
动——为政治共同体重构一个脆弱但以未来为导向的空间——它
们与我们常常作出的损害性结果紧密交织在一起——由于这个过
往的沉重和怨恨,往往导致因复仇心态而来的暴力循环。

在本书接下来的文章中,通过对所列举概念的阐释,以上主题以及很多其他主题会变得更有条理。在读完这本书后,读者们不仅会看到阿伦特著作引人注目的深度和广度,而且能够理解阿伦特开启的多元思想景观。正如阿伦特不厌其烦地指出的那样,我们实在感的丰盈程度,取决于我们思考时代和行动的可能意义的能力的扩展。在这种能力得到培育和践行的地方,它就可能照亮甚至驱散让共同世界变得暗淡的阴影。若这一观点不错的话,那么在一个政治灾难面前没有外人的现代世界中学习思考、判断和行动,至为重要的一点就是要保持揭示性的、人性化的显现空间本身的活力。

第 1 部分

论人的境况

新生性

◎ 卡琳·弗莱

从阿伦特思想生涯很早的时候起,她就极为关注生命以及与出生这一事实相关联的政治意蕴。可以说,"新生性"概念在她的整个政治理论中始终处于核心位置,或许还是其思想最乐观的一面。关注生命和新生性,而不是死亡和有死性,这把政治生活提升为一项充满希望的活动,借此一个人可以通过各种有意义的方式向世界真实地展现自我的诸方面。关注新生性意味着,个人行动是重要的,世俗事件是有意义的。就阿伦特的政治行动和复多性概念而言,新生性可以说是她政治理论的核心。

新生性与奥古斯丁

在参加马丁·海德格尔撰写《存在与时间》期间开设的讲座之后,阿伦特与其观点的第一次重要断裂出现在她 1929 年出版的博士论文《奥古斯丁的爱之概念:一个初步的哲学阐释》(*Der Liebesbegrif bei Augustin*:*Versuch einer philosophischen Interpretation*)中。这一作品后来翻译成英文时题为"爱与圣奥古斯丁"(出版于 1996

年),其中包括阿伦特 1964—1965 年为出英文版所做的修订。由
于这一修订并没有完成,人们关于她的奥古斯丁研究的全面重要
性尚存争议。[1] 尽管如此,她为英文译本所做的修订包括了"新生
性"这一术语,由此表明她对奥古斯丁著作的考察可能激发了这一
概念的形成。最后,阿伦特在她后来的作品,尤其是在《人的境况》
中,更为彻底地阐释了新生性概念。尽管如此,阿伦特的博士论文
及其修订本仍为新生性对于她其余理论的全面重要性提供了值得
注意的线索。

24

　　尽管她的博士论文导师卡尔·雅斯贝尔斯的生存哲学也对其
有影响,但对其论文影响更大的是马丁·海德格尔的基础存在论。
阿伦特对圣奥古斯丁的理论的分析,是对爱这一概念的一种现象
学阐释,它与海德格尔对时间的阐释如出一辙。当然,即使如此她
仍在两个方面特别显现了与海德格尔著作的决裂。在整个思想生
涯中,阿伦特对海德格尔的主要批判在于认为他缺乏对政治这种
积极生活的关注,而一味地倾注于永恒真理这一沉思生活。这一
批判在阿伦特晚期的著作中有较为直接的表述,不过,它在其对奥
古斯丁的爱之概念的论述中已然出现,并且用两种不同方式对它
作了阐述。第一是对新生性的分析,或者说,出生意味着什么,从
而与海德格尔对有死性的强调形成对照。第二则是阿伦特对奥古
斯丁那种出自基督教世界观的邻人之爱的论述进行了批判性分
析。这一批判也延伸到了海德格尔的著作,因为海德格尔在《存在

1　斯科特和斯塔克(Scott and Stark 1996)认为,阿伦特的许多概念,比如贱民-新
　贵,她关于公共、私人与社会的区分,其种子都源于她论奥古斯丁的著作
　(Arendt 1996:125-34)。其他思想家则很少注意到这一研究奥古斯丁的著作的
　重要性。玛格丽特·卡诺凡强调的是阿伦特对奥古斯丁思想诸多方面的驳斥。
　卡诺凡说,阿伦特在翻译过程中觉得有必要对原初的论点进行大改,以至于它
　与其后来的理论更为相像(Canovan 1992:8)。也应该注意的是,由于阿伦特在
　把它翻译成英文时未能完成她的修订,这表明她自己在某种程度上对这一作品
　是不满意的。

与时间》中未能重视与他人的积极关系。眷注于死亡的孤独、反对出生的潜能，可能导致的是一种更加孤独而缺乏政治性的哲学。

海德格尔的《存在与时间》（［1927］1967）以探究向死而在（being-toward-death）的个体的本真生活（authentic life）闻名。本真的人直面自己的有死性，不会自以为生命永无止境。而且，人只有承认生命是有限的，才会迫切地去对自己当下的生活作出本真的决定。通常，海德格尔在论及这一点时认为它显然是一项孤独的、个人的任务，因为有死性始终是独特的，是一个人自己的。在日常经验中，他人会转移我们的注意力，促使我们陷入非本真，比如像他人那样纠缠于日常琐事，完全不去想死亡是一种无时不在的可能性。海德格尔把非本真地与自我打交道的他人称之为常人（das Man），英文有时翻译为"the they"。与非本真的"他人"打交道，会让人不再去直面有死性而陷入日常琐事的闲谈之中。当然，海德格尔也提到了与他人本真地存在的可能性，他称之为共在（Mitsein），即使如此，他强调的仍是更常见的与他人成问题的关系，它让人产生非本真的行为，要么无所关切，要么完全否认一个人在世上的时间是有限的。[1] 通过考察奥古斯丁著作中不同形式的爱，阿伦特发现了可以轻而易举地延伸到海德格尔的存在论的问题。阿伦特拒斥了孤独的"本真"生存，后者似乎是海德格尔和奥古斯丁著作的结果。

根据阿伦特的说法，奥古斯丁把爱描述为萦绕人心的欲望（appetitus），或者说渴望，它所关涉的是欲求一个被认为可以带来幸福的对象（Arendt 1996：9）。然而，渴望并非与畏惧无关，因为一切美好之物都会失去。阿伦特指出，在奥古斯丁的著作中，欲望常常与有死性联系在一起，因为有死性可以被理解为所畏惧的敌人，

25

1　弗雷德里克·A.奥拉夫森（Olafson 1998）认为，海德格尔的伦理学可以基于共在概念构建起来，尽管他自己没有直接论述到它。

如此就与失去相关联。通常,有死性超出了个人的控制,因此人们渴望无畏地或不怕失去地直面未来的能力(Arendt 1996:11-12)。恰如阿伦特的传记作者伊丽莎白·扬-布鲁尔指出的那样,渴望的终极目标是一种"无所畏惧的生活"(Young-Bruehl 2004:491)。然而,要真正地满足这种渴望,就需要一种正确的爱。通过对上帝的爱,对有死性的畏惧就被一种能够产生永恒生命的爱所取代,这对于天主教圣徒来说至关重要。错误的爱,即欲望(cupiditas),就是对此世之物的爱,在奥古斯丁的思想框架下,凡俗之邦的居民就是这种爱的代表,他们注定无法得救。阿伦特用海德格尔的术语把这种欲望描述为逃离死亡。那些渴望永久的人紧紧抓住的"恰恰是在死亡中注定要消失的东西"(Arendt 1996:17)。这就导致了一种让人难受的奴役,即被不为自己所控制之物奴役,人们对这种东西的失去无可奈何(Arendt 1996:20)。对死亡的畏惧不会因欲望而终结,因为欲望仍系于可失去的世俗之物(Arendt 1996:23)。阿伦特把这一现象描述为"逃离自我"的一种形式,并认为它与海德格尔对非本真生活的描述相类(Arendt 1996)。通过欲望,人可以一时分散对有死性的畏惧,但自我仍在世俗之物中迷失,因此对死亡的焦虑仍不会得到缓解(Arendt 1996:23-5)。

奥古斯丁对这种状态的治疗与海德格尔的方式迥异,这在很大程度上要归因于奥古斯丁显然的基督教关切。博爱(caritas)才是正确的爱,它追求永恒(Arendt 1996:17)。正确的爱,即博爱,通过拒斥世俗世界之物来弥合个人与上帝之见的鸿沟,从而找到永恒(Arendt 1996:20)。通过博爱,上帝或被爱者"成了一个人自己存在的永恒的内在要素"(Arendt 1996:19)。灵魂正是通过这种爱来超越人的有死性,从而形成永恒生活的真正幸福(Arendt 1996:30)。与海德格尔不一样,在奥古斯丁那里存在与时间是相互对立的。阿伦特宣称,在奥古斯丁的著作中,要真诚地成为"人

就必须克服自己的生存,即时间性"(Arendt 1996:29)。可以说,
"死亡完全消失了(Arendt 1996:34)。人们有了永恒的来生,就在
根本上从有死性中解脱了出来。与博爱带来的奖赏相比,对此世
生活的爱是一种有罪的诱惑,在最好的情况下也只是次要的、派生
性的。

　　为了说明时间性在奥古斯丁思想中所起的作用,阿伦特转向
了新生性。海德格尔强调死亡的将来可能性,但是,在奥古斯丁看
来,过去对当下和将来有更关键的影响(Arendt 1996:47)。在对其
论文英文版所做的修订中,阿伦特把"新生性"包括了进来,从而改
变了过去对于奥古斯丁的重要性。当时,她已经在《人的境况》和
其他著作中阐述了新生性。她在对其论文的修订中有以下一个陈
述:"决定人是一种有意识的、有记忆的存在者的关键事实,是出生
或'新生性',即我们通过出生进入世界这个事实"(Arendt 1996:
51)。在最初的论文中,阿伦特只论述到"开端"和"起源"现象,
"新生性"一词是后来增补的,不过这意味着在奥古斯丁那里可以
找到对于这一观念的启示(Scott & Stark 1996:132-3)。事实上,阿
伦特在论及新生性或出生时,通常会援引奥古斯丁。联系海德格
尔来看,有死性对阿伦特依然重要,不过没有特别加以强调,因为新
生性以及人所拥有的生活潜能对于政治行动更为重要。杰弗雷·安
德鲁·巴拉什(Jeffrey Andrew Barash)认为,阿伦特在考察奥古斯丁
时对时间的强调与海德格尔的时间性之间存在的差异,这对于她
的整个海德格尔批判而言至为根本。[1] 巴拉什把海德格尔的存在
论描述为一种生存的"未来主义",然而与海德格尔相比,阿伦特更
加强调的是记忆和回忆的重要性(Barash 2002:172-6)。在阿伦特
看来,记忆和起源与人政治地行动的能力有着基本的关联。

26

---

[1]　要指出的是,阿伦特也认为奥古斯丁也犯了过分强调将来的错误,因为他的兴
　　趣在于永恒得救(Arendt 1978b:109)。

阿伦特把奥古斯丁思想中的新生性观念与给予所有人的神恩联系在一起。这就使得新生性与阿伦特的爱这个世界（amor mundi）观念连接在了一起。西方哲学中的大多数分析强调的是抽象的、永恒的实在，与此相反，阿伦特主张要有一种对这个世界的爱。在奥古斯丁的框架下，回忆和神恩缓解了对死亡的畏惧（Arendt 1996：52）。阿伦特把这种寻求永恒的爱描述为一种回想，即向自我和造就自我的造物主的回归，由此与起源联系在一起（Arendt 1996：50,53）。这种对过去的理解，是对参与创造宇宙和自我的上帝的一种理解（Arendt 1996：50）。于是，阿伦特把这种起源意识与人类行动的潜能联系在一起。正是因为人类知道自己的起源，并且为此而感恩，他们才能在人类故事中开端和行动（Arendt 1996：55）。阿伦特指出，奥古斯丁用了两个不同的词来描述宇宙的开端和人的开端的不同。principium 指的是宇宙的开端，而 initium 指的是人在世界中行动的开端（Arendt 1996）。对起源的回忆这两个方面都涉及了，不过阿伦特认为，对于奥古斯丁来说，人类的开端即使不是更为重要，也是同等重要的（Arendt 1996：55；Arendt 1958：177 n. 3）。阿伦特认为，奥古斯丁在考察回忆性起源的重要性时，意识到了某种东西。由于他对出生的兴趣和对世界的感恩，在他那里确实可能存在着一种与世界之物重要性的真正联系，从而有一种对个体生命意义的理解。然而，奥古斯丁的基督教神学取消了这种可能性，在阿伦特看来，这要归咎于基督教理解世界、个体在世界中的地位及其与他人的关系的方式。因为基督教的世界观优先关注的是永恒和天堂，并把它们置于影响有死之人的世俗事件之上。

阿伦特断言，对于奥古斯丁而言，人类有一个至关重要的世俗角色。有死者有序地过着生活，这种生存意味着时间和变化可加以标明，而且，从有序的角度来看，宇宙中的事件有一个目的。与上帝的那种永恒共时性时间不同,人类会对世间发生之事做标记,并且通过行动丰富世间之事。于是,她在其博士论文的英文修订本中得出结论说,"在某种意义上,正是为了追求新颖(novitas),人才被创造出来"(Arendt 1996:55)。海德格尔尽管也考察了人与时间的关系,但在《存在与时间》中并没有强调出生这个事实,而只是说我们被抛向自己的死亡,因为出生和死去并非我们的自由选择。[1]阿伦特特别指出,海德格尔把死亡的预期提升到了统一人类生存的高度(Arendt 1996:56)。与此相对,她断言,重要的是对起源的回忆,它赋予了"人类生存的统一性和整体性"(Arendt 1996)。她说,"除了人,绝没有其他有死的存在者在向着死亡的最终边界生活时,还向着自己的终极起源生活"(Arendt 1996:57,强调为作者所加)。让人们走向行动的不只是有死性,还有新生性。

斯科特(Scott)和斯塔克(Stark)是阿伦特博士论文英文版的译者,他们强调正是奥古斯丁引导阿伦特抛弃海德格尔那种聚焦于死亡的现象学,而代之以强调出生和起源(Arendt 1996:124)。然而,阿伦特对于奥古斯丁并非全无批判,论文最后的第三部分就检讨了一个源出于奥古斯丁的基督教和柏拉图式世界观的问题。奥古斯丁也以自己的方式优先关注永恒之物,比如灵魂和宇宙作为上帝之造物的永恒性。因此,他并不认可在此世行动的重要性。造物整体及其永恒性所具有的更大重要性意味着,个体生命几乎没有任何重要性,尤其是个体可能处于天国生存之外(Arendt 1996:60)。阿伦特说,在奥古斯丁看来,"从生到死的时间序列中,人被剥夺了独一无二性和不可逆性"(Arendt 1996)。作为上帝的造物,一切造物都被认为是好的。行动之所以看起来是恶的,只是

28

---

1 安妮·奥伯恩在《新生性与有限性》(*Natality and Finitude*,2010)中指出,马丁·海德格尔的著作可以看成是关于新生性的大量富有启发性的意蕴。

因为人们没有采取整体的视角,把事件看成是连续发生的,不是用上帝的时间作共时性的观察。独一无二的事件因其个体特性而不好,但因其是上帝宇宙的组成部分又是好的。因此,个体"囿于且丧失于宇宙永恒同一的共时性之中"(Arendt 1996:62)。人类生活并不拥有永恒计划之外自主的意义。阿伦特认为奥古斯丁未能认识到个体生命的重要性,有其柏拉图式的起源,这也是强调永恒和抽象之物必得以世俗之物为代价的又一个例证。在这个意义上,人不是"世间的",不会爱这个世界(Arendt 1996:66)。

事实上,人若想要得救,就必须挑选世界之外的一种爱,即博爱,以反对眷恋世俗之物的欲望(Arendt 1996:78)。欲望,或者说贪婪的、有罪的爱把个别事物与上帝的造物区别了开来,由此导致罪恶(Arendt 1996:81)。与此相反,通过正确的爱即博爱选择上帝,在阿伦特看来等于使现实世界变成了一个"荒漠",因为得救的人之所以能够居于这个世界,仅仅在于他们自身以上帝和永恒为导向(Arendt 1996:90)。那些想要得救的人把世界看作上帝的创造,这在阿伦特看来会引发关于邻人之爱的问题。对邻人的爱来自博爱,但同样地,这种爱不会承认邻人的世间生存(Arendt 1996:93-4)。在奥古斯丁看来,若要正确地爱自己的邻人,一个人就必须效仿上帝,弃绝自身和世俗关系。由于爱邻人不是爱他们的独一无二性,因此,对邻人的爱"让爱者自己陷于绝对孤立之中,而世界对于人的孤立生存而言仍是一处荒漠(Arendt 1996:94)。每个人都是一样的,都是上帝造物的部分,不会因别的理由而被爱。人与世界疏离,而且人与人之间相互疏离。正如伊丽莎白·扬-布鲁尔描述的那样,由于人是为了上帝而爱邻人,那么"为了爱邻人而爱邻人就绝无可能……我们的邻人只是被利用而已"(Young-Bruehl 2004:493)。在这里,被爱的邻人被用作获得拯救、满足享受上帝之爱的渴望的工具(Young-Bruehl 2004:492)。奥古斯丁强调的是

人所共有的特征,比如他们都是上帝的造物,需要效仿基督,而不
是他们的独一无二性和差异性。在此一背景下,阿伦特对奥古斯
丁邻人之爱的批判就意味着需要一个焦点上的转移,即承认人在
此世生活的意义,由此关注人与他人可以具有的积极关系。阿伦
特的这种对奥古斯丁邻人之爱的批判,也可以应用于海德格尔的
哲学,因为海德格尔和奥古斯丁优先关注的都是本真的自我或与
上帝的本真关系,而不是人在政治领域与他人的交涉。

阿伦特对新生性以及人天生就具有潜在的个体差异这一事实
的强调,在她的政治哲学中至为重要。尽管她并没有联系奥古斯
丁去考察自己的政治行动概念,但是,在她的博士论文及其英文修
订版中,她对西方哲学显然忽视了新生性的批判似乎已然在那里
出现并得到重申。由于忽视新生性,那些眷注于永恒并把沉思凌
驾于其他一切之上的人,就错过了世间领域的重要性。正因为此,
伊丽莎白·扬-布鲁尔认为,阿伦特对新生性的兴趣,其根源不仅在
她的论奥古斯丁的博士论文,还有她个人在"二战"期间作为流离
失所的德国犹太人的政治遭际(Young-Bruehl 2004:495)。因意识
形态或思想的关切而无视这个政治的世俗领域,会造成致命的世
俗后果。在阿伦特看来,对世间之物感兴趣永远不成问题,而且恰
恰相反。为了某些理想的政治构想而无视这个世界,就会为数不
清的罪恶的发生留下空间。此外,这还错失了对于人而言至为重
要的东西:他们的行动潜能,他们作为独特的个体而拥有有意义的
世俗生活的潜能。阿伦特认为,无论是基督教还是柏拉图的世界
观,它们所强调的都是非世俗之物,因而在世俗领域努力卓尔不群
毫无意义(Arendt 1958:21)。在《过去与未来之间》一书中,阿伦
特把奥古斯丁对"开端"的论述与自由和行动能力联系在一起。她
说,"由于人就是一个开端,所以他能够去开始;做人和变得自由是
一回事。上帝之所以创造人,是为了把开端能力即自由引入世界"

(Arendt[1961]1968：167)。正如斯科特和斯塔克指出的那样,如果阿伦特没有考察奥古斯丁的著作,"那就难以想象她会在何种背景下形成对自由及其与政治的关系的分析"(Scott & Stark 1996：147)。同样地,扬-布鲁尔评论说,尽管阿伦特对奥古斯丁的哲学有所批判,但她正是通过博士论文的写作才开始恢复向来为哲学所忽视的新生性(Young-Bruehl 2004：495)。不过,尽管阿伦特的新生性概念种子在她关于奥古斯丁的博士论文中就已经播下,但这一概念更详细的描述是在其晚期的著作中。

30　**完全成型的新生性**

阿伦特的新生性观念,在其最重要的著作《人的境况》中,得到了更全面、更有力的阐述。这本著作展开了阿伦特政治理论的框架,其中的核心是政治行动。劳动是人为了维持人类生活进行的无止境的活动,制作则是构建一个持久之物的世界的活动,它们都是政治行动必要的前提条件。在阿伦特看来,劳动和制作都与新生性相连,"因为它们有为作为陌生人源源不断地诞生到这个世界的新来者提供和保护世界、进行规划和作出考虑的任务"(Arendt 1958：9)。由于新生性为一切主动性奠基,所以它与劳动和制作相关联。然而,行动与新生性这一人的境况关系最为紧密。她说,"内在于出生的那种新开端之所以能够在世界中显现出来,仅仅是因为新来者拥有开端启新的能力,即行动能力"(Arendt 1958：9)。在积极生活的所有构成中,政治行动与开端启新关系最为紧密,而这种能力正是新生性的结果,即人生来就具有无尽的潜能这个事实的结果。

行动基于新生性,但它也与复多性这种人的境况相关。而且,阿伦特把复多性描述为"一切政治生活的特有条件——不仅是

conditio sine qua non(必要条件),而且是 conditio per quam(充分条件)"(Arendt 1958:7)。复多性指涉的是这样一个事实:每一个人都是独一无二的,他们彼此不同,又是政治平等者。根据复多性观念,阿伦特没有集中于人与人之间的自然差异,她称这种差异为他性(Arendt 1958:176)。当然,他性也与复多性相关,不过他性为一切有机生命所共有,甚至也为无机物所共有。因此,他性不独属于人(Arendt 1958)。此外,复多性还关涉一个人到底是谁。在人的政治行动中所展现的复多性表现为如下事实,即"没有人与曾经活着、现在活着或将来活着的任何他人一样"(Arendt 1958:8)。复多性内在于人的境况之中,阿伦特的政治所在意的正是人与人之间的重要差异。受柏拉图激发的政治理论所塑造的政治共同体,是基于参与者对一个最正义国家的真实理念的服从,与此相反,阿伦特希冀的是异议政治,它基于正当的观点差异。消除复多性,不仅是反民主的,而且会重蹈柏拉图或基督教的模型,使世俗事件的意义最小化。在政治行动中,通过个人所成就之物以及自己向世界的呈现,复多性得以展现。

　　然而,政治行动最重要的扳机是新生性。行动意味着开端启　　31新,而这是因为他们是"由出生而来的 initium,即新来者和开端者,人们采取主动,引发行动"(Arendt 1958:177)。在此,阿伦特援引了奥古斯丁,再次表明她的新生性观念很大程度上反映在奥古斯丁的思想中。她把奥古斯丁这句话的拉丁文翻译如下:"人被造出来,这是一个开端,在此之前无人存在"(Arendt 1958)。对于阿伦特和奥古斯丁而言,每一次出生都是独一无二的,都给这个世界带来了某种新东西。新的政治行动基于如下事实,即每一个人都能开端。某人对世界的影响,既无法预测也无法控制,能够确定的是因人的复多性而来的与众不同。阿伦特称,政治行动是新生性境况的现实化,它回答了"你是谁?"这个问题(Arendt 1958:178)。

正是通过言辞和行迹这样的行动,"人们表明自己是谁,积极地揭示自己独一无二的个人身份"(Arendt 1958:179)。行动和开端使得人们向他人展示自己是谁。在这一点上,阿伦特与海德格尔的区别昭然若揭。当然,新生性对劳动和制作也有影响,但是阿伦特认为"新生性而不是有死性,或许才是有别于形而上学思想的政治思想的核心范畴"(Arendt 1958:9)。阿伦特赞同海德格尔和雅斯贝尔斯,认为死亡是人类生活的重要限制,代表着一种生存的边界境况,但她最终认为,出生与政治更具相关性。因此,对出生的忽视,很可能导致了忽视积极生活的哲学理论。她与海德格尔在路径上的差别体现在如下一段话中。她说:

> 若没有中断生命进程和开端启新的能力,人向着死亡的生命旅程就会不可避免地破坏和毁灭人的一切,这种内在于行动的能力始终在提醒人们,人尽管会死,但他们的出生不是为了死亡,而是为了开端。

> (Arendt 1958:246,强调为作者所加)

行动乃是人的独特性,它以某种新颖惊奇之物中断自然生命的循环。对有死性而非新生性的关注,忽视了有死者生命中出现的充满希望的开端。在最后的著作《心灵生活》中,阿伦特提到,要是奥古斯丁能够清楚地阐明其观点的正确后果,他就会把人定义为"新生者",而不是"有死者"(Arendt 1978b:109)。正是由出生而来的东西规定了人类是谁。此外,与海德格尔相反,关注新生性意味着与他人的一种更积极的关系,因为根据阿伦特的观点,行动不是根据行动者自己来评价的,而是需要他人来评估其意义。也就是说,对人类行动加以判断并决定其意义的,是旁观者和见证者。一个人是谁,这无法在孤立中揭示出来,它需要一个行动落入其间的共同体。从根本上来说,死亡是单独发生之事,因此关注死亡现象就较为孤立。进而言之,把有死性置于新生性之上加以关注,结果会对人际关系有更多的负面分析,这就一点也不奇怪了,海德格尔就是一个例子。

阿伦特常常说,行动的奇迹性基于新生性。阿伦特提到,"新颖之物"的出现就像是一个奇迹,因为它似乎毫无可能性(Arendt 1958:178)。在《人的境况》中,阿伦特说到,行动是"人的一种行奇迹的能力"(Arendt 1958:246)。她进而继续说:

> 这个把世界、人类事务领域从正常的"自然"毁灭中拯救出来的奇迹,在根本上是新生性这个事实,它是行动能力的存在论根源。易言之,它就是新人的出生和新开端,就是由于新生而具有的行动能力。

> (Arendt 1958:247)

在阿伦特看来,人们因出生而具有的潜能让他们对世界充满信心和希望,因为随着每一次新的出生,就有新的行动可能性出现(Arendt 1958)。在谈到行动的奇迹性时,阿伦特常常提及拿撒勒的耶稣。当然,阿伦特关注的不是耶稣的神圣性,而是其世界观的哲学意蕴。她认为,福音书中的"福音"可以看作与行动的奇迹性有关。而且,阿伦特把以赛亚书中一个"孩子降生到我们中间"的说法明确地与新生性联系在一起。阿伦特以比喻的方式让这种说法超出耶稣的诞生,而扩展为对世界充满信心和希望的一般表述,因为一个孩子的降生意味着一个新的希望(Arendt 1958)。阿伦特认为,"行奇迹"可以被理解为人的能力之一,因为人可以通过开端启新闯入世界(Arendt[1961]1968:169)。这些开端无法预测因而令人惊奇,让事件似乎具有奇迹性。这不是说,人们应等待某些具体的奇迹来治愈社会的疾病,但是,人们可以"期待"人类事务中的不可预见和不可预测之物,因为总是有新的行动者来到,因为他们的复多性(Arendt[1961]1968:170)。事实上,阿伦特认为政治行动因其开端启新、揭示了某人是谁,就像是一个人的"第二次"出生

33　（Arendt 1958：176）。她说,这个第二次出生的动力"源于我们通过出生进入世界而来的开端,而我们又通过主动开端启新来回应"（Arendt 1958：177）。与我们最初的出生不同,这个隐喻性的再生是人类行动者通过自己的行动选择和确定的。行动者借由行动,揭示自己是谁并如此被人铭记。[1] 这种"再生"源自我们的新生境况以及我们开端启新的能力。

　　阿伦特认为奥古斯丁寻求的是来世领域中的不朽,与此不同,她觉得此世政治行动者的行动中也存在着不朽的可能。她以前哲学时期的希腊人的观点为模型塑造了这一观念,后者那些值得纪念的行动在荷马和希罗多德的著作中有描述。在阿伦特看来,前哲学时期的希腊人最推崇的就是政治行动。政治的首要关切不是立法,而是在一个共同体面前展开值得纪念的行动。在很大程度上,这是因为人类以言辞和行迹展开的行动有一种不朽,可以使行动者在死后为人们铭记。阿伦特声称,死后所留下的一切就是关于个人可以讲述的故事（Arendt 1958：193）。对于前哲学时期的希腊人而言,不为人们铭记无异于动物般生活、死去（Arendt 1958：19）。正是通过政治行动,人们才作为独特的人彼此显现。进入共同的、公共的世界,人们才使得自己比自己有死的生命更长久,为人们铭记（Arendt 1958：55）。阿伦特说,行动者一旦以一种深刻的方式在行动中揭示自身,这种行动就像荣耀的光芒一样闪烁着（Arendt 1958：180）。这种行动就会被铭记,以记忆或叙述,或者更正式一些,以纪念碑、档案或艺术（Arendt 1958：184）。

　　阿伦特坚持认为,行动者无法控制自己的行动将会揭示什么,因此,它不应看作仅仅是达到目的的手段,作为手段它可以使行动者为自己打造出一副公共面孔（Arendt 1958）。行动揭示了一个行

1　安·W.阿斯特尔（Astell 2006：376）把这种"第二次出生"与圣奥古斯丁的第二次出生即在基督那里的重生联系在一起。

动者,但行动者不是他自己生命故事的作者或生产者,因为人无法控制他人会如何去记述自己的那些行动(Arendt 1958)。事实上,对于行动的叙述会在时间中变迁,或是因为这一行动的新面向后来得到了揭示,或是因为共同体本身发生了变化,因此,公众对行动的接受也可能发生变化。物体可以通过人的制造来加以塑形和控制,与此不同,人不是可以随意摆弄的材料(Arendt 1958:188)。行动是不可预测的,在毫无预知也无法控制的情形下揭示着行动者个体。有些哲学、经济学或宗教理论倾向于认为历史是由那些能够进行幕后操纵或导演戏剧的个人创造的,与此相反,阿伦特拒斥了这种操纵说法,代之以把历史奠基于共同体的记忆(Arendt 1958:186)。因此,行动需要勇气,因为人们对行动的接受是不可控制的,行动者要冒产生负面效应的风险(Arendt 1958)。行动者必须甘愿离开私人生活的保护,使自己暴露在行动中,接受他人的判断。在阿伦特看来,行动之所以不可预期、无法预测,其原因就在于新生性(Arendt 1958:178)。

人们容易接受个体生命有被揭示和铭记的需要,但是阿伦特的分析有令人困扰的一面,即似乎这种需要只能通过政治行动才能实现。可是,我们每个人在与他人的关系中都会出现私下的承认和记忆。阿伦特说,一切生命都可以讲述为故事,她把这一事实称作历史的前政治、前历史条件(Arendt 1958:184)。然而,众所周知,不朽与卓越首先出现在那些对政治感兴趣的人身上。阿伦特评论说,并非每个人都愿意参与政治。事实上,她也是把自己描述为一个政治思想家,而不是政治行动者。此外,即使一个人政治地行动,被铭记的行动也可能不是好的(Arendt 1958:197)。阿伦特没有论述这一问题,但情形似乎是,若一个人对政治或其他公共参与的领域感兴趣,那公开的自我揭示就有可能,不过这往往不会发生,因为行动本身常常被遗忘。人们完全可以理解,行动的伟大不是平等的,有许多行动被遗忘。然而,对一个人是"谁"的自我揭示不可避免地与公开的政治生活联系在一起,问题在于它不会总是发生。尽管如此,阿伦特的批判仍值得注意,即现代生活未能认识到个体行动的重要性,由此导致了对政治行动的尊重的丧失。政治至为重要。阿伦特认为政治不应被看作是相关各方的操纵游戏,而应被看作一座舞台,行动者在上面敢于放弃控制、展示自身。由于政治一直被理解为如同可以把控的制造那样的活动,阿伦特因此宣称现代人"几乎完全丧失了对不朽的本真关切"(Arendt 1958:55)。这就意味着,既没有认识到具体的世俗事件的重要性,也未能认识到个体生命的独特重要性。

结　语

　　汉娜·阿伦特在其思想生涯之初就很在意出生,后来她称之为新生性。她对政治行动和复多性的兴趣,就根源于这种对新生性以及人在世间发生的事件的关切。众所周知,柏拉图把哲学比35 作练习死亡,因为他认为哲学家在运用心灵确定真理之际能熟练地区分灵魂和身体(Plato 1995:235)。阿伦特拒斥了这种做法,使自己的心灵与显现的生活保持一致。在阿伦特看来,对永恒真理、政治或哲学意识形态的兴趣不应总是高于对较为世俗的行动的关切。正是通过出生这个事实,这一哲学传统视而不见的事实,形成了一种对于个体生命和集体生活的更为深刻的理解。

劳动、制作与行动

⊙ 保罗·沃伊斯

　　劳动、制作与行动,是构成汉娜·阿伦特的 vita activa(积极生活)的三个要素。它们结合在一起代表着阿伦特对于人之为人的说明。可以说,积极生活对政治思想中的两种传统形成了一个根本的、深刻的挑战。[1] 阿伦特所反对的第一个传统,就是把沉思和理论知识,——即 vita contemplativa(沉思生活)——置于行动之上的传统。她认为这种传统可以追溯到古希腊政治思想,并保持在基督教关于人类生活的恰当目的的观念中。本质上,这一传统脱离了世界,贬低了政治行动的价值。积极生活则恢复了另一种传统,它珍视行动和世界性。阿伦特反对的第二个传统,是现代主义的传统,这一传统尽管也拒斥沉思生活,但它把劳动和制作置于政治行动之上。易言之,阿伦特不仅为积极生活辩护,而且为积极生活中各要素的某种等级秩序辩护,即把政治行动置于制作和劳动之上。

　　阿伦特对当代政治思想的伟大贡献,就在于她对政治行动的

1　参看丹娜·维拉(Villa 1996)对积极生活的背景提供的广泛说明。

概念化,使之成为哲学探究的一个独特范畴。关于阿伦特的行动观念,人们已经有了大量的阐释和关切,不过,重要的是要搞清楚,它是如何与积极生活的其他要素一起构成整体的。因此,我将依次论述劳动、制作和行动,最后以对某些主要批评的概述结尾。

37   劳动与制作

劳动位于阿伦特的等级式积极生活的底端。劳动是维持生命所需要的一种动物活动,包括吃、消化和一般的身体护理。根据阿伦特的说法,任何以维持或繁殖生命为目标的活动都是劳动。因此,播种、浇水、购物、洗碗、育儿等,都是劳动。这些活动,是我们与动物王国的其他动物共有的活动。此外,以帮助我们谋生和繁殖的产业活动,也是劳动。大规模耕种、货运和资源提取,比如取暖,同样要算作劳动。作为动物,我们服从生物必然性,服从受制于地球的生物生命的自然过程。这种对人类生命的限制体现为必然性,它使我们束缚于变化无常的自然王国,我们只有死亡才能逃脱。重要的是,从一开始我们就要注意,阿伦特直接把必然性与自由对立起来。就我们只是为自己的生物需要所束缚的物化生命而言,我们不可能自由。自由的可能性要求我们超越自己自然的、生物的自我。实际上,阿伦特接受了古代人的如下观点:"由我们身体需要所必需的身体劳动是奴性的"(Arendt 1958:83)。这无疑是对占据我们日常生活一大部分的那类活动的直截了当的贬损。

阿伦特的关切之所在,是这些活动的徒劳特征。它们是重复性的,它们永无休止,只有根据循环的时间观念才能加以理解(Arendt 1958:97-8)。我们一旦吃完了,就要去找更多的食物,以便我们再吃,如此反复,永无休止,直到死亡终止这一循环。从这一角度来看,我们与生物自然中的其他生物共享时间的循环性。借此而言,在劳动层面没有什么能把你我区分开来,即使有所区别,也只是我们如何面对以及击败必然性(至少是暂时地击败)的细节上的区别。就都要用自己特有的方式寻求生存而言,我与一只蚂蚁或一朵郁金香没什么区别。阿伦特认为,我们作为人这种存在者的个性在宏大的生命图景之中消失不见,从这一观点来看,我们作为具有自己目的和筹划的独特人类的特质也消失不见。生死的无尽循环,让我们面对自己不可避免的衰朽和有死性。

阿伦特强调,我们劳动的产品会在消费中耗尽,因此我们的劳动不会留下任何持久的东西——劳动"从不'生产'任何东西,除了生命"(Arendt 1958:88)。正如我们马上看到的那样,这种持久性的缺乏意味着可居住的人类世界的缺席。从这些简短的评述应该可以清楚地看到,阿伦特对这一背景下的"人"一词保留了一种特殊的含义。首先,人的生命需要一个客观的、多少具有一定的持久性的居住世界。劳动和消费是动物生命的一对活动,它们相互取消,留不下任何适合于人的标记。其次,根据阿伦特的说法,以维持和再生产生命为目的的劳动,是一项在孤立中完成的活动。消化是一项孤独的活动,同样地,疼痛是一种孤独的经验——我们无法彼此消化食物,同样我们也无法感受他人的疼痛。阿伦特评论说:

38

> 唯一与这种在疼痛中感受的无世界经验或失去世界的经验相应的活动,是劳动,在那里,人的身体尽管也活动着,但被抛回到了自身,除了自己的活着之外什么也不关心,完全囚禁于自己与自然的新陈代谢之中,从未超越或摆脱自己机能的反复循环。
>
> (Arendt 1958:115)

劳动的孤立和孤独特征不仅表明它是动物性的而非人的,而且表明它是前政治的。这是因为阿伦特主张,一种完整意义上的人的生活,必须生活在一个共同体之中,生活在他人之中。人的生活,一种活得好的人的生活,是在复多的人们之间发生,而不是在孤立中进行。

在我们转向阿伦特对制作的说明之前,我们应该要注意到,阿伦特虽然明确把劳动与她归之于制作尤其是行动的积极属性区别开来,但她也承认伴随着"健康身体的运行"而来的"幸福"和"愉悦"(Arendt 1958:105-6)。尽管劳动是一种叔本华式的生存斗争,不过身体的愉悦也算是某种补偿。然而,阿伦特并不想让我们把愉悦的观念与人的好生活的基本构成混为一谈。实际上,她把对"幸福"的欲求与生活在一个珍视劳动的社会联系在一起:"因为只有劳动动物,既不是技艺人也不是行动者,才一直要求'幸福'或认为有死的人能够幸福"(Arendt 1958:134)。最后,我们不应误把阿伦特的观点当作一种消除人的劳动需要的乌托邦诉求。她很清楚,我们有死的、涉身的本性使得劳动成了人的境况的一个永恒特征。她指责马克思相信劳动的必要性可以从人的生活中排除出去是一种乌托邦思想(Arendt 1958:87-93)。

阿伦特称那种把劳动的价值置于人的境况的其他因素之上的政治取向为"社会性"。她尤其不满那种让关注福利(满足人的身体需要)的社会问题侵蚀和败坏政治领域的做法。她说,"社会观点无异于……一种只考虑人类的生命过程的解释,在这种解释的框架下,一切事物都成了消费的对象"(Arendt 1958:89)。在这篇文章的结尾我们评论一些针对她的政治观念的批判时,我们会简要地论及阿伦特思想中的社会性问题。

一个哲学家致力于劳动及其在现代思想的政治语汇中的位置,在许多方面来说都是不足为奇的。正如她在《人的境况》中详细指出的那样,诸如洛克、斯密和马克思这些经典的现代主义者都把劳动观念置于各自思想的中心。实际上,我们完全可以说,现代

主义者眼中的"人"就是劳动者。不过,阿伦特认为这种观点未能
把她所描述的劳动与一种截然不同的活动即制作区分开来。它们
之间的差异极为重要,因为若没有制作这一视角,我们就无法看清
劳动作为一种存在样式的实在性。她说:

> 无疑,只有从世界的观点才能看清劳动活动的毁灭性、吞
> 噬性方面,它不同于制作,后者并不吸收物质,而是把物质改
> 变为材料,以便继续加工和使用最终产品。

> (Arendt 1958：100)

阿伦特对当代政治思想的重要贡献之一,就是指出并阐明了劳动
与制作之间的区别。

阿伦特认为,制作造就了一个人们能够生活于其中的"世界"。
工人们制造的是耐用的对象,它们具有一定的持久性。她说,"制
作的产物——而不是劳动的产物——被看作世界的组成部分,确
保了耐用性和持久性,若没有它们,世界根本不可能存在"(Arendt
1958：94)。此时她所想到的既有桌子或建筑物这样的寻常对象,
也有书籍这样的文化品以及诗歌和故事这样的抽象之物(只要它
们被记录下来)。劳动因其产品在消费中被耗尽,因而本质上是非
生产性的,与此不同,制作总会留下些超出其制作者的生物需要之
外的东西。制作生产的是一个客观的世界,它构成了人的一个共
享实在。她认为这是构成人类经验的结构的作品,因为它构建了
一个我们居于其间的世界,而我们也以自己的方式、用自己的作品
对世界作出自己的贡献。阿伦特为理解世界的作用提供了一个非
常有助益的比喻,她说就像作为在之间(in-between)的桌子,在分
开人们的同时又把人们联系在一起,世界也是这样的一个在之间,
它提供了一个共同基础,让我们既可以加入共同体又把我们隔开
为独特的个人(Arendt 1958：182)。事实上,要使真正的政治行动
得以可能,必须要一个把复多的人们聚集在一起的世界。他人和

40

世界的在场要求并且确立了一个不同于个人的主观心灵的客观实在,否则的话,对于个人而言,他人和世界就无异于纯粹的主观表征。这一现象学的洞见在阿伦特的如下评说中得到了确认:"人类事务的整个事实世界就其实在性和持续存在而言,首先依赖于有着见闻、记忆的他人的在场;其次则依赖于无形之物向有形之物的转换"(Arendt 1958:95)。

阿伦特的世界概念也使它成为自然与人类之间的中介。制作提升了我们的地位,让我们超越自然的重复和无声循环,把我们聚集于一个共同实在和共享的客观空间里。因此,世界是一个非自然的空间,一个完全人性化的空间。制作与自然的关系的一个更进一步的特征,是阿伦特的如下断言:制造在把自然之物转变为人工产品的过程中,要对自然使用暴力。制作本质上是一种暴力活动,它撕裂自然从中抽取原材料,然后把自然之物转变为有用的对象。

制作的产物与劳动的产物不仅因各自在世界中持久性的多少而彼此不同,而且它们还代表了时间的不同方向。我们此前指出,在阿伦特看来,劳动动物的时间是循环的——现在吃是为了一会儿可以再吃。自然的循环、出生、繁殖和死亡,对于我们和所有其他动物而言都是事实。然而,制作引入了另一种时间观念,它是线性的而不是循环的。人造物意味着在时间中持存之物,甚至可以超过它的制造者的生命而持久地存在于世界。这样一来,人造物的制造者有可能获得某种不朽。制作奖赏给我们的,是走出生物性的自然限制。因此,线性的而非循环的时间是"人的时间"而非"自然时间"。

最后同时也很重要的一点是,制作受目的论的观点支配。制作是一种策略性活动,它设定一个目的,然后寻求手段完成这一目的。进行制作,就是要完成某事,而不是为了制作自身。技艺人即制造者是一个工具主义者,对他而言,一项活动必须回答如下问题:它为了什么? 它服务于什么目的? 丹娜·维拉曾断言,尽管阿伦特采用了许多古希腊尤其是亚里士多德的主题和哲学态度,她仍对亚里士多德的目的论持一种批判观点。就制作而言,阿伦特与亚里士多德的观点相同,但她拒斥把目的论的观点扩展到行动上面。我们不久就会看到,阿伦特把自由等同于行动,尤其是等同于维拉所说的行动的"自足性"、非目的性。[1]

阿伦特对积极生活(vita activa)的阐述在两种主张之间摇摆不定。第一种主张认为,积极生活的因素似乎是一种关于人类生活的本质性、构成性特征的存在论主张的一部分。第二种主张认为,积极生活似乎是对现代性习俗、态度和价值的批判。读者可能会疑惑,我们怎么无法是我们之所是。然而,阿伦特并不是要提供了一种传统意义上的人性说明。相反,她是在明确人在世界上可以获得的存在样式,这就是塞拉·本哈比波(Benhabib 2003)所谓的阿伦特的现象学存在主义。对于人的生活而言,每一种存在样式都是必要的,而且每一种存在样式都有其适当的正确位置。积极生活的秩序一旦被打断,较低的存在样式开始支配社会,从而取消了更高的存在样式的优点,阿伦特就会进行批判。她尤其批判劳动动物所代表的存在样式,在这里,我们会对其中的一些批判加以考察。我们同样会考察技艺人的一些缺陷。

阿伦特承认马克思是伟大的劳动理论家,我们也已经提到过阿伦特的如下主张:马克思把劳动和制作混合在一起,未能对这两种独立的活动加以区分。不过,比上述这种学术观点更为迫人的是,马克思把劳动提升为唯一的人类德性。因此,阿伦特说劳动绝不是一种德性,她对此作了阐述,我们也进行了复述;它是自然强加给我们的必要性。它缺乏一种真正的德性所具有的自由和主

---

[1] 参看她对阿伦特受惠于亚里士多德的论述(Villa 1996：chapters a and 2)。

动。不过,并非只有马克思鼓吹劳动的价值。古典自由传统也颂扬劳动的价值,尽管各自想要达成的结果不同。对于阿伦特而言,颂扬劳动的结果就是造就了一个致力于消费的社会,一种最低级的、最像动物的人之境况。我们寻求称之为幸福的心满意足。此外,消费者的态度开始"侵蚀"这个世界,因为它把曾经耐用持久的物品转变为了消费品。如果人造物的制造不是为了持久,而是为了废弃,为了耗尽和消费,那么就如阿伦特所言,世界的结构处于危险之中。她申论:

42

> 劳动过程的无休止只能由消费需求的无休止来保证;而要确保生产的无休止,就只能让产品丧失其使用特征而日益变成消费对象,或者换一种说法,只能加快使用频率,让使用和消费、使用对象的相对持久性与消费品的转瞬即逝之间的客观差异濒于消失。

(Arendt 1958: 125)

正如马克思所理解的那样,资本主义最终使人类生命和制作的各个部分都商品化,对于这一点,阿伦特是赞同的。此外,阿伦特还认为,把劳动提升到积极生活的首要位置,不仅扭曲了我们适当的人类能力的等级和秩序,而且削弱了政治行动的可能性。如我们下面将要看到的那样,由于劳动动物的态度集中于满足需要和欲望,政治行动因此也被劫持而服务于社会需要,不再是真正的政治行动展开的场所。

阿伦特很少提及把制作提升到积极生活的首要位置的危险,当然她也谨慎地指出这些危险确实存在。丹娜·维拉称这种现象为"工具的政治",它"把制造经验推广"到整个生活(Villa 1996:23)。采用手段—目的的态度,对于制作领域来说是重要的也是适当的,但是使其普遍化以覆盖政治领域,则败坏了政治领域,因为这样就把政治问题转变成了策略性的算计。阿伦特写道:"当然,关键问题不在于工具性,不在于为达到目的而使用手段,而在于制造经验的普遍化,从而使得有用性和功利成为生活和人的世界的最终标准"(Arendt 1958:157)。一项政治行动,若根据制作模式进行,就成了一个达到某一目的的纯粹手段,而阿伦特认为,行动尤其是政治行动自身即是目的。她认为,技艺人在政治和伦理话语中随处可见的那种成问题的影响,已经使得结果和后果成了政治成功的衡量尺度。

阿伦特对劳动和制作的分析值得一提的一个方面是,她说在由劳动和制作的价值所支配的生活中,无法获得一种"有意义的"人类生存。劳动的循环特征使得人永远过着一种封闭的生活,无法超越自我的紧迫需要。而制作则囿于永无止境的手段—目的链中,因此受工具性的生活观束缚。根据这种工具性观点,一切皆手段,因此超越也是不可能的。实际上,只有在行动中,超越才是可能的,因此也只有在行动中,一种有意义的生活才是可能的。

43

在我们离开劳动和制作,转向阿伦特对于政治行动的全新叙述之前,有必要提一下对于阿伦特的劳动叙述的一个重要批判。女性主义者一方面怀疑阿伦特赋予劳动的价值;另一方面又困惑于阿伦特未能看到她在劳动与制作之间所作的严格区分的性别特征。阿伦特的劳动叙述的根源,在于亚里士多德的公私区分,即公共广场与家庭的区分。家庭中所进行的,是再生产的劳动,包括养育小孩和马克思所谓的"我们劳动力的再生产",而这种劳动在传统上是妇女的事。因此,妇女被禁止进入公共广场而隐于家庭,承担满足我们的生理需要的劳动,这不是阿伦特公然宣称的事实。此外,女性主义者声称阿伦特所谓的"非生产性"劳动应重新加以评价,并认为它完全属于人的核心价值和德性。当然,阿伦特并没有认为劳动应该是妇女的事,而且她提到的大多数劳动,在传统上都与男人所做的事有关。而且,尽管一些女性主义者仍满怀疑虑,但阿伦特在其作品中用以描述劳动的语言,有助于推进女性主义的关切(参看 Honig 1995)。

行　动

阿伦特所说的行动是什么？这不是用几句话就可以轻易总结的。它是一个复杂的概念,一个把诸多思想融合在一起形成的虽令人质疑但基本一致的观念。这里的困难,部分在于阿伦特的革命性,即推翻政治哲学中的某些自明之理。在导言中,我们就指出过阿伦特的思考所在,针对的正是政治思想中的"传统"。比库·帕勒克进一步说道:"毫不夸张地说,她是政治思想史上唯一一个对政治行动的性质和结构进行广泛探究并提供了敏锐分析的哲学家"(B. Parekh 1981：125)。因此,她对行动的说明需要一个广泛的阐述,就毫不奇怪了。

我们可以回到如下观念:阿伦特挑战了政治思想中的两个传统。第一个传统我们在导言中已经提到过,在那里,我们说阿伦特质疑如下观点:沉思态度是人类成就的顶峰——这是古希腊和罗马思想中的主流看法。与此相对,阿伦特强调在政治领域中实践胜于理论。第二个传统相对而言离我们较近一些,它有心赋予实践一定的位置,但在阿伦特看来还很不够。康德是这种现代性传统的典型代表,因为他推崇实践理性,认为它是人类生活的本质特征之一。不过,根据阿伦特的看法,康德仍保有前现代的基督教/希腊传统的某些最糟糕的方面。首先,康德在其致力于阐述一种实践生活哲学的伦理著作中,仍认为实践性思考本质上是一项孤独的事务——在个人与普遍理性的命令之间展开。其次,康德把实践智慧的权威来源置于世界之外的本体领域。阿伦特对于实践生活的这两个特征——实践性思考是孤独的以及实践权威处于人类世界之外——都不赞成。正如她在《人的境况》的开头所说的那样,关键在于认识到"生活在地球上并居于这个世界的是人们而不是人"(Arendt 1958:7)。因此,康德就在他对实践理性的叙述中输入了沉思生活的因素,而未能承认人的复多性,也没有把实践权威和实践意义的来源置于人类领域。因此,阿伦特对行动观念的阐述,意在补救政治思想传统的这些主要缺陷。

行动由人进行。这个看似显而易见的事实,其实隐藏着一个触发阿伦特的行动叙述的重要区分。她区分了一个人是谁和一个人是什么。我们所是的什么,无非是一个具体种类的成员,在物理、生理和化学上与其他成员基本一样。然而,我们所是的那个谁,所显现的方式使得我们与众不同。因此,在阿伦特看来,每一个个人都是"独一无二的、不可替代的和不可重复的"(Arendt 1958:97),而且每一个人都有自己的叙事,使自身在人类的多样性中脱颖而出——"人们不只是不同,而且能够使自身脱颖而出"(Arendt 1958:176)。行动是特殊个人深思熟虑的行迹,它让行动者个体化,由此把他们从自然物种的纯粹实例上升为具有可辩论身份的人格。她说,"在行动和言说中,人们表明自己是谁,积极地揭示他们独一无二的人格身份,由此使自己显现在人类世界之中"(Arendt 1958:179)。

45

然而,若没有一个背景,个人的独特性就无法得到揭示。首先,行动必须得到见证,因为行动就是自我揭示。它揭示一个人经由所言所行呈现的那个谁。逻辑上,这种揭示需要一个旁观者,所以严格来说绝没有什么私人行动。因此,行动必定是公开的,这样也就需要一个让它发生和得到见证的空间。根据这一点,阿伦特(Arendt[1951]2004)指出,极权主义政体的一个主要特征就是否定真正的政治行动所需的公共空间。其次,个人的行动是描述人格生命的那个谁的独特叙事的组成部分。这种叙事力图把握行动的意义,而且,尽管行动者与自己所做下的行迹紧密相连,但最能理解其所作所为的意义的却是观众:"某人是或曾经是谁,我们只能通过了解以其作为主人公的故事——易言之,他的传记——得知;我们知道的其他一切,包括他创作和流传下来的作品,都只能告诉我们他是什么"(Arendt[1951]2004:186)。人的生命叙事在其生命终结之前不会完结,甚至在生命终结之后,有些独特的生命其完整意义仍充满争议。

　　因此,行动在赋予人个性并揭示其人格上占有一席之地,可是,人是如何行动的呢? 行动呈现为何种形式呢? 阿伦特常常把行动与言说联系在一起。一些评论者怀疑在阿伦特那里行动和言说是一回事,可是阿伦特留下的文本在这一点上模糊不清。不过,无论赞同何种解释,言说显然与行动紧密相关。言说具有的许多特征使其与行动相合。第一,它以最清晰的方式揭示言说者的心态和品格。第二,言说直接与观众相连,因此使行动者和旁观者直接关联在一起。第三,言说阐明同时也质疑共同体共有的生活意义。第四,言说与理性和判断相连,因此使行动富有人性,提供了一个不同于霍布斯叙述的人类动机和行为图景,霍布斯的叙述依赖于动物性的好恶动机。最后,言说是可记录的,因而与作为叙事的人格生命观念相符。

　　阿伦特把公民自身的显现称作表演。她的言行交给了她所谓的"显现空间"中的他人判断。因此,这个行动观念有一定的戏剧性。个人在构成其生命剧本的叙事中演示自己作为主角的行动。她的舞台就是公共广场,她的观众就是同胞公民。在完全希腊的意义上,阿伦特把公民称作荣耀和声名的追寻者。在最好的情形下,他们做出了英雄的行迹,并且在共同体中被当作英雄看待。

　　这就把我们带回到了我们在论及制作时所遇到的不朽观念。像制作一样,行动提供了不朽的可能性。行动的发生所遵循的是线性时间,而不是循环的劳动时间。这是因为,就像一个物体或人造物一样,政治行动能够比行动者的生命持续得更久。它们之所以能够持续,则是因为它们的结果,或者说是因为它们通过著作、诗歌和艺术品而在历史中被铭记。然而,与物体不同的是,行动是"脆弱的"。行动在进行之际就会消失,除非它们被以某种方式记录下来,从而保存它们并由此使行动者得享不朽。

人们自然会问,是什么让一项行动值得铭记。阿伦特说,行动的特殊之处在于把某种新颖的、未曾预料之物带入了世界。自然界乏味的规律性因行动而中断,因此,人的独特之处在于他们能够"开端启新"。她称这种现象为新生性,即新事物的诞生。历史上出乎意料之事,人类事务和文化中的新颖性,就是我们这种能够借由行动开启一条事件链的能力的结果。这是行动概念的关键,因为它让行迹有了主人,并使其对这项行动的结果负责。

责任是理解阿伦特的行动论述的一个关键主题。她说,行动是"无边的"(Arendt〔1951〕2004:190)。她的意思是说,它们的结果"本质上"是不可预测的,不受行动者的控制。就此而言,行动永远不会完成,它在世界中的发生犹如一颗石子抛入池中。这在行动者那里引起了一个值得注意的困境,这是因为行动一旦开启,它的结果不仅不可预测,而且是不可逆转的。因此,行动者既要对其将要进行的行动负责,也要对其已经开启的行动负责。当然,她无法改变过去,最多只能有限地掌控一下未来。这样一来,行动就是个人所进行的"冒险",共同体若容许人性的充分表达,就必须对之加以"平息"。虽说我们的愿望很美好,但并没有"补救人类事务的脆弱性的方案"(Arendt〔1951〕2004:195)。阿伦特为了应对行动责任的生存困境,引入了承诺和宽恕法则。承诺减缓了行动的不可预测性,宽恕则缓和了行动的不可逆转性。帕勒克在表述阿伦特的思想时说,"承诺稳定了未来,宽恕悬置了过去"(B. Parekh

47

1981：117)。行动者保留着行动的责任,但是行动的冒险在某种程度上经由承诺、行动和宽恕为共同体共同承担。

总之,行动可以描述为一个开创性时刻,在那一刻,个体行动者在复多的他人中揭示自身,这些复多的他人既是个体行动者的观众,又构成了行动者的共同世界。行动的这些特征通向了阿伦特行动论述的核心,即自由观念。人的自由由行动体现,或许还是由行动构成。在阿伦特的特有的意义上,自由就是行动。此外,行动就是在积极生活的最高意义上成为人。在阿伦特看来,生活的目的不是过一种亚里士多德意义上的"美好生活",而是自由,其意义更接近存在主义的自由观。自由的对立面是必然性,根据阿伦特的观点,行动既逃避劳动的逼迫,也逃避手段—目的思维的逼迫,后者构成了制作的工具性。因此,借由行动而来的自由承诺了超越我们身体的限制和工具性机械思考的可能性。而且,借由行动而来的自由赋予人类生活以意义。

行动尤其是言说还有一个方面对于行动观念而言至关重要,它在当代政治思想中很有影响力。这就是政治生活的协商性,阿伦特率先提倡的这一观念已经被协商民主运动所接受。阿伦特申论,不受约束的协商以论证、劝说和商议为目的,它是政治生活的本质所在。正是在与他人的言谈中,我们获得康德所说的"扩展的心胸",由此避免孤独和主观性。这里我们再次看到阿伦特坚持认为,真正的政治行动发生在充满差异的复多的"人们"之中。阿伦特所说的"权力",与"暴力"不同,它在政治共同体中的运用,正是通过公民们之间的彼此协商:

> 只有在言行未分离、言谈不空洞、行迹不粗暴的地方,在言辞不是用以掩盖意图而是揭示现实、行迹不是用来侵犯和破坏而是建立关系和创造新现实的地方,权力才能实现。

(Arendt 1958：200)

这是哈贝马斯(Habermas 1977)在阿伦特的著作中发现的,对与"战 48
略权力"相对的"交往权力"的一个令人信服的原创性阐述。在阿
伦特看来,政治并非理想的超验伦理学的一个苍白样式,或者最好
由哲人王支配的理论的一个实践。相反,它是公民之间进行的乱
糟糟的对话。当然,对于这种协商活动,有一些限制,它们构成了
公民们一起行使的权力的正当性,其中的主要限制在于,政治论辩
免于一切形式的强制。

与作为公民的他人协商,就是经由言说的行动。不过,言说需
要一个让公民们进行协商的共同参考点。正如我们所见,这个参
考点就是经由制作造成的共同世界。它所形成的结构、对象、文化
产品和制度作为共享的背景,能使公民们通过行动和言说彼此增
益。这个共享的世界发挥着"共通感"(sensus communis)的功能,
让复多的人们在缺乏普遍真理的情形下达到一个客观判断(Arendt
1992)。我们这个由共享世界所形成的"共通感",让政治同意得以
可能,哪怕这种同意在本质上是暂时的,总是会被校正。

阿伦特是民主的拥护者,不过,她对于现代的代议制民主深表
怀疑(参看 Arendt 1963；Kateb 1984)。她关于行动的阐述推崇个
体的行动者,因此,最符合这种激进的个人主义的民主形式,是希
腊式的参与式民主。她认为,代议制民主由于挡掉了公民的通过
行动展现自己人性的机会,而成了一种精致的官僚主义。如果说
行动标志着个体行动者的顶峰,那它无法为任何他人所替代。他
人可以为了你展开行动,但你的行动无法成为他人的行动。

在阿伦特看来,现代的民主国家行政化和官僚化严重,已经使
得公民变成了臣民。她偏爱的那种可当作真正的政治行动典范的
民主参与,历史上很少见。除了古希腊的城邦,阿伦特提到的还有
革命时代的美国,以及过去一些革命时刻的参与式民主,比如1871
的巴黎公社和1956年的匈牙利革命。或许,新英格兰的镇民大会

可算作现代世界中残存的参与式民主。阿伦特的这种对卢梭式面对面民主的浪漫依恋,容易为人所诟病。我们不知道如何构建一个政治机构,它满足阿伦特所理解的政治行动的苛刻要求。[1]

49　　现在,我们可以转向一些针对阿伦特的行动论述的批判性回应。阿伦特为了在劳动、制作与行动之间作出区分所给出的论证非常深刻,因此她所得出的结论极具争议。简要地概述几个对于积极生活的著名批判,会有助于加深我们对她的观点的理解。首先,阿伦特被指控为"非道德主义"甚至"不道德主义",因为批评者认为行动的关切所在是政治行动者的荣耀和英雄主义、她的表现以及观众对她的反应,而不是政治行动者的具体行动或如此行动的动机所在。乔治·凯特伯说:"阿伦特从她的古希腊思想出发,认为政治行动不在于行正义或完成他人的道德目的。政治行动的至高成就是生存论的,其重要性显然高于道德的重要性"(Kateb 1984:31)。阿伦特主张,行动必须以自身为目的,这势必与道德关系紧张。如果我们让政治行动从属于道德目的,坚持认为政治行动由道德原则促动,那么行动就成了达成隐秘目的的手段。同样地,如果政治行动旨在实现正义,那么它再一次成了通达某个隐秘目的的纯粹手段。如果政治行动要像阿伦特所要求的那样自成一格(sui generis),就必须摆脱这些限制。然而,这意味着政治行动或许在阿伦特的意义上是令人敬佩的,在道德的意义上却是应受谴责的。如果真正的行动其意旨不在道德上的善,无法用道德原理和标准来判断,那么这就呈现了阿伦特的观点的一个显而易见的重大问题。

第二个相关的批判与行动的内容有关。阿伦特似乎不关心政治行动的关涉。相反,正如我们之前所看到的那样,她感兴趣的是

1　阿伦特对这一主题的唯一持续论述,申论的是一种复杂的分层的委员会制(Arendt 1963:258-9)。

行动如何揭示行动者的品格,以及行动如何在世界中开启"新"事物。然而,有些批判认为,行动的内容极为重要。[1] 这在我们关切政治行动时,尤其如此。一项行动之所以是政治行动,无疑与其内容相关,与它所针对和达到的目标相关。把行动与其内容剥离开来,就会是有些批判所反感的政治审美主义。[2] 此外,如果行动与道德分离,其价值独立于其内容,那么我们如何区分法西斯主义者的行动与那些致力于民主的人的行动呢? 如果我们考虑到阿伦特自己抵抗纳粹法西斯主义的历史,以及她作为对极权主义政治这种独特的邪恶进行理论思考的第一批人的身份,这就更加令人困惑了。

在我们尝试去理解这些担忧之前,这里还有第三个批判值得注意。它认为阿伦特的行动观推崇一种"精英主义的"历史观(参看 Passerin d'Entrèves 1994:95-7)。根据阿伦特的说法,历史成了一种满是伟大人物的行迹的叙事。这种对历史的古风理解,显然忽视了那些未能在记录伟大行迹的诗歌和传说中受到推崇的人的重要性和地位。确实,阿伦特在援引历史范例时,她选择的是那些"伟大人物",同样确实的是,那些在政治和社会上边缘化的人,她通常只是一笔带过,极少给予关切或同情。

这里,我们要注意阿伦特政治行动思想中的一个分歧,即一方面是对个人的强调;另一方面是对民主实践的强调——行动者与城邦之间的分歧。前者关涉的是行动如何揭示那个谁,而后者关

50

---

1 比如,汉娜·皮特金就质疑阿伦特的说明,她说:"然而这不仅是不公正。我以为,依照这种说法,人们根本就无法理解政治;即使对于那些得益于它的人,它也不是真正的利益。为了表明我的意思,这里可以向阿伦特提两个问题:让这些公民在一起形成一个共同体的东西是什么? 他们一起在广场上永无止境地交谈,谈论的是什么?"(Pitkin 1981:336)。
2 例见马丁·杰(Jay 1978),他力图把阿伦特的作品与"政治存在主义者"联系在一起,比如卡尔·施密特。

切的是让行动得以发生的政治背景。毛里奇奥·帕瑟林·邓特夫斯(Maurizio Passerin d'Entrèves)认为,这个分歧表明阿伦特思想中存在着一个张力,即表现性的行动模式与交往性的行动模式之间的张力(Passerin d'Entrèves 1994:84-5)。表现性模式提倡的政治观念强调对个人卓越的追求,在那里,英雄人物展现自身并因其勇气和成就而被称颂。根据这一观点,政治是最独特的人性特征展现的舞台。而经济和社会的关注则外在于城邦,与劳动和制作这些活动相关。

相反,交往性模式表明阿伦特在意的是民主实践,以及公民共同体内政治行动的必要条件。在这里,阿伦特注意的是社会限制言说和行动,以及因此而破坏真正的民主权力的诸多可能方式。她所关切的是政治平等者之间不受限制的协商,并描绘一种有别于国家暴力的政治合法性观念。帕瑟林·邓特夫斯认为,阿伦特在这两种政治行动模式之间游移不定,而她的批判者在很大程度上集中于表现性模式,并把这些批判应用于阿伦特的整个思想。他说,我们在上面详述的批判(当批判进行时)主要应用于表现性模式,而不是交往性模式。

如果说道德有别于表现性模式的政治行动,那么某些道德限制在交往性模式中重又出现。丹娜·维拉曾申论,如果我们把不受限制的协商当作阿伦特的政治观念的基础,那么我们就会看到行动像言说一样,是"非暴力、非强制的的团结行动的基础"(Villa 1996:32)。政治共同体内公民之间的协商这种特别的言说,自动

51 排除了各种形式的强制、欺诈和暴力。维拉甚至进一步表明,对于阿伦特而言,政治行动(若得到适当理解)旨在公共领域的"创建"和"扩展"。根据这一解释,我们可以清楚地区分法西斯主义的政治和民主政治,因此,若遵从交往性模式,就可以平息此前困扰我们的忧虑。

　　然而,模式的区分并非无懈可击。只要我们想到阿伦特在政治性与社会性之间所作的区分,此前的忧虑就又重现。正如我们此前提到的那样,社会性包括经济关注,阿伦特把这些问题看作必然性领域的东西。政治是自由的领域。不过,正如维拉和其他人所指出的那样,在我们思考协商的途径时,经济问题和社会问题最为突出。谁说谁听,这不仅是个政治意愿的问题,同样也是个经济地位问题。原则上,阿伦特的公共领域向所有公民平等开放,然而事实显然表明,穷人和边缘人没有进入公共领域的途径,因而无法与同侪平等对话。如果政治无法关注社会问题,因而也无法关注进入公共领域的途径的问题,那么阿伦特所谓的平等公民之间不受限制的协商观念就受到严重损害。另一方面,如果政治容纳社会关注,那么阿伦特分离政治与社会的做法就失效了。正如阿伦特的诸多批判者所说的那样,她的政治行动叙述要有道德和正义的位置。值得注意的问题是,在保留阿伦特关于政治行动的叙述中富有价值的识见的同时,如何做到这一点。

阿伦特论世界

⊙ 西沃恩·卡塔戈

引　言

汉娜·阿伦特的世界概念,强调世界高于自我的中心地位,以及人不应逃离世界而应珍视和保护世界的态度。为了理解世界概念之于阿伦特的重要性,我们有必要去看一看她是如何既反对哲学传统又追随传统的。特别是,要突出阿伦特对世界的态度即爱这个世界(amor mundi)的重要性(Young-Bruehl 2004)。她对世界概念的反思受到诸多思想家的影响——其中有圣奥古斯丁、马丁·海德格尔、弗里德里希·尼采、伊曼努尔·康德和卡尔·雅斯贝尔斯。当然,首先是她自己的经历影响了她的世界概念,比如作为先后生活在德国、法国和美国的犹太人以及多年的无国籍者。

这一章汇集了五个主题,以描述阿伦特的世界概念。由于这些主题在不同文本中有所重叠,为此我将在这一章中按照出版时间的顺序进行论述。尽管阿伦特的世界概念是在《人的境况》中得到了最充分的考察,但我们要是结合她的其他著作来看,就会发现她的观念更加具有内在的一致性。从她论奥古斯丁的博士论文开始,到她死后出版的《心灵生活》结束,世界概念始终是她的政治哲学的组成部分。首先,她的世界概念源于与奥古斯丁和海德格尔探讨在世界之中在家(being at home in the world)的终生对话。归属世界(belonging to the world)这个问题对阿伦特后来关于形而上学、伦理学和政治的反思有重要影响。一方面,阿伦特受奥古斯丁的观点——人生活在两个领域——启发。另一方面,她的早期思想受海德格尔的在世存在(being-in-the-world)概念的影响。随后,她关于归属世界的生存论反思转向了政治排斥这第二个主题。在她著作的一些地方,包容和排斥问题显现在贱民和新贵这些历史范畴中。在另一些地方,她又关注个人的孤独、世界疏离、无国籍和多余这些现代现象。于是,归属这个生存问题形成了阿伦特的第三个主题,即现代大众社会和极权主义促使个人逃离世界,而非与世界相融。逃离和拒斥世界这个主题也反映在哲学与政治之间的冲突这第四个主题上。如我们将要看到的那样,哲学与政治之间的冲突与自我对于世界的态度有关。在对世界的现象性的考察中,阿伦特强调行动和言说高于沉思和远离世间事务的重要性。由于个人日益变得无世界性和疏离,阿伦特希望培育公共领域,以此作为人们之间的脆弱空间。然而,尽管她对哲学有尖锐的批评,但她那种世界毕竟存在的感恩意识日益变得重要。在阿伦特的著作中,她自始至终都回到了古希腊的如下观念:世界毕竟存在。此外,在第五个主题中,她重新定位了惊异的对象,从对日常生活之外的永恒真理的哲学反思转向了对世界之中现象和意见的感恩。

在世界之中寻找家园:世间之爱与无世界的爱

最初,阿伦特在她的博士论文中认为世界是一个物理空间和生存空间。在卡尔·雅斯贝尔斯的指导下,阿伦特撰写的博士论文《爱与圣奥古斯丁》(Arendt:1996)探询的是一个人如何能够同时生活在两个领域:人之城(巴比伦)和上帝之城(耶路撒冷)。在论文中阿伦特问到,一个人如何能既爱上帝又爱邻人。她主张,作为欲望(appetitus)的爱(amor)可以既是世间的又是非世间的。cupiditas 是世间之爱,因为所欲求的对象不是永恒的,它在世界之中。另一方面,作为博爱的 caritas 发生在个人之间,是无世界的,因为这种爱关联的是永恒的上帝。如何协调对邻人的世间之爱与无世界的上帝,这个问题就成了阿伦特着迷于世界概念的出发点:"正是通过对世界的爱,人才明确自身在世界之中的家园感,然后才想着从自己的善恶去照看这个世界。一直到这个世界和人变得'世俗'"(Arendt 1996:67)。尽管她的世界概念是在《人的境况》(1958)中得到最充分的发展,不过她的博士论文已然证明了人类经验的核心范畴是世界,而不是孤立的自我。

同时在两个世界生存,以及奥古斯丁对人作为开端者(initium)的强调,这两点对阿伦特后来成熟的思想有着深刻影响。起源和开端意味着世界的入口,它们充满着可能性。此外,世界既先于个人生存,又比个人生存更为长久。新开端激发了阿伦特——无论是在革命这种最剧烈的意义上,还是在看似较为寻常的承诺和宽恕能力上。她反对从世间事务向哲学沉思逃离的倾向。相反,我们不得不使自己在世界之中在家。正如她所援引奥古斯丁说的那样:"因为我们所谓的'世界'不只是指上帝的造物、天和地……而且,世界中的居民也被称作'世界'……尤其是所有

54

热爱世界的人被称作'世界'"(Arendt 1996:17)。奥古斯丁启发了阿伦特去想,自我怎么会有对待他人、世界和上帝的不同态度。她开始注意到的,是无家可归的情绪导致了想在世界之外寻找一个更好家园的欲求。因此,物理世界就成了通向某个更高世界的暂时居所。

贱民与新贵

阿伦特对世界之持久性(她在奥古斯丁的哲学著作中发现了这一点)的意识,使其通过关于拉埃尔·瓦恩哈根的传记从包容和排斥问题转向了公共领域。在完成了《爱与圣奥古斯丁》之后,阿伦特开始撰写教授资格论文(Habilitationsschrift),以使自己能够在德国大学任教。关于拉埃尔·瓦恩哈根的手稿大部分完成于1933年,后两章则写于流亡法国期间的1938年,之后在1958年出版。让《拉埃尔·瓦恩哈根:一位犹太女人的一生》(*Rahel Varnhagen: The Life of a Jewish Woman*)与她关于奥古斯丁的博士论文以及后来的著作联系在一起的,是她对在世界之中在家的关注。瓦恩哈根(1771—1833)是一位生活在柏林的德国犹太妇女,她因其充满活力的沙龙而闻名。对于一位生活在18世纪末19世纪初的德国犹太妇女来说,在世界之中在家意味着什么?

55   阿伦特援引来自法国记者伯恩哈德·拉扎尔(Bernhard Lazare)的贱民和新贵这两个范畴,描述欧洲社会中犹太人的处境。如果说贱民是一个被排除在社会之外的永远的局外人,那么新贵就是同化了的得到认可的边缘人。拉埃尔沙龙的瓦解,与同化了的犹太人所相信的德国启蒙运动的理想的瓦解同时发生,这不是巧合。正如拉埃尔写的那样:"我们被造出来要在世界之中真实地生活……我们与人类社会在一起。对于我们而言,地方、官职、空洞的标题是不存在的!"(Arendt[1958]1974:205)。犹太妇女,比如拉埃尔·瓦恩哈根,在 19 世纪创造的沙龙的世间特征,与犹太人在 20 世纪成为无国家、无世界的人形成了鲜明对照。非常有趣的是,沙龙并非公开的,而是发生在家庭的私人处所。在阿伦特看来,19 世纪的犹太人是新贵的绝佳范例,他们的目标是融入欧洲社会。在很多方面,拉埃尔就是这样的一个新贵。不过阿伦特着迷的是,拉埃尔尽管意识到自己从未在这个世界在家,但仍有意识地坚持做一个贱民:"拉埃尔坚持做一个犹太人和贱民,因为只有同时保留着这两个条件,她才能在欧洲人的历史上找到自己的位置"(Arendt[1958]1974:227)。拉埃尔所描述的这种被两个不同世界撕裂的感觉,成了《极权主义的起源》和《人的境况》的核心主题。事实上,塞拉·本哈比波认为,阿伦特的世界概念是一条重要纽带,连接着拉埃尔作为犹太人的无世界生存与阿伦特自己通过行动和言说培育公共领域的想法(Benhabib 2003:11-12)。

孤独、无国籍与极权主义

由于希特勒的掌权,阿伦特逃离了德国,随即她的关注点也从在世界之中在家这样的哲学、社会学问题转向了极权主义,即极权主义作为一种全新的政治现象如何改变了我们理解世界的边界。在《极权主义的起源》(1951)——最初在英国出版时书名为《我们时代的重负》(*The Burden of Our Time*)——中,阿伦特把孤独和无家可归这些生存论范畴应用于对极权主义的分析。孤独和孤立本身并不是新现象;不过阿伦特认为,若没有现代"大众"社会中个人特有的深刻孤独感,即他们在世界中的流离失所感,极权主义就绝无可能:"但是,极权主义统治作为一种政府形式却是全新的,因为它对这种孤立不满意,因而毁灭私人生活。它建基于这种孤独,建基于完全不属于这个世界的经验，可以说，这是人所具有的最极端、最绝望的经验"（Arendt［1951］2004：612）。正是这种对无家可归感和被排斥感的敏感，把阿伦特对拉埃尔·瓦恩哈根的兴趣与她对极权主义的生存论和现象学解读联系在一起。

孤独与拔根和让个人变得非人和多余相关。拔根又与大众社会、帝国主义和暴民统治的兴起直接联系在一起。不过，阿伦特关注的是变得多余、不必要这个严重后果。她写道："拔根就是在世界上没有位置，不被他人承认和保障；多余则意味着根本上不属于这个世界"（Arendt［1951］2004：612）。极权主义的一个标志就是认为个人是无用的、非人的和不必要的。正是在这个意义上，阿伦特认为集中营就是理性地消除那些被认为毫无价值的人——他们与他人共享世界——的过程的具体化。

受海德格尔的畏的观念和克尔凯郭尔的绝望观念的影响，阿伦特的孤独概念表达的是人的异化（alienation），即人在世界中没有在家感，其生存与他人毫无共同之处。孤独不是孤寂，而是一种不与他人共属的感觉："让人们在非极权主义的世界中走向极权主义统治的，是孤独这种临界经验——通常是处于社会边缘的人们，比如老年人，所遭受的经验——成了我们这个世纪日益增长的大众的日常经验"（Arendt［1951］2004：615）。她的生存论话语说明了极端的无世界性、孤独和多余性如何让极权主义运动成为可能。在把极权主义说成是一种全新的政治现象的同时，阿伦特也在寻求重新激活共同世界的途径。实际上，我们可以说阿伦特的世界概念与她对现代性的理解相关。下面，我们结合《极权主义的起源》和《人的境况》来探索现代世界中的无世界性、世界异化和孤独因素。

从在世存在到在世界之中与他人共在

尤其是在《人的境况》中,阿伦特从政治和哲学两个方面深入探究了与他人共同在世界生活意味着什么。阿伦特通过较早的两篇文章,即《什么是生存哲学?》(1948)和《近来欧洲哲学思想中的政治关切》(1954),日益明确地把自己的世界概念与海德格尔的世界概念区分开来。通过对海德格尔的生存论洞见的发展以及其世界概念的转化,阿伦特为政治参与开辟了一条新路径。正如塞拉·本哈比波、伊丽莎白·扬-布鲁尔、玛格丽特·卡诺凡和丹娜·维拉这些批评者认为的那样,阿伦特不只是简单地应用海德格尔的范畴,而是对它们加以转化。此外,由于阿伦特从自我的生存转移到了复多性,因此她的世界概念要比胡塞尔或海德格尔的世界概念丰富得多。胡塞尔仍处于笛卡尔的框架下,认为主体在世界中遭遇的是客体。同样地,海德格尔的在世存在(in-der-Welt-sein)和操心(Sorge)围绕的也是自我。正如阿伦特对海德格尔的观点解释的那样,"异化是在世存在的基本样式,即无家可归和畏"(Arendt 1994:179),但她对其洞见做了进一步的发展,认为在世存在总是与他人共在。她强调的并不是与大众或常人(das Man)相对的本真生存,而是在共享世界中与他人共存。与海德格尔相对,阿伦特感兴趣的是她所谓的共在(Mitsein)或在世界之中与他人共在的政治效应和道德效应。"或许",她提到,"海德格尔的'世界'概念——它在许多方面处于海德格尔哲学的核心——构成了走出这一困境的一步"(Arendt 2005:443)。

在阿伦特看来,突出我们的人性的是复多性,而非死亡。因此海德格尔像奥古斯丁一样为阿伦特自己的政治哲学提供了出发点:"海德格尔的哲学绝对无疑是此世的哲学。在世存在是人之存在的关键因素,对于人的在世存在而言,完全只在于在世界之中生存"(Arendt 1994:179)。不过,尽管阿伦特受到海德格尔对人类生存的现象学描述的影响,但她并没有让自己固定在自我上,相反,她认为传统哲学过于推崇本真经验,即孤寂和单数的人。在她死后出版的著作《政治的承诺》(*The Promise of Politics*)中,她对这一观念进行了反思,认为对于普通人而言,孤寂尽管是一种"边缘经验",但很基本(Arendt 2005:443)。

在《人的境况》中,阿伦特说她的任务是"追溯现代世界的异化,即从地球到宇宙和从世界到自我的双重逃离"(Arendt 1958:6)。通过把世界划分为公共领域和私人领域,分别对应于希腊的城邦(polis)和家庭(oikos)概念,阿伦特也探索了随着公共领域的萎缩和共同世界的变形而来的社会性的兴起。尽管阿伦特在这部著作中一次也没有提到海德格尔的名字,但是很显然对海德格尔的在世存在这个生存论概念做了彻底的转化。海德格尔的世界扎根于操心、畏、向死而生、被抛于世界、常人和日常性。正如他解释的那样,"'世界之为世界'(worldhood)是一个存在论概念,指的是在世存在的一个组建环节的结构"(Heidegger[1927]1967:92)。阿伦特的爱,经由奥古斯丁和雅斯贝尔斯,具有 cupiditas(欲望)、caritas(博爱)、友爱、感恩、生命、新生性和新开端诸多方面。阿伦特的爱(amor)不同于海德格尔的操心(Sorge),因为 Sorge 仍强调的是作为单数主体的自我。同样地,他对良知的召唤也是以自我为导向,因而与世界相对而非与之相融。阿伦特对于海德格尔的在世存在非常认真,不过强调的是世界之中的复多性,而不是抽象的存在。

在《人的境况》中,阿伦特不仅区分了公共领域、私人领域和社会领域,而且还区分了地球与世界。世界异化意味着共享经验和共同行动的丧失。而地球异化则指的是通过科学和技术逃离地球的具体欲望。世界异化和社会性的兴起大致发生在 16 世纪到 19

世纪之间。世界异化使得共享世界的连续性在现代受到了威胁。在阿伦特看来,现代的标志是如下三个事件:美洲的发现、宗教改革和望远镜的发明。新世界的发现和新大陆的绘制扩展了现代人对物理世界的理解。同样地,望远镜的发明使得空间探索和离开地球变得可能。宗教改革引发了新教伦理和资本主义精神,并使得资本主义成了一种全球现象。受韦伯的影响,阿伦特哀叹现代资本主义的入世苦行(innerworldly asceticism),并且指出:"现代的标志是世界异化,而不是马克思所说的自我异化"(Arendt 1958:254)。世界异化导致对共享的一切的拒斥——语言、传统、文化和世界观的复多性。阿伦特感兴趣的是世界异化如何影响了政治和道德。此外,世界异化是现代性的典型特征,它比自我异化更具有摧毁性。

世界性与复多性:在人们之间的空间 59

阿伦特对地球与世界的区分,有着显然的政治意蕴。人生活在地球上,但居于世界。她的自然观受古希腊生命、生长和衰败观念的影响。因此,文明提供了提防自然之不确定性的稳定性。因为存在着各种不同的人——"人们(Men),而不是人(Man),生活在地球上并居于世界"——所以在他们之间敞开了一个讨论和行动的空间(Arendt 1958:7)。鉴于复多性是日常生活的一个基本部分,阿伦特为此寻求方法鼓励人们共享并照看世界。这就导向了她对行动和人们之间的空间的论述。因此,人们的复多性创造了一个公共领域或城邦,它是人们之间摇曳不定的一个空间。正如玛格丽特·卡诺凡提示的那样,这样的世俗空间类似于海德格尔那个存在于其中揭示自身的 Lichtung(澄明)(Canovan 1992:112)。

世界性是人之境况的一个重要方面。世界由人造物组成,或者说由人造物布展,比如建筑、桥梁、房屋和艺术作品(Arendt 1958:7-11)。不过,这些事物本身并不就是世界;在人们之间发生的一切才构成了世界。公共领域就是人们之间共享的世界。私人领域无法与他人共享,它只能是私人性的。此外,对于阿伦特而言,世界是在人们之间的空间:

> 在世界上一起生活,根本上意味着一个事物世界居于那些共同拥有它的人们之间,就像一张桌子位于围它而坐的人们之间一样;世界就像是这样的在-之间(in-between),让人们既相互关联又彼此分开。可以说,公共领域作为共同世界,既把我们聚集在一起,然而又防止我们彼此牵绊。大众社会之所以难以忍受,不在于人数众多,至少主要不是因为这一点,而在于人们之间的世界丧失了把他们聚集在一起、让他们既相互关联又彼此分开的力量。
>
> (Arendt 1958:52-3)

《人的境况》一书起初的名字是《爱这个世界》(*Amor Mundi*),描述的是沉思生活(vita contemplativa)与积极生活(vita activa)之间的关系。一个人要有能力与世界打交道,而为了思考和判断,还要有能力置身于世俗事务之外。阿伦特哀叹社会性的扩张和政治领域的萎缩。社会与公共领域或城邦不同。它与世界也不是一回事。同样地,公共性也指两个相互关联的方面:公开显现和世界:"对我们而言,显现——不仅为我们自己而且为他人所见闻之物——构成了实在"(Arendt 1958:50)。实在就是个人之间共享之物。我们每一个人都有一个由私密经验和情感构成的私人领域,但唯有公共领域是由那些能够向他人诉说并为他人听闻的经验构成。

阿伦特问到,我们如何才能培育人们之间的空间,以抵御日益增强的社会性的侵蚀。历史地来看,早期基督教力图打造一个强大的团契以取代世界。然而,奥古斯丁的"兄弟情谊"和博爱是无世界的,因为他们眷注的是超验的上帝,而不是世俗现象。阿伦特坚持认为,"无世界性作为一种政治现象,只有假定世界不会持续下去才有可能;不过,根据这一假设,某种形式的无世界性将会支配政治场景这一点几乎不可避免"(Arendt 1958:54)。根据阿伦特的说法,世界超越不断变迁的世代而具有一种不朽。

共同世界、城邦和实在

阿伦特把古希腊看作人们之间的共同空间的范例。城邦是人们之间的想象空间。就像此前提到的桌子比喻一样,城邦与个人的行动和言说联系在一起。它是"显现空间"。城邦虽说不是永恒的,但若剥夺了这一共享经验也就剥夺了实在:"剥夺了这一空间就意味着剥夺了实在,从人性和政治上来说,实在与显现是一回事"(Arendt 1958:199)。阿伦特强调,城邦作为共同世界有其非永恒性和脆弱性。城邦是一种圣杯吗? 它是摇曳不定的形象或乌托邦吗? 总之,阿伦特对寻求更好社会的乌托邦蓝图有深刻批评。她再一次回到了如下事实:生活在这个世界的,是人们而不是(一个理想的)人。复多性和新开端、自发性和行动都基于对每一个人的深深尊重(Arendt 1958:243)。世界的团结一致,在于新人的不断出生。因此,行动"在存在论上植根于"新生性,而非有死性(Arendt 1958:247)。

虽然人在世界之中打造了持久之物,但这些事物本身并不构成世界。相反,是行动、讲故事和记忆编织了人们之间的空间。阿伦特的世界概念基于言辞和行迹:"人类事务的整个事实世界要获得其实在和持续存在,首先要依赖于对人类事务有所见闻并加以记忆的他人的在场;其次要依赖于无形之物向有形之物的转换"(Arendt 1958:95)。对于世界的持续而言,所需的是思考、意愿、判

61

断、行动和记忆。阿伦特对荷马和希罗多德的钟爱提醒我们,诗人和历史学家记叙着不朽英雄的行迹。只要我们记得,英雄就是不朽的。此外,世界并不由劳动和制作所规定。它主要由行动和复多性的象征空间和想象空间构成。

阿伦特写道,"共同世界是我们出生时进入、死亡时离开的地方。它超越了我们的寿命,同时伸展到过去与未来;它是在我们到来之前就在那儿,在我们短暂的逗留后依然持续的地方"(Arendt 1958:55)。这样一个持久的共同世界,只有当它公开显现时才有可能。因为它是共同的,所以它不能是秘密的或私人的。荷马的《伊利亚特》是不朽的范例,在那里,获胜者和战败者的故事都被讲述给未来世代的人们。因此,雅典的城邦就是不朽显现的空间。然而,现代的大众社会和孤独摧毁了人们在世界中共有的实在感。退回到私人领域,意味着个人"完全囿于自己单一经验的主观性之中"(Arendt 1958:58)。此外,自笛卡尔以来的哲学唯我论推崇孤独的主体,从而削弱了世界的重要性。这样的一种倾向,与大众社会和消费主义一道,让我们共同享有的世界日益萎缩。这是说阿伦特反对隐私和私人领域吗?隐私是最重要的价值之一,对于自由主义者而言尤其如此。相应地,阿伦特为共同世界的核心地位申辩,使她成为了一个社群主义者吗?答案是否定的,她既不是自由主义者,也不是社群主义者。若要说的话,她强调共和主义——或者说,公共之物的重要性。大众社会和社会性的兴起,摧毁了古代人对公共领域与私人领域、城邦与家庭所作的区分。

哲学、政治与世界之间的冲突

阿伦特的世界概念与她对传统哲学的毕生批判联系在一起。如果说哲学研究的是单个的人,贬低世界而推崇个人,那么政治所基于的是人类事务的复多性:"政治基于人的复多性这一事实。上帝创造了人(man),但是人们(men)是人的世俗产物,是人性的产物"(Arendt 2005:93)。除了区分人与人们之外,阿伦特还主张,哲学领域在空间上有别于政治舞台。自柏拉图以来,哲学一直倾向于为了沉思更高的实在而拒斥日常生活的现象。在《过去与未来之间》中,阿伦特反思了哲学"无视"世界的偏见,并想弄明白如何才能重新确定哲学对世界的惊异(Arendt[1961]1968:25)。此外,她还解释说,哲学对死亡的强调,也是逃离世界的一个成问题的出口。尤其考虑到破坏性的20世纪,她认为有必要珍视现象世界和意见,而不是对它加以拒斥。

在最后的著作《心灵生活》中,阿伦特为"世界的现象性"辩护(Arendt 1978b:19-23)。阿伦特驳斥了把现象与存在对立起来的两个世界理论,并提出了思考之为无物如何显现于世界。她从海德格尔那里作为去蔽(aletheia)的真理观念获得启示,认为真理在世界之中向个人显现。它在空间上不位于一个不同的生存领域,但是,真理本身也是一种显现:"在这个我们进入的世界——我们不知从何处显现于这个世界,也不知从这个世界消失于何处——中,存在和显现是一回事"(Arendt 1978b:19)。阿伦特回到了思考在世界中的位置这个较早的问题,并为现象世界的首要性辩护。现象不是远离真理的假相或幻象。相反,我们要去理解世界的"现象性",它在每一个人那里有不同的显现。我们生活在现象世界之中,但我们可以选择用抽象哲学、宗教信仰或政治意识形态去思考我们"真正的"家。不过,阿伦特强调每个人都出生于现象世界。因此,世界由复多性和现象所规定。实在并不与现象相对。相反,实在就是现象。世界是一个与他人一起思考、意愿、判断、言说和行动的舞台。此外,这是一个人们之间的空间,它比我们短暂的生死寿命要长久得多:"这个舞台对于所有生物而言是共同的,但在每一物种看来是不同的,在每一个人看来也是不同的"(Arendt 1978b:21)。

阿伦特推崇尼采对生命的肯定和对两个世界理论的批判。尤其是,她受尼采在《偶像的黄昏》(*Twilight of the Idols*)中对"'世界'如何最终成了一种寓言"的阐述的影响。在这个简短的寓言中,尼采勾勒了哲学史如何贬低甚至遗忘了世界。从柏拉图开始,"真实的世界——圣贤、虔诚的人、有德者可达到;他就居于这个世界,他就是这个世界"——等同于位于纯粹显现之物之后或之上的先验领域。随着这个寓言迸发为基督教,这个真实的世界变得不可企及,但承诺给了忏悔的有罪者。因此,康德的真实世界是本体的、不可企及的。随着实证主义的出现,思想的真实世界不可企及、不为人知。尼采的寓言终结于查拉图斯特拉:"真实的世界——我们废除了。那还剩下什么世界呢?可能是显现的世界吧?不是!随着真实世界的废除,我们也废除了显现的世界"(Nietzsche 1968:485-6)。像尼采一样,阿伦特认为绝大多数哲学家为了现象之上更高的生存领域而过于急切地远离了日常生活世界。她强调逃离世界是对责任的拒斥,是把孤独心灵置于他人之上的危险特权。

对世界和人性的感激

阿伦特批判那种拒斥世界的哲学倾向,培育人们之间的公共领域,此外,她还对世界的纯粹存在充满感激。在1959年接受莱辛奖的演讲词中,她把这种感激表述为对世界的爱。甚至比海德格尔的操心或奥古斯丁的爱更甚,莱辛有一种对世界之纯粹存在的感激。不过,这种感激并没有阻止他对世界的批判。相反,阿伦特坚持主张,"这也是一种对世界保持忠实的态度,它从未离开世界这块坚实的大地,从未陷入感伤的乌托邦极端"(Arendt 1968:5)。

这样的说法也同样适用于阿伦特自己。世界概念与人性携手并行。在她看来,如果说莱辛和康德这些 18 世纪的思想家盛赞的是人性,那么 19 世纪的思想家称颂的则是历史和意识形态。阿伦特认为,莱辛体现了 Selbstdenken(为自己思考)。不过,莱辛的思考不同于海德格尔的思考。他并没有赋予哲学的孤独以特权。相反,莱辛把自己对世界的感激与对人性和友爱的理解联系在一起。

阿伦特像莱辛一样,认为人性不是一个抽象的概念,而是与友爱具体地关联在一起。交往、精神性对话以及围绕世界与他人来回往复,对于成为一个人而言至为重要。阿伦特提出友爱的政治相关性,主要是来自亚里士多德,当然也有卡尔·雅斯贝尔斯的影响。友爱类似于公共争辩。它不同于亲密交谈,也不是向现代自我的退守:"在话语中,友爱的政治相关性以及它特有的人性就显示了出来"(Arendt 1968:24)。阿伦特所珍视的,正是关于不同意见的讨论和富有激情的争辩。

阿伦特对这一问题最清楚的表述如下:"我们在多大程度上对 64
世界负有责任,即使在我们被世界排斥或从世界撤离?"(Arendt 1968:22)。从她自己的人生经历和她关于极权主义以及恶的著作来看,为何"我们对世界负有责任"绝不是个抽象的问题。如今技术可以让我们离开地球甚至彻底毁灭地球,这一事实让世界变得比以前更为脆弱。而且,两次世界大战的毁灭性和极权主义意识形态的力量,凸显了走向暴力和虚无主义的倾向。因此,恐怖和惊异是阿伦特的世界概念的组成部分。恐怖可能让人远离世界而遁为犬儒,但是,惊异则与感激关联在一起:"对人可能做什么以及世界可能变成的样子的无言恐怖,在许多方面都与对感激的无言惊异相关,从中产生了许多哲学问题"(Arendt 1994:445)。在德语中,思考一词即 denken 与感谢一词即 danken 紧密相关。对人性和世界充满感激,意味着从日常事务中脱身出来,停下来思考。阿伦

特的世界概念源于最古老的哲学问题之一:为什么有存在者而不
是无?不过,阿伦特在探究这一问题时,强调的是它源自现代的无
世界性境况,这有别于宗教的来世性。为什么有存在者而不是无,
这是一个古老的问题。不过,对这一问题的重提则有新的背景。
正如阿伦特解释的那样,"最先在现代出现的无世界性境况——它
不应与基督教的来世性混淆——衍生出了莱布尼茨、谢林和海德格
尔的问题:为什么竟然有存在者而不是无?"(Arendt 2005:203-4)。
此外,她还问世界为何有人在而不是空无一人。极权主义创造了
一个无人的领域,在那里,人变得多余,没有能力思想。在她看来,
阿道夫·艾希曼是这种倾向的典型例子。因此,阿伦特在非常现
代的背景下重提了古老的哲学问题。

理查德·伯恩斯坦提到,除了存在主义和早期基督教之外,犹
太主义是阿伦特的 amor mundi(爱这个世界)的又一个来源:"阿伦
特像她之前的许多犹太人一样,其信仰朝向的更多是被造物而不
是造物主"(Bernstein 1996:188)。通过珍视被造物,甚至把它们置
于造物主之上,她不仅从欧洲哲学和神学中,而且从其自身的经历
和犹太主义中汲取思想酵素,主张哲学的惊异应当重新调整方向,
指向而不是远离变化着的世界。在一封给她的朋友格肖穆·肖勒
姆的信中,阿伦特写道:"要有这样的一种情感,对事物之所是有基
本的感激之情;对那些被给予而非被制造也无法被制造之物有基
本的感激之情"(Arendt quoted in Bernstein 1996:188)。

65

结 语

尽管奥古斯丁最早影响了阿伦特的世界概念,但她强调的是
被造物而非造物主的美。她利用了奥古斯丁的上帝之爱和邻人之
爱,以及在两个世界即上帝之城与人类之邦间生活的感觉。不过,

奥古斯丁偏爱永恒的上帝胜过有死者的世界,而阿伦特则重新作了调整,指向了对世界的爱。而且,她还利用了海德格尔的在世存在概念。她对在世界中的生存不安以及相伴而来的对在家感的欲求进行反思的同时,提出了一种对与他人共在(Mitsein)的更丰富的理解。与海德格尔推崇思考和存在相反,阿伦特恢复了对它们在世界中的起源的惊异(thaumazein)。此外,海德格尔倾向于认为日常世界充满着闲谈,毫无本真性可言,而阿伦特寻求的则是人们之间可能呈现自由、自发性和复多性的时刻,它们不只是出现在孤独的思想家那里。

当我们与文化差异、稀有资源和史无前例的技术变革斗争时,我们发现阿伦特的世界概念与 21 世纪深深相关。她的著作让我们想起我们共同分享的世界极为脆弱。此外,她提醒我们注意自我、他者与世界之间的政治关联和道德关联。"归根结底,人类世界永远是人爱这个世界(amor mundi)的产物,是由人所创造的,其潜在的不朽性总是受制于建造它的人的有死性,以及那些不断到来居于其间者的新生性"(Arendt 2005:203)。

致 谢

非常感谢爱沙尼亚研究委员会(Estonian Research Council)提供资助(no. IUT3-2)。

叙述与理解

⊙ 玛莎·罗维叶

汉娜·阿伦特创建政治理论的独特方式——她自己深情却不无反讽地称之为"我那种老式的叙事"（阿伦特引自 Disch 1993：666）——在其著作的评论者中引发了诸多困惑。实际上，她践行的政治思考一直坚持抵抗任何用既有框架和思想流派进行简单归类的做法。毫无疑问，这种困惑至少部分要归因于阿伦特自己不愿介入方法论和认识论的论辩。相反，她的作品由一种对不断变化的现实这种活生生的经验罕见的敏感性所引导，用她的话说，"思想必须关联于现实……把它当作指引方向的唯一路标"（Arendt［1961］1968：14；参看 Hinchman & Hinchman 1984：183）。然而，如果我们没有遗漏其全部意义，那这种对现实的关切本身就认可了一种对存在论和认识论前提的探究。以此为背景，本文力图不把阿伦特处理政治现象的叙事方式解读为严格意义上的"方法"，而是理解为一种现象学-生存论承诺，她借此阐明和理解复多的、不可预测的、变化着的世俗现实。这样，本文也意在表明阿伦特的"遗言"（Arendt［1961］1968：5）既没有规定思考什么，也没有提供如何思考的明确的程序性规则。确切地说，它力图表明一种在世界中存在并与之相关的方式,借此方式,我们持续认可内在于政治行动和我们的世俗生存中的可能性和局限。

67　　在第一部分,我把传统标准和思想范畴的现代断裂之后的思考问题与理解的挑战联系在一起,并指出其政治意义。本文的第二部分,主要探究阿伦特的叙事如何回应这种挑战;通过考察她转向叙述的哲学和文学根源,确定其与叙事理论的关系,力图借此阐明阿伦特叙述方法的独特性。最后的第三部分,运用了阿伦特叙事实践的几个关键例子,由此揭示阿伦特著作向当下的我们讲述的独特方式。

思考与理解的挑战

与阿伦特对维持政治行动之尊严的需要的关切相伴随的,还有她对思考的政治意义的眷注。实际上——哪怕她只是在后期转向"心灵生活"时才明确表述出来——阿伦特在其所有著作中都始终保持着对思想及其与人类事务的关系的关切。这个关切的紧要性直接源于阿伦特的如下认识:传统的思想框架和范畴完全不足以理解"人们能够造成的不可估量的恶"(Arendt 1994:132)。人们从她力图理解现代政治经验尤其是极权主义的根本恶的尝试中,发现了她与宽泛意义上的生存哲学共享的一种意识:通过揭示传统思想标准的毁灭,现代事件也引发了真正的哲学问题,即思想本身的持续相关性和意义,同时使得政治理论有必要迫切去重新思考自己对于公共的政治领域的态度(Arendt 1994:430,444)。这种挑战只是在阿伦特后来的如下主张中才获得其可怕的具体性:阿道夫·艾希曼的根本恶可以追溯到的不是作恶者那种恶魔般的动机,而"只是"他思考的无能。简而言之,正如巴克勒(Buckler 2011:162)所指出的那样,思考如今直接"与世界的命运牵涉在一起"。

在某种意义上,阿伦特的现象学-生存论敏感性展现在她为复兴思考操练所做的努力上,而这种努力为的是她所谓的人的理解需要。这两者之间的关联,源自阿伦特在积极生活与沉思生活之间所作的区分。尽管思考与行动本质上彼此相连,但阿伦特认为,它们彼此也有着截然不同的"'生存论'位置",而且基于不同的"真实"经验——若要维持这两种活动的内在尊严和意义,就必须承认它们之间的这一区分(Arendt 1979:305;1978b:78)。尽管行动直接参与到世界之中,而且是诸多活动中唯一可能介入世界的活动,但是思考活动也因其反思性而与众不同;思考只能在孤独中进行,而且它的一个基本条件就是撤出对现象世界的积极介入,以便能够沉思过去了的行动和事件(Arendt 1978b:74-5,78)。

在阿伦特看来,思考是一项"基本的"、"自主的"活动(Arendt 1978b:69-70)。她这样说的意思是,思考在本质上不受任何外在于自身之物的限制或束缚,而仅仅出于活着的人寻求存在之物的意义的基本的生存论需要(Arendt 1978b:166)。为了弄清思考的独特运行方式,阿伦特把苏格拉底的那种我与自身之间的一中之二对话当作范例。思考呼应的不是纯粹的自我意识,也不是对自我同一的我是我的肯认,而在于一种无休无止的对话活动,在这种活动中,心灵实现了内在于意识中的二元性,并对所给予之物加以反省,或者说激起了它对经验的注意(Arendt 1978b:74-7)。在这一点上,思考关键取决于想象的能力,这使得心灵能够撤出感官知觉的直接性,并向自身再现感官不再把握之物(Arendt 1978b:76)。思考的对象尽管"在世界中被给予",但是,对外部世界的"纯粹被给予性"不断地加以超越、质疑和批判性审查,内在于思考活动之中(Arendt 1978b:70)。正因为此,思考不能有一个外在于自身的目的,而且阿伦特始终提醒不要把思考视作一种工具性活动,比如为政治行动提供一个蓝图。相反,思考要忠于它的原初冲动,只有

68

当其导向理解时才具有政治意义。在阿伦特看来,理解之所以是思想的一种独特的政治显现,正是因为它回答了人的如下基本需要:理解生活中所发生的一切,并力图让我们在世界之中有家的感觉(Arendt 1994:307-8)。易言之,就政治事务世界的现象性而言,这是最重要的政治意义——世界基于人的复多性这一构成性的生存境况,并且是对这一现象的呈现,因此是由显现了人独特的行动和言说能力的开端启新构成。对于阿伦特而言,人既在世界之中,感知并认识到这个世界,又是世界的人,被他人当作现象感知和认识:

69

> 如果现象的接受者——能够承认、认识和作出反应的鲜活生命——不存在,那么“现象”这个词没有意义,对于不仅仅在那里而且向他们显现的事物,不论态度如何——无论是逃避或欲求、赞成或非难、谴责或赞赏——都是他们所感知的样子。

> (Arendt 1978b:19)

认识以及理解那些因动态的政治生活境况而来的原创性、偶然性和不可预测性的能力,在阿伦特看来是政治思想的最高任务。也正是在这里,思考与行动之间本质上的相互关联显露了出来。阿伦特称理解为“行动的另一面”,因为它对于人这种世间的、(潜在的)行动存在者而言至为重要,借此“理解不可逆转之事,与不可避免的现状和解”(Arendt 1994:321,308,322)。

理解的挑战的政治意义,可以从阿伦特对传统的“理解工具”之不足的质疑中获得(Arendt 1994:313)。阿伦特把她对政治理论传统的指责,明确为她所谓的“基本谬误”,即让人类一般地(且独特地)追寻意义的思想能力从属于获得终极的存在真理的哲学欲求(Arendt 1978b:15)。在这种求真意愿的驱动下,哲学家们要求自己有一个完全远离纷杂的政治领域的超然的、孤独的、自以为客观的位置,以便沉思永恒的概念和观念领域,即"永远不可见之物……和真正永存之物"(Arendt 1994:131)。阿伦特认为这一谬误极为恼人,因为它催生了这样的信念,政治事务的世界可以以理性真理或哲学真理的模式来处理:这就是说,煞有介事地声称在孤独中获得结果在政治中也具有普遍有效性,因而把它们应用于这一领域,无疑这是外面施加于其上的。通过抹杀思考与行动之间的分界线,政治理论家们通过确立一种等级秩序构想了它们之间的一致,在这个等级秩序中,思想因其所谓的获得关于实在的真正知识的能力而等同于统治者,行动则被简化为对预先确定的标准或观念的简单执行(Arendt 1958:225)。然而,根据阿伦特的说法,这样一来,它们在思想与行动、哲学与政治之间打开了"一个深渊",完全显露了现代的理解危机(Arendt 2005:6)。

对于阿伦特而言,主要问题是这种处理模式几乎没有注意到世界的现象性质,从而威胁到公共领域的生存。正如阿伦特向来指出的那样,共同世界的感觉以及公共领域作为一个显现空间的实在性,只出现于复多且独特的个人之间的关系中,他们以言行介入世界,彼此言说、一起行动、相互显现。相反,对于政治的"理性"态度,它最显然地体现在"两个世界"这一传统的形而上学谬误之中,总是力图根据所谓更深刻或更真实的实在来说明和解释"纯粹的"现象领域,认为前者在它们之上或在它们之下,为它们奠基或是它们的原因(参看 Arendt 1978b:10-12,216)。但是,这种把所发生的一切都归于预先设定的思想框架的做法,让"太阳底下"无新事——既在独创性的意义上讲,又在不可逆转性的意义上讲(Arendt 1994:309)。因此,理性主义注定越来越少关注人类事务领域的具体事件和事实,并且日益与之保持距离,继而产生一种萎缩的世俗实在感。可以说,正是这一关切奠定了阿伦特对方法论争论的普遍怀疑。恰如沃尔拉特(Vollrath 1977:162-3)指出的那

70

样,因为方法概念本身预设了一种提出"适当的"框架和工具的态度,通过这些框架和工具,方法处理、控制和掌控着观察对象,而且,凡此种种采取的都是一个与观察对象陌生的立场。

政治理论中理性态度的盛行,在阿伦特看来,意味着一个严重的政治问题,因为人自己作为自主行动者的自我感依赖于一种共享的世界感,如此人才能够介入不断变化的政治现实并对其作出回应。因为思想与经验的长时间隔离让阿伦特所谓的"初步理解"——即人的自我作为世间存在的基本感觉——成了问题,而这本是一切思想和行动得以可能的基础(Arendt 1994:310;[1951]2004:614)。这种危险在现代社会尤为显而易见。当思考活动不再锚定永恒的绝对领域,却又未放弃对确定性的传统追求,就会日益效仿纯粹的工具理性或逻辑性(其主要特征是它自身带有一种强制的有效性,而不考虑他人和世界,即不考虑我们的具体生存),这时就发生了上述这一关键转变(Arendt 1994:318)。令人不安的结果是,现代思想尤其是18、19世纪的历史哲学,因此最终让现实本身服从于所谓自明的、必然的过程逻辑,然而它在本质上是独断的(参看 Arendt 1978b:26-7,53-5;1958:296-7,304;[1961]1968:57)。如此一来,它实际上把人还原为非人力量和过程的纯粹对象,最终毁灭了作为参照框架的共同世界感,正是在这一共同世界中,人的言说和行迹才能显现。确实,阿伦特把现代思想根本的无世界性看作那些使得个人受极权主义运动及其对现实意识形态解释(和反应)的诱惑影响的主要境况之一。

理性真理,就其描绘了一幅明确的现实画面并为政治行动提供了一个蓝图而言,显然更像是一种较为有效和有力的政治态度。然而,它却有扭曲甚至毁灭复多性的基本的生存基础的危险,而复多性则代表着政治可能性的境况,而且也是政治的终极意义所在。也正是根据这些术语,阿伦特深刻地批判了当时的社会科学和历史编纂学,因为后者把极权主义看作某种发源于政治自身之外的力量,企图获得关于它的"实际知识",以便在此基础上构建适当的工具一劳永逸地击败它。因此,这里遗漏的不只是如下恼人的事实,即"极权主义运动不是从月亮上来的"而是产生于现代社会,而且未能注意到对政治经验的理解,正是这些理解赋予对抗极权主义的斗争意义(Arendt 1994:310;也可参看 Buckler 2011:12)。

因此,理解的现代挑战并不仅仅涉及如下事实,即传统的思想标准突然变得无效,仿佛所需要的无非是确立一套新尺度,以更符合当前的现实(参看 Arendt 1966)。相反,传统思想标准的瓦解充分显露了理解的挑战作为"一个可触的现实"和"一个政治相关性的事实",仿佛出自内在于思考经验本身的困惑(Arendt[1961]1968:13)。这一困惑源自如下事实:那个有权从世界退隐的生命,自身仍是现象世界的一部分,他试图掌握的关于一切事物的意义,也从未完全远离或超越现象世界(Arendt 1978b:45)。对于这一困惑,阿伦特并未试图逃避,而是呈现在她所谓的"没有扶手的思考"中,即直面经验,而不用预先制造的概念和思想框架(Arendt 1979:336)。阿伦特追随她的哲学导师海德格尔和雅斯贝尔斯的脚步,信奉展开或揭示的真理观。这种真理观对于阿伦特的理解而言至为关键,因为它基于对思想的主观、情境特征的承认,因此也肯认了外在事实的独立存在和价值,承认了它"顽固的彼在性"和偶然性、它的具体性和复多性(Arendt[1961]1968:253)。这种态度的政治意义就呈现了,因为它的适当关切是阿伦特所谓的与理性真理相对的事实真理。一方面,理性真理指涉的是抽象的、相对永恒的功利和理论,通常与数学、科学和思辨哲学相关。另一方面,事实真理指涉的是"共同的事实实在本身",即指涉的是许多人一起交往就会发生的行动、事件和情境,它们构成了政治领域的偶然的结构(Arendt[1961]1968:232,227)。

72

因此,阿伦特的关切之所在,并非否定知识是理解过程的必要组成部分。相反,对种种方式都保持着警惕,以免对完整和终结的"理性"追求使得关注点远离其适当的目标:直面多样行动和事件的原创性和独特性,把它们编织进共同世界的构造之中,也就是说,判断它们对于我们而言意味着什么,并由此不断地激活我们的共同世界感以及我们自己在这个共同世界中的自我感。然而,作为一种在追寻意义的过程中不断直面和超越世界的活动,"没有扶手的思考"从未明确地确立意义,在这个意义上,它甚至"完全没有结果"(Arendt 1978b:171,191,197)。阿伦特在援引苏格拉底这个范例提到的"思想之风",相当于"拆解技艺";它对我们借以理解世界和指导我们生活的所有确定标准、价值和规则,包括它自己此前获得的结论,有一种"毁灭性的破坏效应"(Arendt 1978b:212,174-5)。那么,思考如何也能有助于赋予经验的复多性和偶然性以充分的一致性,借此肯认人类自由的价值并让人在世界中行动得以可能。针对这一点,阿伦特回答说,为了能与他人共享显现之物的意义,需把获得的意义织入故事。如果说思考在追寻发生之事的意义时让我们远离了世界,那么,讲故事回答了理解的挑战,因为它使我们返回到多样的现象世界,并借此把我们推向未来。

叙事与找回政治自由的"失落珍宝"

阿伦特力图把讲故事作为一种处理政治现象的独特方式的做法,其灵感来自古希腊"前苏格拉底哲学"对赋予短暂易逝的人类事务以意义并使之不朽的关切,古希腊的诗歌和历史编纂就体现了这一点(Arendt 1978b:131)。在关切"真正永久之物"的哲学转向之前,恰恰是叙事者、诗人或史家守护并称颂有死者的言说和行迹,通过讲述有关他们的故事,让他们活在历史的记忆之中(Arendt

1958:197)。因此,对于阿伦特而言,讲故事表明的是这样一种认识:人作为脱离了永恒的绝对领域的世间存在,只能追寻他们那时间性的、主体间的生存自身的意义。故事回应了这一视域,因为它们呼应了人在世界中行动的时间性结构:人存在于过去与未来之间,思考、行动和生活方式以及人类自由的方式由一种不断进行的协商(一方面是为发生之事找寻和分派意义的需要;另一方面是保护人们通向不确定的未来的渴望)构成,这个事实完全没有了传统真理的稳定桥梁。在这一点上,阿伦特提示了近来政治理论的倾向,即以叙事的方式接近人类生存的独特性和复多性,找到有价值的光谱和声音,借此阐明和直面让当代心灵痛苦不堪的问题。[1]

不过,让阿伦特的方法与众不同的,是其对叙述特有的政治意义的关注。确实,她的叙事与她在 20 世纪的恐怖之后奋力恢复人类自由的意义,以及在现代生活荒漠化的境况之中激活能够容纳适当的人类行动和言说的公共领域紧密地联系在一起。从存在论上来看,阿伦特对叙事的主张是对当代杰出的叙述理论家保罗·利科所谓的"前叙述的生命能力"的呼应(Ricoeur 1991:28-9)。在这一观念中包含着双向的承认:人类生活向来就是故事化的,它有意无意地把捉到了显现世界的时间性剧情,与此同时,"追寻叙述的活动和激情"也会把事件流编织成一个有意义的生命故事,从而为未来提供参照点(Ricoeur 1991:28-9)。或者,用阿伦特的话来说,我们作为用行动和言说介入世界的世间存在境况,奠定了故事的可能性,并构成了"历史的前历史和前政治境况",尽管如此,恰恰是故事能够通过揭示行动特有的人类品质,让我们的生活充满

---

1 比如,在政治理论、文学、历史和心理学领域中,理论家们考察了叙事的敏感性如何可用于处理恶和创伤问题、研究同一性和差异问题,以及激活关于判断和公共协商的争论。例见努斯鲍姆(Nussbaum 1995),罗蒂(Rorty 1993),劳拉(Lara 2007),拉卡普拉(LaCapra 2001)和布莱克(Black 2010)。

人性(Arendt 1958:184;1978b:131-5)。因此,阿伦特对叙事的信奉依赖于如下主张:因为叙事在形式上模仿的是人类的行动和经历,因此它们能够肯认人的世界、历史和政治特征,点燃自己作为政治行动者的自我,从而能够在世界中展开负责任的行动(参看Kristeva 2001:7-8)。

要理解阿伦特叙事的独特性,关键在于明白她对传统关于历史连续性和逻辑连续性的叙述的拒斥,在这种传统叙述中,每一个事件只有作为无所不包的整体或过程的一部分才有其意义,实际上,这些事件被描述为某种不可避免的"更高法则"的纯粹必要的实例而已。特别是,她厌恶在历史中获得拯救的历史主义观念,最典型的是"人类"的"进步"观念,根据这一观点,任何发生的事情都可以得到解释,并且可以根据整个发展的下一个阶段加以证成,因此,人类事务的终极裁判这个位置让给了"成功"(Arendt 1978b:216)。针对这一倾向,阿伦特的叙事受惠于瓦尔特·本雅明的碎片化过去的历史编纂,这种历史编纂集中体现在他的"历史天使"隐喻中(Arendt 1968:165)。像本雅明的历史天使一样,阿伦特笔下的叙事者肯认线性时间中的缝隙的实在性,因此也认为他或她有自由用解除了目的论幽灵的眼光去看待过去,并且借此"拯救"注定被"进步风暴"遗忘的过去经验碎片(Arendt 1968:197,165)。由于不再追寻深层原因和实在、目标和目的,并且远离世界中的直接利益,历史天使能够根据每一个具体行迹的独特性来考量具体行迹并赋予其一种一般性意义。

阿伦特从本雅明那里获得的"叙述的拯救力量"观念(Benhabib 1990)具有直接的政治意义,因为它浓缩了"重申我们人的尊严"的叙事能力(Arendt 1978b:216)。因为,通过把意义赋予具体的单个事件和动作,故事能够肯认作为世间事件之源的人类自由。实际上,根据阿伦特的说法,故事特有的政治意义可以追溯到它们独一无二的揭示能力,即揭示主人公身份的"谁"而不是"什么"(Arendt 1958:186)。易言之,故事肯认了行动和言说的"揭示特征",即它们除了论及"世间的某种客观现实"之外,还关涉着行动和言说的行动者的展现(Arendt 1958:182)。这样一来,故事就促进了如下观点:人是行动和言说的行动者,而不是被动的受害者,或者更深层更真实的实在、形而上学或历史的原因或目的的对象。因此,它们能够为人类潜在的自由张目,进而也为当下和未来确立政治对于人的独特意义。这种强调至为关键,因为在阿伦特看来,自由和行动的存在者的地位并不是一个自明或自然的事实,而只能"作为政治和人的实在"存在(Arendt 1994:408)。易言之,它完全取决于我们作为公共领域的平等成员的相互承认,如果这种主体间的政治承认被废弃,那么就意味着它被否认,甚至完全被遗忘。

75

正是这一意识和关切奠定了阿伦特如下主张的意义:叙事的目标不是获得关于过去的客观知识,比如揭露一种现象此前被隐藏起来的本质或起源,或者根据所谓的"原因"对其加以解释或(辩解)(Arendt 1994:319,403-5,407)。因为这不仅否定了历史中新颖之物和史无前例之物的实在性,而且意味着未来也可以预言。相反,在本雅明的救赎史学中起作用的,是一种"'钻孔'方法",它类似于海德格尔的"激情思考"的"挖掘性质",阿伦特对其的表述用了一个隐喻:"潜水采珠人"(Arendt 1968:202,206;1971:50-52)。潜水采珠人抵达过去的深处,不是为了"恢复曾经的样子,让逝去的时代复活"(Arendt 1968:205)。而是为了让长期以来被层层传统范畴掩埋或隐藏的过去经验之"珊瑚"和"珍珠"重见天日,倾听它们在当下"丰富"、"奇异"的回声(Arendt 1968:205-6)。这就使得它们在叙事者自己的世界成了活生生的现实,并且使得他们能够带着新的活力和意想不到的意义谈论当下和未来的关切和复杂性。因此,关切过去言行的不朽,就与肯认当下的新开端紧密地联系在一起,实际上这两者难以区分开来。正是在这一意义上,阿伦特(Arendt 1994:320)说"历史是一个有着诸多开端却没有终局的故事"。

　　然而,要维持过去与未来之间的这一纽带,就必须保持一个基本区分。正如阿伦特在论述伊萨克·迪内森时强调的那样,故事让行动和声名富有意义,但是把生活当成一个故事来过是极其危险的,也就是说,把生活当成一个预先设定的脚本在政治中实现是错误的(Arendt 1968:105,109)。无疑,这种审美主义倒转的危险,呈现在钻孔方法本身之中。这是因为它要让过去的经验脱离某个更大整体的预定位置的想法,容易陷入对所谓的纯粹独创或本真之物的信奉,简言之,这种对纯粹的过分追求难以揭示任何可与他人交流、可当下言说的宽泛意义(Arendt 1968:198-9)。然而,如阿伦特在对海德格尔哲学令人困扰的政治蕴涵的反思中阐明的那样,这一倒转只有在思考(基于从现象世界的撤步)忘了回到共同的现象实在而转向自身时才会发生(参看 Arendt 1971)。这样一来,它也未能肯认外在现实的独立存在,并错误地以为世界多样性可以分解为本质上主观的思想过程,事实上,是被简化为思想过程的一个纯粹功能。这种思想方式完全远离主体间的共同现实,只能通过"让个别的存在范畴绝对化"导向行动——由此进一步推进了世界和他人无非是任意铸造的材料的观点,这是哲学对政治领域的传统偏见的终极显现(参看 Arendt 1994:185,176-82)。

　　相反,叙事的基本规则是"忠于生活"(Arendt 1968:97)。阿伦特肯认人类生存主体间的复多特征,因此她清楚"没有人是他自己的生活故事的作者或制造者"(Arendt 1958:184)。这就意味着,没有人能够真正地"制造"自己的故事,而只能任由故事在通过想象不断重复"生活所给予你"的一切中形成(Arendt 1968:97)。奠定这一规则的是如下这样一个认识:现象世界的暂时性、复多性和不可预测性,永远不会对思想变得完全透明(Arendt 1994:183-4)。从这一理解中获得的,是阿伦特赞赏的出自雅斯贝尔斯的如下洞见:意义不同于真理,它与思想本身只能在人们之间形成,也就是说,只能通过"交往"发生,而且只能"永远诉诸"他人的自由(Arendt 1968:85;1994:182-3)。对于这一转变,阿伦特在她的"再现性思考"观念中有进一步的申诉(Arendt[1961]1968:237)。这种思考始终保持着与世界和他人的密切联系,在孤独的思想对话中再现他们、考量他们的观点。这样一来,就形成了阿伦特对古代伟大的史家大加赞颂的那种世俗公正的观点,也正是基于此,阿伦特进一步确立了她的叙事方法显而易见的政治重要性(Arendt[1961]1968:51)。因为,通过在世界之中自由穿梭,想象从不同角度观察世界的情形,思考形成了一个显现空间,在那里,"被拯救的"种种过往被带入到一种彼此"活泼的"交往之中,并且在它们世俗的、主体间的生存中"被照亮"(雅斯贝尔斯语)(Arendt 1968:79-80,85;1994:186)。这一强调至为关键,因为它奠定了故事赋予世界人性的能力。因为,人是行动和言说的存在者这一认识,只能出自如下理解:人在世界这个时空层面显现,处于构成公共领域的人类关系网络之中。

77

也正是在这里,阿伦特的叙事既呼应了近来引导着叙述声音的伦理价值和政治价值的提倡者的主要关切,也与之保持着距离。比如,玛莎·努斯鲍姆(Martha Nussbaum,1995)和理查德·罗蒂(Richard Rorty,1993)的著作所强调的,是激发对他人苦难经历和不公遭遇的有力认同,借此在读者那里养成适当的情感反应和道德情操。然而,从阿伦特的观点来看,这种强调有把具体事件或经验简化为道德训诫或观念,并因此漏掉其在共同的政治世界的独特显现的危险。同样,阿伦特拒绝简单地以受害者或受压迫者的立场来书写历史。在阿伦特看来,任何这样的做法,若不以世间复多性的观点加以调和,势必会造成对苦难或压迫经验的抽象化,从而丧失其现象的展现,进而简化成受害者身份的一种似乎永恒的本质特点。如此一来,事实上就会产生这样的危险:他们的受害者身份变得正当化,他们在未来的自由有可能变得晦暗不明(参看Arendt 1994:402)。因此,阿伦特对"与现实和解"的重要性的强调,并不意味着在面对所生之事时只是全然接受或自鸣得意(Arendt[1961]1968:257)。相反,叙事者的公正的价值在于,这种公正与现代的客观性观念形成显然的对比,它拒不对"现实的影响和经验的震撼"视而不见,而是始终保持着它们,并且为这些对于我们共同的世界来说的具体事件保留一个进行批判性反思的空间(Arendt[1951]2004:xxvi;Buckler 2011:12,45-6,57-8,107)。它的世间复多性观点,使得行动的意义(或价值判断)只是暂时地显露出来,而绝不会明确无疑地"呈现在人类社会之中",要知道,它们是在人类的关系网络中发生(Arendt[1961]1968:404)。相反,它通过考察事件如何呼应共同世界、如何影响构成共同世界的复多个体的政治地位,揭示着事件的意义(参看 Arendt 1994:404)。这样一来,故事促进了批判性理解,并且总是包含了一种对他人自由的诉求。因为,通过表明一种具体情境如何经由复多的人在世界中的行动而出现,故事也揭示了当下的人们此前未被认识到或隐藏着的自由潜能。

78 照亮黑暗时代

为了说明故事的人性化能力,这一部分运用了阿伦特叙述实践的两个例子:她在《黑暗时代的人们》中论述伊萨克·迪内森——在她看来是叙事者的典范——的论文,以及她在《极权主义的起源》中理解现实的开创性尝试。之所以选择这两个例子,是因为它们都把故事当作对"黑暗时代"的回应,在那些时代,人类的自由潜能,或者蛰伏着,或者被消灭。如此,这些故事极为清楚地呈现了叙述性理解中包括的抵抗性维度——阿伦特称之为"对现实的坦然面对和抵抗"(Arendt[1951]2004:xxvi)。

伊萨克·迪内森(1885—1963)

伊萨克·迪内森(卡伦·布里克森的化名)不仅会讲故事——然而阿伦特说,让她显得与众不同的,在于她讲故事时"还清楚……自己在做什么"(Arendt[1961]1968:257)。"一切悲痛皆可忍受,只要你能够把它们织入或讲成一个故事。"阿伦特在《人的境况》论行动的章节和《真理与政治》的论文中,正是用这些出自丹麦人谢赫拉扎德(Scheherazade)的话,强调了叙事者的政治作用。因为在这些话的背后所隐藏的,并非是"成为一位作家"的渴望,而是有意识地把叙事当作承受生活中的激情和悲痛、保持"活得充实"的方式(Arendt 1968:96-7)。因此,阿伦特关于迪内森的故事既不是传统意义上的传记,也不是向这位伟大作家致敬的文章。阿伦特对帕梅妮亚·米格尔(Parmenia Miguel)在她的传记《泰坦妮亚:迪内森传》(*Titania: The Biography of Isak Dinesen*)中的做法进行了批判性的回应,为了呈现和拯救叙事的实践和智慧,她自由地撷取迪内森生活中的事实和事件,与引自后者著作中的字句结合在一起。

阿伦特从迪内森的生命故事中洞察到的是这样一种信念:哪怕是在黑暗时代,故事也能够点燃意义,让生活变得可以承受。在阿伦特看来,这里头还包含着一个警告,正如迪内森的生活一样,哪怕"最轻微的误解"都会不可避免地败坏故事的人性意义(Arendt 1968:105)。比如,迪内森年轻时的蠢事,是想让她为自己预先构想的故事——她父亲传给她的在土著中间过一种激情生活的观念——在生活中变为现实。阿伦特认为,正是这种对叙事和生活之间关系的"误解",使得她嫁给了她真爱之人的双胞胎弟弟,并同他开始东非的冒险。因此,她也恢复对生活的掌控,尽管是在别处。并非没有讽刺的是,阿伦特想起了迪内森对谢赫拉扎德形象的应用,运用她的叙事能力保持对自己爱人——不安的冒险家丹尼斯·芬奇-哈顿(Denys Finch-Hatton)——活生生的"激情火焰",一如对尚未驯服的非洲荒野(Arendt 1968:101)。故事帮助她应对现实;通过这些故事,她陶醉于自己摆脱了支配着 19 世纪和 20 世纪早期欧洲社会的那些令人窒息的体面规范和有用规范,肯认自己"像河马和火烈鸟一样,在与上帝的直接接触中"享有自由(Dinesen quoted in Arendt 1968:102)。

但问题是,她的故事让她的爱人、她的非洲冒险以及她的整个生活显得"迷人",哪怕它实际上一点也不是这样(Arendt 1968:103)。在阿伦特看来,正如在迪内森的故事"诗人"中所揭示的那样,迪内森年轻时的诱惑体现了"教育小说的罪恶",这是 19 世纪把文化当作社会和政治的避难所的浪漫主义倾向,它力图通过照料人自己的自我来逃避现实的威胁并重建失乐园。阿伦特认为,迪内森把自己"想要成为的人、想要活出的状态"的观念带进现实的倾向,确实使她在认识和面对随之而来的灾难时措手不及(Arendt 1968:103)。迪内森自己在作品中也清楚地揭示了这一点,认为过分专注于自己的身份是一个陷阱;正如她在短篇故事"梦想者"中所写的那样,这意味着成为自己的"奴隶和……囚徒"(Arendt 1968:96;也可参看 Arendt 1958:211)。因为关切自我实际上是害怕自己在世间的"命运"的借口(Arendt 1968:105)。而且,这种害怕——她自己非常清楚——不但不是应对任何发生之事的人类自由,而且"不可避免地"倒退为对市侩社会的接受,助长"接受他人所保证的成功……为此付出每天的代价"的意愿(Arendt

1968:96,105)。

只是在她失去了"曾构成她生活的东西"(她在非洲的农场和她的爱人)之后,只是当她"除了悲伤、悲痛和回忆"一无所有之时,她才意识到唯美主义的危险,她才忠诚于叙事的原初冲动(Arendt 1968:98)。因为就像是对阿伦特关于传统之线断裂的洞见的悲剧性呼应一样,只有到那时,所有让人可以像借助魔法一样逃避的场所才最终被毁灭,迪内森所能求助的也只有内在碎片化的世界。因此,她的关切从把自己的"魔法"赋予世界,转向了通过想象重复经验片段,把它们聚集在一起讲成故事,由此既揭示了一种生活样式,又显现了生存于世界中的自己,她自己称之为"命运",或者用阿伦特的话来说,世间的那个"谁"(Arendt 1968:97,104)。这样一来,故事使她的悲痛变得"可以忍受并富有意义",且"拯救了她的爱,以及……她的生活"(Arendt[1961]1968:257;1968:104)。这是因为,故事把她从某种看似她无法控制的固定身份中解脱了出来。通过揭示一个人在人世间的身份、喜乐和苦痛,故事还肯认了这样一个事实:人生活的意义必然超越其所作所为或所遭受的苦难。因此,故事在人类力量领域重新获得如下特权:反思发生之事,对其进行理解和判断,作出回应和加以抵抗(Arendt 1968:97)。

通过所写的故事,老年的迪内森得以回顾自己的一生并作出评判,因此也可以"放手",重新开始(Arendt 1968:97)。阿伦特重述了迪内森写的三个故事,针对和揭示的都是一个基本错误:迪内森早年试图让生活服从艺术,特别是用他人来实现自己预先构想的观念。因此,她的故事不像 19 世纪的教育小说那样,是关于情感或道德发展、失落和最终获得(个人)拯救的叙述。它们是一些关于个人理想与抵抗世界之间的断裂的故事,它们探索过现实的边界,由此显现了人类行动的空间——不是为了一个预定的目标而行动,而是敞开自身、回应"生活的无限可能性"(Arendt 1968:96)。

80

正是在这些方面,我们或许能理解迪内森这个例子的政治意义,以及阿伦特为何说叙事"最终使她变得智慧"(Arendt 1968:109)。

极权主义的起源

可以说,正是这种叙事的智慧让阿伦特下决心去理解和承担"我们时代的重负"。她把《极权主义的起源》描述为一次叙述实践,强调她意在撰写的不是一部历史书,而是一部政治作品(Arendt[1951]2004:617-18)。她这样说的意思是,自己为对当前的关切所引导,也就是说,她力图阐明极权主义的出现的"令人不安的相关性"(Arendt[1951]2004:xxvi)。这种关切在最基本的层面上,奠基于如下洞见:极权主义作为一种毁灭人的人性的企图——她所谓的让人之为人变得多余——也引发了人的意义这个根本问题(Arendt[1951]2004:620)。因此,她批判任何对于极权主义的"客81 观"解释的做法,即把极权主义追溯到一个清晰可见的原因,或者把它描述为某个基础性的本质或观念的结果。她坚信,这种做法不仅让这种现象变得正常,使之变得合理,而且——如进步和毁灭的预言清楚表明的那样——让当下人们的理解能力和回应能力变得麻木(Arendt 1994:404-5)。相反,阿伦特的目标是"毁灭",以此揭示任何关于极权主义事件的叙述必然是不确定的,根本不可能讲述一个明确的、最终的极权主义故事(Arendt[1951]2004:617)。她试图要做的,是阐明那些通过后见之明清晰可见的结晶为极权主义的因素(Arendt[1951]2004:617;1994:403)。为此,除了历史、政治、法律和哲学方面的学术成果之外,阿伦特还广泛运用了文学、回忆录、信件、逸事和传记。为了表明阿伦特如何力图揭示"人类社会之中"让极权主义得以可能的那些境况,恢复人们在未来抵抗"极权主义方案"的潜能,下面的分析将简要地提及阿伦特"潜水采珠"的几个例子(Arendt 1994:404;[1951]2004:620)。

阿伦特发现,社会性范畴介入现代反犹主义的发展,是最终使得极权主义公然侵犯人性得以可能的因素之一(Arendt[1951]2004:115)。阿伦特拒斥"永恒的"反犹主义和"永恒的"受害者观念,转向马塞尔·普鲁斯特文学化的(自我)描述,由此阐明犹太人在欧洲民族国家的位置。她指出,普鲁斯特的世界里,所有的世俗事件和问题都被还原为社会中个别成员的"光彩夺目的、迷人的映像",呈现了一幅宽泛的现代发展的图景,在那里,公民对公共世界的关切让位于资产阶级对私人兴趣、个人的内在特点和社会地位的尊重(Arendt[1951]2004:106)。正如《追忆逝水年华》把现实描述为实际上无法交流的内心生活的映像一样,欧洲的资产阶级社会也把"犹太性"看作一种固有的、极为堕落的"内在经验"(Arendt[1951]2004:106)。本雅明·迪斯累利——阿伦特认为他是犹太人中兴起的暴发户心态的典型例子——发现,在一系列情形中,犹太主义作为一种宗教和政治范畴的"罪行"可以轻易地转变为富有潜在吸引力的私人恶习,暗指一种种族上预先决定的"天生的心理特质"(Arendt[1951]2004:93,107,110)。然而,这一发展的结果是,西方社会对犹太人的接受或不接受,都是基于人们以为他们的内在自我中具有的那个"什么"的公共意见,而不是基于他们实际上公开地展示的所言或所为。正如普鲁斯特很好地意识到的那样,这种处境也使得他们特别脆弱;如果说"惩罚是罪犯的权利",那么犹太性这一恶习一旦为政治运动所掌控,就会导向"大规模的灭绝"(Arendt[1951]2004:107,115)。阿伦特指出,关注重大政治事件和经济事件的历史学家,是看不见这些"社会因素"的,它们"只能被那些更富有穿透力和激情的诗人或小说家记录下来"(Arendt[1951]2004:115)。

不过,种族范畴成为一种以全球统治为目标的政治运动的组织原则,则是帝国主义为其铺好道路。在阿伦特看来,帝国主义反映的是某种社会心态——资产阶级利用国家机器来追逐其资本积累的私人利益——的"政治解放"(Arendt[1951]2004:185-6)。阿伦特发现,那个时代的基础性真理在鲁德亚德·吉卜林的小说《吉姆》(Kim)中有很好的揭示,小说人物吉姆是典型的帝国主义行动者,是一个热衷于"为游戏而游戏"的人物(Arendt[1951]2004:281)。吉姆的形象代表的是无目的性;他与一切社会纽带、具体关切和目标都无关,甚至鄙视自己的身份。他非常愿意放弃自己的个性,成为既定历史力量的纯粹功能而参与其中,因此他把别人甚至整个民族看作永无止境的扩张的"跳板"——但并不是为了他的祖国或其他明确的利益,而是为了无目的的过程本身,仿佛它体现了生命那最终无法解释的神秘性(Arendt[1951]2004:161,281-2)。在这种无目的性中,吉姆指向了帝国主义引入的新发展,借此政治力量摆脱了最初激发行动的功利主义动机,从而使它从政治体具体的政治限制和宪法束缚中解放出来(Arendt[1951]2004:184-5,268-9)。这一转变最为清楚地出现在区域性的欧洲"泛运动"的兴起中,在这种运动中,种族范畴完全与一切现实经验和确定利益分离,从而使种族发展成了一种意识形态、一种在一切国家实定法之上运行的隐藏的过程法则的主要部分(Arendt[1951]2004:269-98)。

　　根据阿伦特的说法,帝国主义暴露了政治中的"社会"态度的失败。因为它表明,对私人利益的无尽追求,把他人简化为纯粹的对象或达成目的的手段,是基于而且促进了一种无根性的氛围,在这种氛围中,人日益远离世界和人们,被剥夺了在世界和人们之间的位置和目的。同样地,它还揭示了这一过程反过来如何阻碍自我感的发展,即作为一个道德和政治行动者,能够承认他人是共同世界中的平等成员,并对他们负有责任。由于失业日益严重、旧有的阶级体制瓦解,人民随即转变为大众,这一处境因此获得了更多的具体性,并成了一种可怕的力量。通过转向吉卜林的小说,阿伦特唤起了原子化的、孤独的、社会和经济上多余的个体形象,他们在丧失了与世界和他人联系在一起的最后连接线之后,随时准备着逃避现实的威胁,遁入某种看似不可阻挡的运动力量之中,并在这种力量之前放弃他们自己的独立判断能力。

从这一对阿伦特的叙述方法的简明阐述来看,很显然的是,关于极权主义的原因或基础性本质,并没有一目了然的结论。相反,阿伦特保持着对"极权主义支配这一事件本身"的关注。在这里,她的"方法"满足了她的分析的"一般哲学意蕴"(Arendt 1994:402)。恰如并没有什么极权主义的"本质"在那里等着去发现一样,也没有什么永恒的观念领域可以在未来用以抵抗极权主义(Arendt 1994:407-8;Arendt[1951]2004:625-32)。任何对既定和不变人性(human nature)的诉求,不仅无法认识到极权主义侵犯人性(humanity)的极端性,而且如阿伦特关于这一时期的种种经验的叙述所表明的那样,容易扭曲自身。相反,阿伦特认为,在人的"基本能力"这个意义上来说,人性实际上是可改变的,也就是说,是可以毁灭的(Arendt 1994:408)。此外,阿伦特关于这一改变发生的可能性境况的勘探,也表明这种"人性"也只有通过一个同侪共同体才能得到维持,只有这些同侪才能保证"一个在世界中让意见变得重要、让行动变得有效的空间"(Arendt[1951]2004:376)。因此,她的叙述性说明试图恢复人类的自由潜能和政治潜能,以至于当前这些政治、经济或社会多余性需要一种肯定人类团结的政治:"不要伤害你自己;因为我们全都在这"(Arendt[1951]2004:632)。

结　语

阿伦特向叙事的转向,不应理解为要提供一套新的实质性规则或标准,以此来处理政治生活的复多性和不可预测性。阿伦特向

来对如下观念充满疑虑:思想家,无论是所谓中立的科学家还是有

84 担当的知识分子,应该教导或直接提供政治行动应遵循的目标(Arendt 1979:303-10)。相反,她的叙事方法提示的是一种在过去与未来之间有意义地来回往复(Arendt[1961]1968:14)、与过去发生之事达成和解的方式,它总是带有新颖陌生之物的标记,借此人们能够更好地面对未来的不确定性。这也是叙事作为行动的另一面的所在,因为,与政治现实协调,所呼应的不是哲学家欲求的思想与存在、理论与实践的统一,而是世间的行动存在者与他们的政治生存和解的需要。要为政治行动提供了一个安全的基础,抵消其令人敬畏的自发性和不可预测性,同时又不减少其内在价值,在这个意义上,故事也无法提供疗救其困惑的方案。然而,通过为世间万物形成一个在人的复多性特征中显现的空间,故事揭示了"[我们的]的自由的境况",以及"[我们]能做什么、不能做什么"(Arendt 1994:186)。因此,就政治领域的自由和行动而言,故事具有一种至关重要的揭示和交流功能。通过揭露事件的人为政治性,故事邀请我们承认过去是我们自己世界的一部分,我们需要对其承担责任。然而,故事也把我们从世界的掌控中解放了出来,因为故事让我们意识到世界可以是不同的样子,因此我们有可能通过行动而创造一个新的不一样的世界。与此同时,通过呈现政治世界的现象实在,故事促进了如下观点:一个新开端只有在众多开端之中才可能。在这个意义上,故事有助于我们认识政治行动的可能性和局限,并与之和解,因为它们存在于充满复多性和不可预测性的公共领域框架之中。

致　谢

特别感谢帕特里克·海登对这一章作出的有益评论。

第 2 部分

论现代性的危机

极权主义与恶

⊙ 拉斯·伦斯曼

在汉娜·阿伦特看来,极权主义构成了一种不同于以往所有政治统治的新支配形式。这种新形式尤其体现在奥斯维辛和特雷布林卡死亡营里所实行的纳粹恐怖中,在那些地方,唯有死亡在统治,"根本没有留下丝毫意义"(Arendt 1989:3)。阿伦特强调,这种种族灭绝的支配意指一种全新的根本恶(radical evil),它留下的遗产影响了我们对历史、政治和人类生存的理解。正如杰弗雷·伊萨克(Jeffrey Issac,1998:23)所主张的那样,对于阿伦特而言,纳粹的暴行意味着一种"对现代文明内部的毁灭性冲动的神化"。现代文明遭受了至为基本的崩溃,以至于它需要新的分析范畴和新的理解,甚至还要实验新的认识论。她提出,极权主义在根本上中断了我们历史的连续性。它所采用的政策"推翻了我们传统的政治思想范畴……以及我们道德判断的标准"(Arendt 1994:405)。然而,正如阿伦特在其晚期著作中所表达的那样,种族屠杀暴行的实施者(他们让极权主义得以可能,极权主义也使他们得以实施暴行),绝大多数是平凡无奇的现代国民,他们缺乏思考和判断能力,体现了现代文明中根本恶的"平庸性"。

以此为背景,就不会奇怪阿伦特为何把极权主义当作前所未有的历史事件,并把理解其在现代世界中产生的条件当作自己的核心理论关切之一了。这一目标既明确地体现在她最重要的两部著作中,即《极权主义的起源》(1951)——常常被认为是 20 世纪最有影响的作品之一——和充满争议的《耶路撒冷的艾希曼》(1963),也体现在她的大量短论中。这两本书无疑是阿伦特可传之久远的遗产,不过后者也"激起了此前的著作从未引发的风暴",用佛瑞德·卡普兰(Fred Kaplan,2013)的话来说,它"重塑了人们此后思索大屠杀、种族屠杀和恶之难题的方式"。

极权主义统治和种族屠杀的深渊,这些问题影响并预示了当时发表以及后来出版的作品。因此,要充分把握阿伦特的一般理论动机和论点,以及她对现代具体境况的批判性再思考,关键在于理解阿伦特的极权主义概念以及它所表征的新型的根本的政治恶。而且,这本身就是极权主义研究方面的重要工作,因为阿伦特的著作明显地形塑了后来关于极权主义和种族屠杀政治的研究。最重要的是,搞清楚阿伦特的这些研究,可能会为理解极权主义和总体国家的起源、动态和遗产提供一个关键的镜头。阿伦特的著作澄清了 20 世纪出现的新型根本恶,并阐明了它们在当代全球政治境况下对人性造成的新威胁。然而,尽管对阿伦特关于极权主义和政治中的恶的作品的具体方面,人们一直有兴趣,但是她关于极权主义和恶的理论对于一种在种族屠杀时代的全球政治理论的阿伦特式路径的实质性影响,还需要加以系统性的发展。[1]

本文探究的是阿伦特对于极权主义以及现代的根本恶的问题

1　关于这一主题的最早著作,尤其是她的理论对种族屠杀时代的批判的世界性人权理论的影响的著作,参看海登(Hayden 2009),本哈比波(Benhabib 2011),范恩(Fine 2012),任思曼(Rensmann 2012),英格拉姆(Ingram 2008)和维拉(Villa 1999)。

的关切,在阿伦特看来,正是前者产生了后者并且是后者的集中体现。文章首先介绍了阿伦特如何把极权主义构想为一种新颖的截然不同的统治形式,一种现代世界中的根本恶。其次,文章讨论了阿伦特如何理解极权主义在现代反犹主义、种族主义和帝国主义的演化以及主权的民族国家体系的衰落背景中出现,在她看来,民族国家有着内在的矛盾,因为其初始目标与最终导致的共谋截然不同,即为极权主义创造了大量"多余的"无国籍民。第三部分继续探究根本恶,认为它是官僚专制、大众社会中公共自由的衰落与现代原子化的公民显而易见的思考无能和判断无能(它增强了极权主义政治产生的条件)之间关系的一个结果。这一部分考察了阿伦特对于这种新型的根本恶的理论性理解,它集中体现为极权主义恐怖,是政治现代性潜在的副产品,让传统的道德观念和政治原则显得捉襟见肘。文章最后,简略地总结了从阿伦特的反思中可以得出的对于 21 世纪政治的全球性道德意蕴和政治意蕴,由此表明批判性理论在当代反思民主、极权主义与根本恶之间关系的意义。

89

意识形态与恐怖:阿伦特的现代极权主义现象学

阿伦特认为极权主义是一个具有现代特征的历史事件,但与迄今为止的所有人类支配形式截然不同——它是一种"完全不同的政府"(Arendt[1951]2004:595)。就像极权主义破除了人们之间的"常识"观念一样,极权主义还摧毁了"政治哲学中一切关于政府本质之定义都基于其上的选择,即合法政府与非法政府之间的选择、正当权力与独断权力之间的选择"(Arendt[1951]2004:595)。无论何时,只要当政权变成真正的极权主义政权,它们"就会开始按照一套价值体系运作,这套价值体系与其他的一切价值体系截然不同,以至于我们所有传统的法律、道德,甚至常识的功利主义范畴都无法帮助我们理解、判断或预测它们的行动进程"(Arendt[1951]2004:593)。

流行的类型学观点是对常识的反映,它们把极权主义设想为一党专政,认为它是"残酷无情的"马基雅维利式权力政治的极端形式,利用现代的宣传、通讯、技术和镇压手段控制社会,控制社会生活的所有方面。[1] 然而,按照阿伦特的说法,把极权主义统治混同于暴政和其他形式的一党专政,就会误解极权主义作为一种新颖的、显然现代的现象的本质。尽管有些制度性特征是极权主义统治所必需的构成部分,但它们并没有抓住极权主义的本质。相比之下,阿伦特主张极权主义支配并没有创造一套支持专制的制度,而是创造了一种本性上"反国家"的新型联合方式。根据阿伦特的理解,极权主义不仅缺乏作为传统的政治权力概念之基础的理性利益,而且缺乏稳定的政治秩序和法律秩序。在其自我宣称的"总体国家"形象背后,极权主义体现的是社会和社会关系的崩溃。在这个概念化过程中,极权主义支配被看作是一个普遍分解的过程,在极权主义运动及其意识形态和恐怖的符咒下,取代国家。

阿伦特尤为关注极权主义统治与暴政的区分,她认为暴政是权力为一人所支配的非法政府。她说,极权主义不能被理解为一种服务于独裁者权力利益(理性利益)的暴政,哪怕迫害政治上的反对派和巩固独裁者的权力可能构成了极权主义的最初阶段。在阿伦特(Arendt 1994:330)看来,极权主义既不是康德意义上的专制(一种非法的统治形式,它随意地公然违抗实在法,避免权力分

90

1　最著名的可参看弗里德里希和布热津斯基(Friedrich and Brzezinski 1965)所提出的定义和模型。成熟的意识形态和国有经济是极权主义的特征,这两位作者还补充说,现代组织和技术都可以看作极权主义的明确标准和关键性解释变量。

割),也不是宪政、民主或共和(这些都基于合法性、人民代表和政府权力分割)。根据孟德斯鸠的论点(1989),一切政府形式都由一种"特殊的结构"和引导着相关行动的相关原则所规定(君主政体的原则是荣誉,共和政体的原则是德性,暴政的原则是恐怖),借此,阿伦特认为极权主义统治为无情地执行"超人"、"客观法"所驱动,它们就是所谓的总体意识形态,据称能够解释一切发生之事,即从单个前提出发推演出这些事件,因而它们取代并毁灭了一切社会关系。

传统的独裁政权说的是独断统治,它服务于某个独裁者或政党的权力趣味,并采用恐惧体制来镇压反对者,然而,在极权主义统治下,政党甚至独裁者都受某种超人的意识形态法则的指导,甚至要服从这一法则——政党和独裁者无非是决定着人类生活的普遍的无所不包的意识形态达成自己目的的手段。在阿伦特看来,极权主义的独裁者与专制统治者截然不同,他不认为自己是自由的行动者,而宣称自己是"高于自身的法则的执行者"(Arendt 1994:346)和解释者。黑格尔有句名言,说自由无非是对必然性的认识和服从,极权主义可以说是这一名言最恐怖的新实例。因此,阿伦特认为,就极权主义超人的意识形态蔑视一切制定法甚至它自己制定的法律,废除哪怕一点点合法性和秩序而言,它是非法的。然而,极权主义又不是非法的和独断的,因为"它遵从严格的逻辑,强制地执行历史或自然法则"(Arendt 1994:340)。它"比以往的任何政府"都"更顺从"超人的力量,直指一切制定法从中获取其最终合法性的所谓的权威之源,即人类或种类,毫无滞碍地把它们转换为个体中间的标准。无论是个人或集体的判断还是决策,都已被清除。因此,极权主义的意识形态主要不是对独裁统治加以合法化。相反,它诉诸于一种更高的超越一切政府的合法化形式,因而不同于人们的一切行动。这些意识形态在所宣扬的未来历

史发展的名义下,抹掉人的行动和个人的生活。极权主义统治绝
不是为了某人或暴君的独断意志运用权力,相反,它"时刻准备着
牺牲掉每一个人重大的直接利益,来执行它所认定的历史法则或
自然法则"(Arendt[1951]2004:595)。

通过改变"法则"的意义,即把它从一种稳定和规范的框架转
变为意指不可避免和"客观必然"的超人力量的表达,极权主义的
意识形态把"行动"转变为行为,把 bios 变换为 zoē,即赤裸的生命。
它们使得一切对于个人行动、思想或选择的参照都变得多余。与
纯粹认识论的一致性不同,超人的法则所设定的因果逻辑,不能被
事件挑战。它们的逻辑演绎的"冰冷推理"和所谓的"科学性",源
于现代的科学意识形态,完全不受经验和现实的影响(Arendt
[1951]2004:607;Arendt 1994:204)。尽管现代所有对于世界的意
识形态解释,比如社会达尔文主义和"辩证唯物主义",都已包含了
极权主义因素——它们所解释的并非实际是什么,而是会成为什
么,并且废除事实中存在的矛盾——但是,只有极权主义运动充分
地发展了它们。这给予了极权主义意识形态一种独特的形式。极
权主义意识形态的内容是次要的;逻辑——形式——吞噬了一切,
"观念"正是借此而得以展开自身。这种形式把人类当作材料,以
表现自身自我强制的、严格的逻辑性,从而把个人转变为"种类的
样本"(Arendt 1994:343)。

因此,极权主义的恐怖以永恒运动的形式执行这些意识形态
法则。它也可以说"是合法的,若这里所说的法是某种超人力量的
运动法则"(Arendt[1951]2004:599)。恐怖不再是保障权力的恐
吓手段,而是极权主义的本质:"如果说合法是非暴政政府的本质,
非法是暴政的本质,那么恐怖就是极权主义支配的本质"(Arendt
[1951]2004:599)。阿伦特说,极权主义恐怖尤其以那些意识形态
构建的"客观敌人"为目标,对他们系统地加以处决。这些在劫难

逃的个人被宣布为"高等种族"或"高等阶级",因而是多余的。比
如纳粹极权主义统治下的犹太人,斯大林主义统治下的"垂死的阶
级"(Arendt 1994:341,348)。他们是完全无辜的受害者,无论说什
么做什么,都无法触动他们的命运。极权主义恐怖侵蚀了所有的
主体间关系,通过根除人们而为命定的自然或历史运动(声称是为
了人种或"高等种族")扫清道路。它"立刻执行所谓自然对'不适
合生存'的种族或个人、历史对'垂死的阶级'宣布的死刑"(Arendt
[1951]2004:601)。恐怖无情地扫除所有边界——尤其是扫除构
成人类自由和自由行动的生存空间。作为最根本的恶,阿伦特说,
极权主义把恐怖转变为社会的"铁箍"(Arendt[1951]2004:610)。
它充当着体制的引擎和最终的 raison d'être(存在理由),它"永无
止境"(Arendt 1994:302)。

借此,阿伦特认为,极权主义恐怖即使在对手被消灭之后也不
会缩减,相反,这种毁灭恰恰意味着它开始统治;唯有在清除所有
的政治对手之后,它才真正变得全面支配(Arendt[1951]2004:
598)。它不会因对手的减少而收缩,相反它会因之而增长,进而转
向"完全无辜的人们,他们没有做任何错事,完全不知道自己为何
被逮捕,被送往集中营,或者被清洗"(Arendt 1994:299)。阿伦特
之所以认为极权主义恐怖不同于革命运动或现代独裁所采取的暴
力,原因就在于此。她论证说,这种恐怖显然只出现在 1938 年之后
的纳粹德国和 1930 年之后的苏联(莫斯科审判之后)。

然而,阿伦特提出,恐怖不仅消灭敌人和"他者",而且毁灭人
们"之间"的空间。在极权主义的背景下,恐怖成了毁灭人类生活
和政治多样性即"人们的复多性"的一般关系模式(Arendt[1951]
2004:600)。正是恐怖,真正把复多的人们模铸为同质的物种,去
除了基于人们的复多性和独特性的世界(人们在这个世界中才能
自由行动,追求共同的目的),把人们转变为"一个巨大的人"(阿伦

92

特的隐喻)。与极权主义恐怖的境况相比,"甚至保证的荒漠……
都像是自由的保证"(Arendt[1951]2004:602)。在阿伦特看来,这
种恐怖由奇特的可怖强制与狂热的合作构成——尽管它针对每一
个人,但阿伦特认为恐怖同时又是世界的最后一个支撑,在那里,
没有人是可靠的,没有什么东西是靠得住的。毕竟,极权主义的恐
怖不是"人们恐惧的东西,而是一种生活方式"(Arendt 1994:357)。
阿伦特进而说,全面恐怖的强制把孤立、无权的人们挤压在一起,
为他们提供一个世界,一个已成荒野的世界(Arendt[1951]2004:
611)。因此,极权主义的目标是改造人类生存的特有境况;不仅灭
绝了人,而且也根除了人的自由本身。实际上,它是"对自由最根
本的否定"(Arendt 1994:328)。这样一来,极权主义就可以被理解
为对政治的侵蚀——毁灭行动的境况和行动的能力,事实上,这就
是对人类多样性、判断和理性的毁灭。因此,从阿伦特的观点来
看,集中营是极权主义"最重要的制度",即"极权主义有组织的权
力的核心制度":因为它的目标是清除人的自由能力之源,哪怕它
有极权主义意识形态提供"理论"证明(Arendt[1951]2004:565,
590)。[1]

最后,根据阿伦特的说法,极权主义之所以说是全面支配,不
仅是因为它固有的扩张性,渗透到社会的所有领域,而且在于它野
心上固有的全球性和帝国主义性,这一点必定从它对超人的历史
法则的解释中逻辑地推导出来。阿伦特宣称,极权主义运动为了
它们看似不可避免的世界征服,利用国家;为了全面支配地球上的
总体人口而斗争,这一点内在于它们的意识形态,并且是它们的动
力(Arendt[1951]2004:510-11)。极权主义不仅完全消除公共领

[1] 不可否认,根据阿伦特对于人性和新生性境况的观点,人们的自由是绝不会完
全被根除的,因为它植根于如下事实:人们是被出生的,每个出生的人都是一个
新的开端。

域,即行动和自由的场所,而且抹掉了公共领域与私人领域、公民与个人以及政治与社会之间的差异(宪法确立的边界)。全球统治和支配全人类的要求,还消除了国内(宪法)的政府与外交关系之间的区别(Arendt 1994:332)。毕竟,根据阿伦特的说法,极权主义缺乏确定的政治结构,或者说,解除一切确定的政治结构。它的特征就在于永恒的、本质上全球性的恐怖运动,它直接反对国家——也就是说,它反对有确定地域的政治秩序,因为后者至少提供了某种稳定性和法律框架。极权主义政府追随的是没有任何限定或现实目标的意识形态和运动,只起着通向全球统治的"总部"的作用。因此,在自许的总体国家的意识形态下,国家悖谬地瓦解为运动,成为极权主义有组织的黏合剂。阿伦特论证说,人们不应该忘记,唯有建筑才能有个结构,运动则"只要一个方向,任何形式法律结构或政府结构只能是一个障碍"(Arendt[1951]2004:517)。

因此,根据阿伦特的理解,所谓的极权主义国家根本就不再是一个国家。国家,作为行政秩序和政府稳定的化身,被现代大众运动所执行和支持的意识形态法则压倒,最终取而代之,直到整个世界被征服,这一永恒的运动才会停止。在这种"高于"其自身的法则之下,一切政治边界都遭到了摧毁,国家消失不见,变成了一种无组织有计划的无形状态。事实上,极权主义统治只能以永恒运动的方式存在。纳粹主义和斯大林主义全球支配的总体目标是"任何国家和任何纯粹的暴力机构都未曾达到的,它只能是一场不断持续的运动"(Arendt[1951]2004:432)。这种完全一体化的国家只是外观。根据阿伦特的说法,极权主义组织在其之下运作的世界观的那种严厉的、自我强制的逻辑性,揭示的正是稳定性和可预测性的对立面:每一个人都可能成为受害者。极权主义不意指任何政治结构,也没有任何明确其终点的实际目标。阿伦特把它看作一个过程,一个通向普遍毁灭、种族屠杀和虚无主义的自我灭

94

绝过程。极权主义并没有创造一种新人类,它先是摧毁国家、他人,最终摧毁自身。

在阿伦特看来,极权主义支配下社会关系和政治结构的分解,只能在一系列现代条件和发展的背景下才能理解。这些条件的起源可以追溯到 19 世纪——从现代意识形态的演化,包括反犹主义和种族主义,到欧洲民族国家以及官僚制大众社会中功能性公共领域的衰落,后者贬低了政治判断和人类判断。若只是把极权主义设想为专制政体,那就会使其变得似乎没那么有害,同样地,若把极权主义统治主要解释为文化条件的产物,则低估了这种现代现象的可怕性和重要性(Arendt 1994:347)。

反犹主义、种族主义和帝国主义

在转向阿伦特关于极权主义意识形态、运动和支配之兴起的一般条件(它们与政治现代性联系在一起)的论证之前,看一看阿伦特对欧洲具体历史发展的考察,可能会呈现一些完全出乎意料的具有当代相关性的洞见。阿伦特对极权主义和根本恶的“理解练习”,采用的是一种截然不同的历史学-谱系学路径。通过探究极权主义出现的起源和条件,阿伦特的理论叙述重构了多重相互关联的发展和条件,正是它们促使了极权主义运动的兴起。具体而言,她提到了(1)反犹主义和种族主义这些现代意识形态的演化;(2)现代欧洲列强的帝国主义扩张及其对国内泛民族主义、种族主义运动和非人政策的传播的意义;以及(3)欧洲民族国家体制的衰落——实际上是崩溃——产生了“多余的”无国籍大众,他们要保护自己的权利但求告无门,而只能遭受驱逐、迫害和恐怖。

首先,阿伦特探究了反犹主义传统及其在现代世界的具体转变,即从一种特有的怨恨向一种(极权主义)意识形态的转变,后者窒息了个人行动的所有空间。19 世纪晚期欧洲的反犹主义政党、暴乱和运动所展示的残酷性,已经达到了令人震惊的程度。阿伦特注意到,那时的犹太人常常不再被认为是个人,某个群体的公民或成员,而是无法挽救地被囚禁于一个完全客观化的实体之中,在那里,所有具体的人都不过是不可逃脱的集体的纯粹表达。[1] 这种转变表明,现代反犹主义的兴起不只是一种具有政治动机的现象。根据阿伦特的说法,它还在现代大众社会中担负着重要的社会功能,在这个社会中,越来越多的人们正被驱入绝望的孤寂和"孤独"。确实,阿伦特坚持认为,把犹太人推进公共关注的中心并使他们遭受迫害的决定性力量有其政治起源——其中就有代表性的阶级组织的衰落,以及现代国家向派系的逐步瓦解,这是阿伦特对20 世纪上半叶欧洲大陆的观察。然而,她也提到,我们不应低估现代的社会条件和心理条件,正是它们产生了对"一般犹太人"充满激情的、完全灾难性的疯狂猎杀,那是"具体的残暴,是对每一个有着犹太血统的单个个体的有组织的蓄意攻击,德雷福斯事件中的反犹主义就已经有了这种特征"(Arendt[1951]2004:115)。政治上的反犹主义作为一种意识形态力量,形成于现代欧洲,若没有对"犹太人"醒目的非理性形象的心理吸引和公众共鸣,它也不会成功。最终,阿伦特论证说,"政治史和经济史上从未加以说明的社会因素,它们隐藏在事件的表面之下……改变了纯粹政治上的反犹主义自身会采取的路线,后者可能会导致反犹立法甚至大量驱逐,但几乎不会造成大规模的灭绝"(Arendt[1951]2004:115)。在阿伦特看来,对欧洲犹太人的灭绝有赖于越来越多的反犹主义者的支持,若没有反犹主义,这个由孤独的、原子化的个人构成的大众社会就会解体。尽管

---

1 关于阿伦特对现代反犹主义的论述,参看伯恩斯坦(Bernstein 1996),本哈比波和厄冬(Benhabib and Eddon 2007),以及维塞尔和任思曼(Wessel and Rensmann 2012)。

"种族概念"有其"直接的政治目的,但是以最险恶的方面应用于犹太问题,其成功很大程度上要归因于社会现象和社会信念,它们实际上构成了一致的公共意见"(Arendt[1951]2004:115)。

96   其次,阿伦特把种族主义意识形态与欧洲的殖民主义和现代的帝国主义联系在一起。在《极权主义的起源》论"帝国主义"的部分,阿伦特论证说,欧洲诸国进行帝国征服和殖民统治,系统性地违背了公民、道德和法律规范,正是这些规范在各国内限制着权力的运用。[1] 在它们对国外地区的征服过程中,"文明的"欧洲公民要专制地管理、物化、压迫、折磨和掠夺他们所面对的整个"野蛮人"群体,才能让当地居民服从,从而退回到了前所未有的非人境地。阿伦特论证说,在有了国外的总体支配经验之后,非洲得到的教训最终以极权主义的形式返回到了欧洲身上(Arendt[1951]2004:159-286;Benhabib 2011:212)。种族主义是这一辩证法的基本部分:欧洲的民族国家认为它们的法律是民族实体的副产品,而不是公共审议的结果,因此,它们拒不承认所征服民族人民要求的法律自治和主权。在国内,公民的法律权利和民族主权的诉求理所当然,但是在被殖民的受害者们那里这些都被剥夺,因此,种族主义就成了一种正当的意识形态和实践,让欧洲的帝国主义列强名正言顺地在海外拒不承认权利和主权。帝国主义的扩张主义政策和征服,有赖于种族主义意识形态或"种族理论"的正当化。

根据阿伦特的说法,帝国主义在种族主义意识形态的证成下,导致了外部法治的崩溃,从而也在国内产生了种族主义的(泛)民族主义运动。在欧洲大陆,过度的帝国主义支配和种族主义意识形态为法治、法律国家权威的政治崩溃和道德瓦解铺好了道路。因此,(泛)民族主义——以及随后的法西斯主义——运动动员了

---

[1]   关于阿伦特对帝国主义与种族主义之间关系的论述,参看曼特纳(Mantena 2010),以及金和斯通(King and Stone 2007)。

日益无处不在的种族主义和反犹主义,进一步瓦解了欧洲民族国家极其脆弱的社会政治平衡。[1] 这样一来,它们同时也就为在意识形态和实践上剥夺欧洲公民的公民权铺平了道路,从而能够以"人种民族"和"种族"之名定义、歧视以致排斥少数族类(Arendt[1951]2004:210ff.)。换言之:帝国主义和种族主义的征服,变成了(人种)民族或"种族共同体"对国家及其所授予的个人权利的胜利。民族国家体系的毁灭"已经在它自己的海外帝国主义那里准备好了,最终由发源于自己领域之外的运动完成"(Arendt[1951]2004:321)。阿伦特提到,非人的、冷酷无情的现代行星政治这种殖民地试验,最终促使了自我毁灭的极权主义在欧洲产生。

再次,根据阿伦特的观点,现代极权主义积极地瓦解和扫除已经在崩溃的现代民族国家和法治。现代极权主义无视一切边界和界线,它剥夺"多余的"种族或阶级的所有权利。然而,这一崩溃的核心可以回溯到民族国家模型的开端。遭到贬黜的少数族类的产生,无国籍的、"多余的"大众的创造,它们首先所暴露的矛盾,恰恰铭刻在现代民族国家的构建以及欧洲民族国家模型本身的内爆中,即"民族国家及其主权观念的必然破产"(Arendt 1972:108)。阿伦特认为,当民族国家开始以"民族的"或其他伪自然的"种族"标准驱逐成百上千万的公民时,它的矛盾特征就暴露无遗。这一点尤其涉及"国家与民族的秘密冲突",即一方面是保障人权的法治;另一方面是民族主权(Arendt[1951]2004:297)。"把人权等同于欧洲民族国家体系中人民的权利,其全部意蕴只有当日益增多的民族和人民突然出现时才显现出来,它们的权利几乎一点也没

1　在阿伦特看来,这些运动也受益于其他恶化社会瓦解的因素:欧洲政党体制的衰落、阶级组织以及一般的阶级社会的衰落,后者为大众社会所取代。阿伦特把欧洲政党体制的崩溃归因于那些结构因素,以及"暴民"与资本和欧洲精英的奇特联盟,后者为了帝国野心和民族主义不惜以法治为代价。参看阿伦特(Arendt[1951]2004:339ff.),也可参看卡茨内尔森(Katznelson 2003:58 ff.)。

有得到中欧民族国家普通功能的保护,就好像它们处于非洲的中心"(Arendt[1951]2004:370)。尽管现代意识形态完全破坏了政治生活,并且接管了政治机构,但是,神话般的"民族利益"最终获得了优先于法律和国家的地位,从而以偏好民族的方式解决了民族与国家之间的紧张关系,因此希特勒能够宣称,"有益于日耳曼民族就是权利"(Arendt[1951]2004:379)。然而,"一旦国家开始大量地剥夺多余的少数族类的国籍",现代国家"为了民族而从法律之工具向无法无天的裁量工具的转变,就完成了"(Benhabib 2004:54)。

按照阿伦特的说法,民族国家把自己的正当性植根于虚构的民族主义光环(它明确地划定了自身与人的尊严所赋予的权利之间的界限),因而孕育了非理性主义、无法无天的独断和帝国侵略的种子,它们是欧洲政治现代性的可怕记号(Arendt[1951]2004:382 ff.)。无国籍作为20世纪的大众现象,使数百万人变得多余,完全处于得不到保护的状态,因而也暴露了人权的现代困境:在现代的国际秩序中,人要依赖于民族国家获得基本的"拥有权利的权利",即成为一个政治共同体成员的权利,若没有这种权利,对所有其他权利的诉求都是徒劳无益的,无法实现。在全球的主权国家体系中,人无法依赖于任何所谓的"不可剥夺的权利"(Arendt[1951]2004:369-84)。[1]但是,恰恰是民族国家成了丧失这种权利的罪魁祸首:它们驱逐自己的公民,导致了大量"多余的"无国籍民,使他们处于不受保护的状态,遭受着极权主义的迫害和种族屠杀。在处理无国籍和种族屠杀这种现代的根本恶上,诉诸于现代民族国家和(人民)主权原则不再是可行的解决方案。相反,在其自身的消亡以及那些变得"多余"的人丧失公民身份和权利上,民

---

[1]　也可参看阿伦特(Arendt 1945);关于政治之恶和无国籍的讨论,参看海登(Hayden 2009:55-91)。

族国家是同谋。阿伦特断言,在所有过去和现代的"民族主义表述"背后

> 民族主权不再是一个可行的政治观念,因为不再有一个政治组织能够在民族界限内代表或维护一个主权民族。因此,"民族国家"丧失了它的基础,成了一具行尸走肉,它虚假的生存是靠不断注入的帝国主义扩张人为延长的。

(Arendt 1994:143)

因此,根据阿伦特的观点,现代种族主义、反犹主义和帝国主义提供了极权主义支配的条件和关键因素(就纳粹德国而言),产生了随后被灭绝的"多余"大众和"客观敌人"。我们可以与阿伦特一道认为,那些客观化的支配意识形态和实践,不只是过去的遗产。确切地说,它们以不同形式在欧洲毁灭前夕生存了下来。即使公开的种族主义、反犹主义和帝国主义如今基本上身败名裂——至少在自由民主国家和国际机构中是这样——我们仍可以说,它们常常变得更为精细巧妙,从未完全消失。作为一种继续存在的威胁,甚至在极权主义的灾难和大屠杀之后,它们仍构成了一种持久的政治现代性之恶。此外,现代民族国家体系在保护人不受极权主义的全球政策这种新型恶侵害上的失败表明,从一开始,"全球处境"下我们不得不面对的根本恶和人性危机,我们也不再能够仅仅依赖于民族国家:"无论我们喜欢与否,我们确实已经开始生活在一个世界之中。仅仅就一种完全组织化的人类而言,丧失家园和政治身份才等于完全被逐出了人类"(Arendt[1951]2004:376-7)。因此,要使人们免于遭受无国籍性、多余性和种族屠杀的侵害,就需要一种新的地球法则。然而迄今为止,阿伦特说,"面对世界政治,政治家们除了帝国主义死胡同之外,还没有找到任何其他出路"(Arendt 1994:117)。

因此,阿伦特特有的历史谱系学,虽然有违直觉,却对理解当

99

代政治之恶有着重要启示。早期,她怀疑在全球化的世界回到民族主权以针对极权主义之恶、无国籍、反人性的犯罪和种族屠杀的有效性。阿伦特也锐化了我们对作为当代全球性挑战的反犹主义和种族主义的潜在动力的洞见。通过批判帝国主义,阿伦特阐明,一个社会对"国外"地区的人们和一般的人类有多粗糙,就对"国内"的(民主)政体和政治有多粗劣的影响。这种在处理"他者"时所具有的反冲动力,可能也有助于理解甚至宪政民主国家也歧视移民和少数族类。

恶的现代境况之理论透视

阿伦特也把上述三个问题与政治中、现代社会普遍危机中的根本恶问题联系在一起。阿伦特远不是一个反现代的思想家,但是她坚信,现代大众社会中的某些倾向,侵蚀了政治现代性造就的平等主义和民主主义的机遇和前景(参看 Benhabib 2003;S.Parekh 2008)。阿伦特处理极权主义的路径,反映了一种对马克斯·韦伯的社会现代性、官僚化和理性化的特殊解释。[1] 更具体地说,她对大众文化与政治的现代社会潜流的批判,聚合为如下一个关键主张:"现代境况"及其产生的具体合理性与逻辑,系统地破坏了内在于现代启蒙观念中的自由公共领域和个性。她论证说,政治现代性因其不断产生着原子化的个体——这些个体容易受极权主义意识形态、社会同质性和服从左右——而总有可能转变为极权主义。因此,阿伦特提出,在政治生活和公共领域衰落的背景下,新型的根本恶——其中包括极权主义和种族屠杀——能够扎根于大众社

---

1   阿伦特在很大程度上撇开了韦伯对这一牢笼必然具有的矛盾性的强调,牢笼作为一个隐喻,指的是现代怀疑精神必然伴有的重负。相反,她把这个"铁笼"解释为现代支配的隐喻性概述。

会和无根的现代性。她断言,由于其强大的经济逻辑和官僚逻辑,它窒息了公共自由、行动和责任,并在公民中滋生了一种判断和思考瘫痪症,一种显然属于现代的病症。接下来,我们就要仔细审查一下阿伦特关于根本恶作为政治现代性之潜在副产品的一般理论论证。

阿伦特的论证,基于对占据大众社会的现代经济和官僚模式的支配性的批判。在《人的境况》中,她阐明了自己此前对大众社会的批判,并斥之为"劳动社会"。在阿伦特看来,现代社会与一种工具化的劳动模式关联在一起,后者逐渐地"殖民了"所有形式的人类活动。因此,现代社会专注于劳动、生产和消费。它们破坏了公共领域的运行,把充满意义的政治生活消解成一个原子化的、异化的个体组成的社会。尽管在这一描述中的诸多批判与马克思有所共鸣,但是,她在《人的境况》中发展出来的"异化"概念指向了一个不同的方向。她认为,现代世界的标志是"世界异化"——即人们能够言说和行动的世界性的丧失——而不是人的"自我异化"(Arendt 1958:254)。它日益把政治共同体变成了"职业者"社会,而不再是由公民们构成的共同体。在现代大众社会这个独特的社会织体中,由于行动的工具化模式以及渗透到所有社会领域的永恒理性化逻辑的形塑,公共生活日益发生转型,服从于经济要求的功能化——实际上是总体化——逻辑和管理社会的规训性约束。因此,阿伦特主张,现代劳动社会倾向于清除政治行动、个性以及人们之间的居间存在(inter-esse)的境况。这些倾向所朝向的世界,是一个无人行动或无人负责的世界。

现代政治生活和制度的崩溃,并非是不可避免的过程;在阿伦特看来,人类历史上没有什么事件是不可避免的。事实上,政治现代性也体现了它的时间性,即与传统的"断裂"、根本的不安全、不可预测性和社会-文化转型:根除传统、民族、社团和政治体制的持续的急剧变化。然而,现代性的危机和"原子化、个体化的大众的具体境况"促成了民族的、政治的、公共的和社会的结构的崩溃(Arendt 1994:406)。这些危机能够产生一个道德和政治真空——新颖的根本恶从中产生的虚无。因此,根据阿伦特对现代大众社会的理论化-谱系学说明,政治共同体有被社会过程从内部加以侵蚀的威胁。在阿伦特看来,传统社会纽带的消解和经济、管理命令下的有组织利益,倾向于产生大量无世界、无组织的绝望个体,他们孕育了极权主义运动和意识形态。因此,阿伦特所描写的现代"大众人"显得极其无私,"向往默默无闻,只想成为一个数字,只作为一个齿轮"(Arendt[1951]2004:436)。孤立和无私的个体不再过多地关注自己的生命,当然他们也时刻准备着牺牲他人的生命。实际上,阿伦特正是把这些剥夺了共同纽带、利益和思考、判断、行动能力的原子化大众,看作极权主义的核心前提条件。[1]　因此,极权主义以一种新方式把无世界的大众熔在一起,把人们转变成纯粹的物——贬低和取消个性,以反映现代意识形态和社会的客观化合理性(Arendt[1951]2004:565)。

　　在阿伦特看来,官僚化的、去政治化的原理甚至把种族屠杀转化为一种抽象的行政程序,它"产生于高度原子化的社会碎片"(Arendt[1951]2004:421)。它的竞争性结构只有通过其所在的阶级和利益组织的成员身份,才能有所约束。[2]　然而,由于受到现代战争史及其大规模的人员伤亡——它是社会崩溃的序曲——的强

1　阿伦特认为,现代大众社会的环境在德国和俄国"截然不同":那种导致纳粹上台掌权的原子化大众社会,在斯大林统治下的俄国,还须首先加以创造(Arendt[1951]2004:423)。

2　阿伦特坚持认为,现代大众并非源自日益平等的境况,而是源于社会的原子化。尽管在《极权主义的起源》中对"大众"的使用有时显得有所贬斥,但阿伦特是民主大众起义的支持者。就纳粹的极权主义而言,她也敏锐地意识到,"真正的刽子手中所谓有教养的阶级的比例令人震惊"(Arendt[1951]2004:115)。

化,在欧洲,大量个体的聚集逐渐演化成了一个虚无主义弥漫的世界,他们"面对死亡却厌倦、冷漠",普遍轻视常识规则,而且——或许这是最令人惊讶之处——完全丧失了真正的自我利益(Arendt[1951]2004:421)。在阿伦特看来,极权主义社会的典型特征是极端的孤独——它最显现的彻底形式,就是私人生活和公共生活完全消失的经验,即被人类伙伴抛弃,根本不属于这个世界(Arendt[1951]2004:611)。因此"自我与世界、思想和经验的能力,同时消失了"(Arendt[1951]2004:614)。这些孤独指向了此前提到的现代大众社会中的社会原子化过程和境况。阿伦特认为,孤独构成了极权主义的共同基础,它"与拔根性和多余性紧密相连,自……我们时代的政治制度和社会传统崩溃以来,它已成了现代大众的诅咒"(Arendt[1951]2004:612)。

崩溃和多余性与现代诸意识形态的兴起相应。而后者,阿伦特认为,高扬一种客观化的思想,把人类事务转变为纯粹的行政控制、经济理性或其他形式的(伪)科学逻辑操作问题,完全不关涉实际的人际互动。因此,根据阿伦特的理解,像反犹主义和种族主义这些现代意识形态,在很大程度上无非是对经济合理性和行政合理性的复制,试图把严格的逻辑性、功能性和纯粹客观的标准应用于人类关系。这些意识形态体现了一种观念带有"逻辑性强制力量"的应用,它们把殊相归于共相抽象之下,因此被认为是极权主义逻辑的先驱,后者力图把人类无限的复多性和差异组织起来,"仿佛所有人类无非一人而已"(Arendt[1951]2004:609,565)。由于取消了活生生的世界和经验,极权主义逻辑因此官僚化地排除了一切不相容之物,开始历史地把那些群体宣布为多余的或"客观的敌人"。阿伦特宣称,这种"官僚化的专制主义"进一步让人原子化,把这些实际上具有行动能力的独特个体转变为忙于动物性行为的纯粹生物体。[1]

现代极端形式的"官僚专制主义"及其与极权主义逻辑的关联最极端的表现,莫过于纳粹的高级管理者、"驱逐专家"阿道夫·艾希曼,阿伦特在《耶路撒冷的艾希曼》一书中对其做了详细考察。在她看来,艾希曼是一个自私自利、野心勃勃、无思的小资产阶级管理者,多少受到可随时变换的意识形态的驱动,自己则没多少屠杀欧洲犹太人的欲望。阿伦特认为艾希曼完全是"非意识形态的"。他最显著的品质不是什么邪恶或道德败坏,而是无思性,也就是说,他"真的一句话也不会说,除了陈词滥调"(Arendt[1963]1965:48)。在阿伦特看来,他没有能力言说,即没有能力实现自身的个体同一性,表现的仅仅是他"思考的无能,即没有能力从别人的角度来思考"(Arendt[1963]1965:49)。根据在《极权主义的起源》最后几页对极权主义大众中间丧失思想和经验的重要性的早期反思,阿伦特认为艾希曼不是充满激情的反犹主义拥护者,他只是缺乏判断能力。事实上,阿伦特把艾希曼描绘为丧失判断能力的理想型(Arendt[1963]1965:21-25;参看Benhabib 2012)。根据阿伦特的说法,艾希曼也因此代表着典型的、某些方面也最为危险的新型纳粹罪犯——运行良好的、无思的办公桌杀手,他从未亲手杀过一人。根据"客观性"的意识形态,他主要把灭绝欧洲犹太人看作"棘手的组织和管理工作"(Arendt[1963]1965:151)。

艾希曼也有责任的极权主义反人类罪,可谓是一种滔天大罪,极度非人性,但是阿伦特认为,艾希曼本人并非毫无人性;他看起来更像是一个无足轻重的小丑,在纳粹政体中被剥夺了功能。在阿

---

1 尽管经济上的进步或许缓和了官僚专制主义,但是在阿伦特看来,不仅后者无法与前者相容,而且经济进步也无法与意识形态和恐怖相容。参看贝尔(Baehr 2010:78),他也论述了阿伦特对社会科学和行为主义的批判,因为后两者无非是对这一趋势的复制和强化。

伦特看来,艾希曼不是一个有着观念的操纵者,而是一个头脑简单 103
的、实际上"平庸"的、一心想着发迹的小资产阶级和管理者。然
而,他同时代表着一种史无前例的现代种族屠杀,参与组织了意想
不到的暴行、不可思议的邪恶。因此,阿伦特警示了这样一个悖
论,现代种族屠杀颠倒了古老的英雄观念,即行迹大于个体生命:
简单、"普通"的公民能够参与、做出意想不到的邪恶,而且这些新
型的邪恶——尤其是对整个民族的系统灭绝——要远大于作恶者
的总数,就这些新型的邪恶而言,作恶者的个人意图和责任性几乎
毫不相关。因此,艾希曼——作为极权主义体制中施行种族屠杀
的无思的普通官僚的代表——成了现代邪恶造成的最重要的政
治、法律和道德挑战的缩影。

艾希曼这个几乎从不说话的官僚,没有能力理解他人和自身,
因此也在一般的意义上例示了现代的主观性及其问题。阿伦特以
艾希曼为根据,驳斥了康德,后者预设了一种独立的人类能力,它
"不以法则和公众意见为支撑,无论什么时候,它都完全自发地重
新判断事件发生时的每一个行迹和意图"(Arendt 1994:41)。相
反,阿伦特想要表明行动能力和个人判断能力——区分对错、分辨
善恶的能力——如何依赖于宪制化的自由公共领域,这个公共领
域预设了行动和判断的践行,只是在现代境况下,这一领域或者被
拔除,或者遭到了严重破坏(参看 Bernstein 1997:305)。现代对行
动、经验和判断这些基本的人类能力的颠覆,预示了极权主义的历
史发生,正如丹娜·维拉(1997:302)指出的那样,这一颠覆"即使
在极权主义意识形态只是暂时获得胜利的地方,仍可能是成
功的"。

由于良知的声音和判断能力因我们的共同感(阿伦特认为它
调整着我们的所有感觉,依赖于一个我们与他人共享的世界)的衰
落而渐渐弱化,极权主义能够把道德宇宙转化为"你应该杀人"的

冷冰冰的推理(Bernstein 1997:304)。因此,极权主义逻辑的自我强制清除了已然在社会上弱化的自我,后者封闭在自己的特性之中。这一逻辑完全"摧毁了人的经验能力和思想能力,就像它明确无疑地摧毁了人的行动能力一样"(Arendt[1951]2004:611)。为了替代人类团结和政治共同体的纽带,极权主义把人类变成了一束反应,完全没有人格和品格,完全丧失了思考、判断和行动能力。阿伦特既把艾希曼看作极权主义的独特臣民,又把他看作缺乏主体性(即没有人类的经验、依恋和想象)的弱化了的现代臣民,这种观点后来浓缩和结晶为阿伦特对现代社会中政治现代性和根本政治恶的批判性分析。

极权主义与恶:世界性的教训

阿伦特关于极权主义和政治恶的作品,深刻地影响了我们对于它们的思考方式。然而,她的作品也遭受着持续的争议。争议不仅关涉它的中肯性,也涉及当代人从她的政治理论思考中能获得什么样的世界性教训。这里有历史变迁和概念转换的问题:比如,在政治语言和大众文化中,"极权主义"已经成了一个无所不在的说法,因此人们一直试图把阿伦特关于极权主义支配和种族屠杀政治——最极端的政治恶——的批判现象学与各种各样的政治事件联系在一起。这样的做法,很难说能够公正地对待阿伦特的理论贡献和政治贡献。比如,艾莉森·卢里(Lurie,2013)最近把极权主义对多余的"非人"(他们被剥夺了公民权利,无辜地被杀害)的指定,等同于民主社会中排除所有非名人的"名人文化"。还有些政治理论家故意抹平阿伦特的分析性区分,说我们身处一个极权主义的民主社会,这是一种"被管理的民主"、"颠倒的极权主义"(Wolin 2008)。然而,阿伦特认为,把诸如极权主义这样的概念

"无差别地应用于各种政治现象",会导致混乱,使一切区别消失不见。而这一点,似乎是"现代历史科学和政治科学的标志"(Arendt 1994:407)。然而,如果我们要处理阿伦特对极权主义的遗产和根本恶的威胁的反思,以及她就我们自己的时代给出了什么启示,那么同样重要的是,我们要严肃地处理她的概念区分,以及她对无差别地迁移的谨慎。

确实,阿伦特自己关于极权主义和根本恶的分析,有时也缺乏她正确地坚持的具体性和准确性。比如,阿伦特针对如下事实提供了至为重要的洞见:在现代官僚体制和劳动分工的境况下,小小的普通公民也能够成为大肆杀戮者;然而,她所呈现的艾希曼形象则受到历史研究和档案研究的质疑。这些研究表明,艾希曼是一个自称反犹主义"观念论者",他害怕犹太人的世界阴谋,在组织驱逐之前很久就已经明确地表示要杀掉"敌人",因此,他并不是对外部世界毫无意识,并非对自己行动的后果一无所知(Cesarani 2006)。此外,阿伦特自己对于现代社会境况最终所呈现的,或许也是一种过度怀疑和概括的观点,因而不可能完全遵从全球政治现代性的摇摆不定和机遇。一种抹平的现代性形象,有剔除其解放特征的危险(Postone 2000:284)。

然而,阿伦特提供了诸多至关重要的洞见,比如现代极权主义政体(其中没有什么是不受限制的)的起源和逻辑,让传统的道德原则和政治原理失去效用的新型根本恶(它把作恶者和受害者拽入毁灭和自我毁灭的深渊)。这种暴力是"短暂的"20世纪的标志,而且在21世纪仍很重要。阅读阿伦特,有助于我们明白根本恶的威胁不仅显而易见,而且与现代性的一般境况纠缠在一起——它完全不只是自由民主的一个极端的或外部的他者。阿伦特的多面路径拓宽了批判视域,她针对现代性的"全球境况"与政治恶的当代挑战之间的关系,提供了一种自我反思的理解,由此要求世界性的政治回应和法律回应。此外,阿伦特预示了当前仍日益全球化的经济要求和官僚化趋势,它们限制了公共领域,继续支配着政治生活,对公共自由和民主责任制造成了威胁。由于顺从主义和合法的社会排外不断产生,对这些要求和趋势普遍的、毫无置疑的颂扬最终产生了"多余的人类"的恶,这正是世界性政治需要面对的(参看 Hayden 2009:32ff.)。阿伦特的反思也有助于阐明反犹主义和种族主义这些现代意识形态的动力学,它们不只是来自过去的幽灵,而且会以新的形式不断重现——比如,提倡现代极端的宗教泛民族主义和反世界主义的政治意识形态。最后,阿伦特的作品在让我们意识到国内外现代帝国主义——无论做了什么样的意识形态伪装——的毁灭效果的同时,还承认去阻止新的种族屠杀发生的世界性责任。

　　阿伦特在政治中的极权主义和根本恶上的开创性贡献,警示我们基本的冲突仍萦绕着世界社会。这些冲突包括反人类罪的挑战,虽然国际法做了改革,它们仍在不断发生。它们还造成了持续存在的无国籍性问题,它表明一种危险的状态,即在这个政治上由民族国家的主权诉求所支配的世界中人权难题的持续存在——哪怕"历史上第一次,地球上所有民族拥有一个共同的现在"(Arendt 1968:83)。因此,阿伦特以根本恶和冲突为背景,提出了一种自下而上的批判的世界主义。它在为重获公民身份和恢复公共领域而进行具体情境的斗争的同时,把人类看作全球政治的参照点。

6

无国籍与拥有权利的权利

◎ 艾腾·贡多杜

1933年,阿伦特逃离纳粹德国,成了一个无国籍的人,在1951年获得美国公民身份之前,有18年一直处于这样一个危险的状态。这一成长经历显然塑造了她作为思想家的人生轨迹;它"激起了她对政治意义的追寻"(Bernstein 1996:84),并且"奠定了她政治理论的基础"(Young-Bruehl 2004)。本文考察阿伦特关于无国籍和人权的论点。首先,文章通过集中于她的如下主张,即公民身份权利的丧失伴随着人权的丧失,探究无国籍必然会导致什么发生。根据阿伦特的说法,那些无国籍的人们发现自己处于一种"无权利"的基本境况之中,而这是因为他们丧失了一个能够承认他们的法律、政治和人的身份的政治共同体。那些以纯粹人类出现的人的无权利状况,使她对人权展开了批判,而文章的第二部分就是考察这一批判的明显特征。阿伦特对"人权的困惑"的分析表明,18世纪的种种权利宣言依赖于如下假设,即每一个人都是公民。然而,随着20世纪大规模的剥夺国籍产生了大量的无国籍民,这一假设的问题就映入眼帘了。不过,尽管对人权有激进的批判,但阿伦特对无国籍的分析并没有以弃绝这些权利结束,相反,她最终号召人们根据"拥有权利的权利"或拥有公民身份和人性的权利,去重新思考这些权利,这是文章第三部分讨论的内容。文章的结语部分,简短地论述了阿伦特关于无国籍和人权的批判性反思所具有的当代相关性。

109　无国籍与无权利的境况

　　阿伦特把无国籍理解为"当代历史中最新的大众现象"(Arendt[1951]2004:352),这让她承受了第一次世界大战之后随着多民族帝国的瓦解而来的政治不稳定。和平条约的有效性在于如下假设,即每一个政治共同体都应根据"人口同种,土地同根"(Arendt[1951]2004:345)组织成民族国家。然而,这一观念完全与后续国家的多民族成分不一致,从而产生了少数族裔的问题。国际上通过少数民族条约来处理这一问题的做法,可以说是即将发生的一切的预兆。少数民族条约在每一个后续国家中确定少数民族,然后把对他们的权利的保护托付给国际联盟,借此它们等于正式认可了如下观念:"唯有国民才能是公民,唯有同一民族起源的人才能享有法律制度的完全保护"(Arendt[1951]2004:350-51)。一般的历史叙述把少数民族条约颂赞为现代人权的先驱,与此相反,阿伦特的分析表明这些条约如何为20世纪的种族政治树立了一个危险的先例,并且促使我们去理解,在国际共同体处理少数民族问题失败导致的大规模剥夺国籍和强制驱逐现象。[1]

　　按照阿伦特的说法,要充分理解20世纪的无国籍问题,有必要超越对这一问题狭隘的司法定义。从严格的法律条款来看,"无国籍"的称谓是保留给这样一些人的,他们与任何国家都没有法定

[1]　关于少数民族条约的正面说明,例见劳伦(Lauren 1998:115-17),关于把少数民族保护与20世纪的种族政治联系起来的批判性分析,参看韦茨 Weitz 2008)。

的民族纽带。当时,法律上的(de jure)无国籍只构成这一问题的极小部分,完全没有考虑到还有数百万人,他们具有这种法定的纽带,事实上却被剥夺了权利,因而被迫不断地从一个国家到另一个国家流亡。阿伦特宣称"无国籍问题的核心……与难民问题相同"(Arendt[1951]2004:356),并且批评国际上未能承认事实上的(de facto)无国籍问题。但是,如果难民是例证这种新困境的最典型群体,那么逐渐加入他们行列的其他人,则是两次大战之间紧缩的移民控制的结果。甚至像"经济移民"这样的外侨,由于1930年代的大规模遣返,也成了事实上的无国籍民(Arendt[1951]2004:363)。此外,由于许多国家时刻存在的剥夺国籍的威胁,越来越多的公民可以说是"潜在的无国籍民"(Arendt[1951]2004:356)。通过仔细地处理20世纪的强制迁移如何模糊传统的法律区分并造成了"一个再也无法解开的死结"(Arendt[1951]2004:363),阿伦特提供了一种修订扩展版的无国籍定义,拒绝把这种现象当成一个例外的事件,相反,她的目的正是要把它理解为"最新的大众现象"(Arendt[1951]2004:352)。在她看来,无国籍是那些"从国家-人民-领土这种旧有的三位一体中驱逐出来"的人都有的共同困境(Arendt[1951]2004:358)。

110

无国籍的人丧失的不只是公民权,还有人权。阿伦特用"无权"(rightlessness)这个词来表达这双重丧失,但是这个词的含义并非显而易见。为了澄清这种丧失,她认定唯一真正的人权不能还原为具体的、我们作为公民所具有的诸种权利,那就是:"拥有权利的权利",或者"属于某个有组织的共同体的权利"(Arendt[1951]2004:376)。无国籍的人被认为是无权的,因为他们被剥夺了这种人权,阿伦特认为,这种人权是有意义地行使其他权利的可能性条件。她还进一步澄清了她的"无权"观念,认为无权是这样一种基本境况,即无法还原为对某种具体权利的侵犯或否定。她以战争期间的士兵为例,论证甚至公民也可以被剥夺某些权利,包括生命权;但是,只要这些公民属于某个能够承认他们的法律和政治身份的政治共同体,他们就还不是无权的(Arendt[1951]2004:375)。另一方面,尽管无国籍民可能被授予某些权利,比如生命权或发表意见的自由权,但是,就这些权利依赖于他人的善心或善良意愿而言,他们仍是无权的(Arendt[1951]2004:376)。无权是指这样一种基本境况,它能使一个人被赋予的诸种权利变得无效,而且,这种境况具有法律、政治和存在论三个维度。

这一问题的法律维度在于人格的丧失。由于无法归入那些接受他们的民族国家的合法团体,同时又在国际法层面上被剥夺了权利,这些无国籍民遭受"一种警察组织的无法状态"(Arendt[1951]2004:366)。这方面,阿伦特在无国籍民的境况与罪犯的境况之间的对比极为重要:罪犯可以根据"那种惩治法条定罪的正常司法程序"加以惩罚,因此他们有诉诸裁决的权利,然而,无国籍民实际上是任由支配的非人,因为他们所遭受的与"他们过去、现在、将来做什么"毫无关系(Arendt[1951]2004:376)。在这种法律剥夺的困境中,犯下一桩罪行反倒是无国籍民逃避"警察的随意支配"、站到法律面前的唯一出路:

111
> 即使他身无分文,现在也能有一位律师,可以抱怨狱警如何如何,并且会得到尊重地聆听。他不再是大地上的人渣,而是个重要人物,律师会告诉他一切与他受审相关的法律细节。他成了一个可尊敬的人。

(Arendt[1951]2004:364)

阿伦特所使用的"无权"一词,不只是指向一种法律困境;它也注意到了无国籍民所遭受的丧失的政治维度和存在论维度。无国籍民丧失的不只是人格,还有"他们生于其中并在世界中确立自己的独特位置的全部社会背景"(Arendt[1951]2004:372)。恰如阿伦特在她的文章"我们难民"(We Refugees)中强调的那样,由于被剥夺了家园、家庭、职业和语言,无国籍民丧失了"日常生活的熟悉感",体验到"[自己的]私人生活的断裂"(Arendt 2007a:264-5)。他们被剥夺了能够让他们的行动、言说和意见具有相关性和意义的政治共同体(Arendt[1951]2004:376)。就 20 世纪的无国籍问题而言,史无前例的或许是,没有可能找到一个新家园。唯有在一个组织成民族国家的世界里,"丧失家园和政治身份才无异于被完全逐出人类"(Arendt[1951]2004:377)。这一说法促使我们考量无权的存在论意蕴,这种境况毁灭了一个人作为人的身份。由于无法找到一个新家园,由于被拘禁在集中营里,无国籍民被剥夺了参与由人类活动尤其是行动和言说构成的共同世界的可能性。阿伦特把无国籍比作奴隶身份,强调的就是这一点。阿伦特援引亚里士多德提醒我们,无国籍民和奴隶都不被认为是"政治动物",或"一种行使言说和思想权的存在者"(Arendt[1951]2004:377)。这不是说奴隶或无国籍民确实丧失了言说能力,而是说他或她的言说是不可理解的、无意义的或无关紧要的。阿伦特在后期著作中强调行动和言说是人类生活的核心,尤其是如下观点,即"没有言说和行动的生活……不再是人的生活,因为它不再生活在人们中间"(Arendt 1958:176),都需要根据她早期与无国籍问题的遭遇来理解。

　　阿伦特的分析突出了国际社会处理无国籍问题的失败。由于把民族性确定为国际体系的组织法则,它们把无国籍看作"相对于在其他方面极为健全的正常规则的一个不幸例外"(Arendt[1951]2004:342)。由于被理解为一种反常,无国籍问题就被当作一个可以用例外和暂时的措施固定的问题。这种做法首先显现在少数民族条约中,这一点我们此前已有论述。不过,我们也可以在遣返和归化的共同做法中找到它的影子。遣返的实施与如下假设相连,即每一个人都有一个可返回的祖国(patria),但是,这一假设无法对抗 20 世纪无国籍问题的新挑战——无国籍所造就的一大群人完全是"不可驱逐的",因为"他们不在地球上的任何一个国家享有居住权"(Arendt[1951]2004:352)。归化,只是为例外的个别情形保留的做法,如今也因数百万无国籍民的到来而"失败"(Arendt[1951]2004:361)。最后,甚至避难权,阿伦特把它描述为"国际关系领域曾被视作人权象征的唯一权利"(Arendt[1951]2004:356),也不足以解决 20 世纪的无国籍问题。这种在例外情形中理所当然的权利,实际上由于无国籍民的大规模出现而终结了。

　　所有这些措施因把无国籍当作反常现象,最终使之更为严重。把无国籍当作一种例外的暂时现象之所以非常"诱人",这正是因为"它没有触动体制本身"(Arendt[1951]2004:352)和彻底质疑其组织原则。然而,在阿伦特看来,恰恰是这些原则本身应该受到批判性考察。正如她所表述的那样,"1914 年战争的爆发……足以粉碎欧洲政治体制的外观,暴露出它的隐藏结构"(Arendt[1951]2004:341)。针对把无国籍问题当作一种"不幸的例外"的共同趋势,阿伦特进行了驳斥,相反,她把它当作显现这个"隐藏结构"中的问题的一个征兆,并提供了一个批判性的考察,由此看到民族国家与人权之间的结构性张力。她的批判性探究表明,无国籍是国际秩序的组织原则所导致的一个体制问题。

对民族国家和人权的批判

　　如在《极权主义的起源》中处理无国籍问题的那一章的标题("民族国家的衰落与人权的终结")所宣称的那样,阿伦特注意到了民族国家与人权之间相互交织的历史轨迹,并且围绕两者的"困惑"或难题提供了自己的批判性探究。她强调说,若没有对这些内

在或结构性张力的理解,我们就无法理解无国籍民为何以及如何 113
一旦丧失某个政治共同体的成员身份,就处于一种无权的境况之
中。不过,阿伦特并没有在这些内在张力与无权问题之间画一条
直线将之联系起来。各种外在因素的摧毁效果也同样重要,比如
帝国主义的兴起。

在阿伦特看来,民族国家就是由"国家"与"民族"的冲突性原
则所造成的张力规定的。国家作为"至高的法律机构",其合法性
源于"对领土内的所有居民的保护",这里的居民包括其成员和非
成员,而民族则是指排他性的共同体,其成员是那些"由于血缘和
出生事实"而属于这个共同体的人(Arendt[1951]2004:296)。法
国革命则结合了属地管辖和民族成员身份,"在民族与国家之间保
持着一种危险的平衡"(Arendt[1951]2004:351)。[1] 民族国家要保
持其作为支撑法治的代议制机构,就必须维持这种平衡,并抵制民
族意识的高涨和唯有民族成员才拥有权利的观念。由于民族国家
所特有的这种内在张力,阿伦特紧接着法国社会学家德罗斯(J. T.
Delos)所谓的"民族对国家的征服",就总有可能发生,比如民族主
义压倒宪法政府,使那些非民族成员的人无法享有平等权利
(Arendt[1951]2004:296;Arendt 1946:139)。民族国家的衰落要根
据这一征服来理解;一旦民族的意志压倒了法治,阿伦特论证说,
民族国家就会坍塌为一种独断的统治体制,丧失其合法性,因为它
不再代表出现在其领土上的人。

民族国家的这些内在张力,在18世纪的人权观念中显而易
见。个人因其生而为人,就有资格拥有这些权利,因此这些权利被
认为是"自然的"。与那些基于"历史"并随着共同体的变化而变化
的权利不同,人权基于普遍共有的人性(Arendt[1951]2004:378;

1　关于现代民族国家的结构性张力,参看布鲁贝克(Brubaker 1992)和哈贝马斯
　　(Habermas 1996:491-515)。

1963:108-9)。它们是人本身的权利,与是否属于某个政治共同体或是某个政治共同体的成员无关。它们是"不可剥夺的",因为它们无法被个人放弃而交给主权者,主权者也不能侵犯它们。它们"不可简化为其他权利和法律,也无法从其他权利和法律中推演出来";作为其他权利和法律的来源,它们不需要任何具体法律来保护(Arendt[1951]2004:369)。但是,这些所谓自然的、抽象的和不可剥夺的权利却是与民族国家同时代。正如在1789年的《人权与公民权宣言》这个标题中所看到的那样,在此背景下,"人"与"公民"之间没有任何裂隙;每一个人都被假定是某个民族清晰的政治共同体的成员:"人不可能是一个完全不受束缚的、完全孤立的存在者,可以不依托某个更大的包容性秩序就能凭借自己获得尊严,而一旦有所依托,他就会再次作为某个民族的成员而消失"(Arendt[1951]2004:369)。在民族国家的范限内,"人权"一开始就被等同于"公民权"。在个体被剥夺了公民身份的情形下,自然的、抽象的和不可剥夺的权利似乎是不切实际的。随着无国籍成为一种大规模现象,这一问题变得显而易见:"这个世界发现,在抽象的、毫无遮蔽的人身上没有任何神圣之物"(Arendt[1951]2004:380)。

阿伦特质疑关于人权的传统假设,尤其是如下观念:人权是前政治的,我们作为人就有资格拥有它们,而不论我们的政治身份。她论证说,无国籍问题所带来的困境表明,这些假设是虚假的。无国籍民由于被剥夺了政治归属,他们应"恰好处于这种一般权利宣言所提供的那种情境"(Arendt[1951]2004:381)。可吊诡的是,恰恰由于无国籍民显现为纯粹的被给予性,他们作为人类这一点才很难被承认,他们的权利才很难得到支持:"看来,一个人若只是一个人,就丧失了他人有可能把他视为同侪的那些品质"(Arendt[1951]2004:381)。

阿伦特的批判性分析表明,无国籍者的无权作为一种体制性境况,需要根据民族国家和人权的"困惑"或难题来理解。但是,鉴于这些困惑,就意味着这一困境是不可避免的吗? 阿伦特就停留在把无权(最终是极权主义)的起源定位于 18 世纪的人权观念吗?[1] 阿伦特对其在《极权主义的起源》中使用的历史方法的反思表明,无国籍者的无权既不是一个偶然的困境,也不是一个必然的困境。

"结晶化"是理解阿伦特处理历史的路径的关键词,它揭示了阿伦特坚持偶然性而拒不接受不可避免性观点的至关重要性(Arendt[1951]2004:8;也可参看 Arendt 1994:324-5n,403)。在阿伦特看来,无国籍民的无权这种历史现象就像是一种结晶形式,是有着多重要素的具体构造;这种形成物有一个结构,不过它也是偶然形成的,因为它并不由这些要素造成或决定。[2] 民族国家的内在张力与人权的困惑,对于理解无国籍民普遍的无权状况至为关键。不过,理解这一问题也需要考察这一聚集物的其他"要素"。比如,在解释民族国家的衰落时,除了刻画了这一制度形式的内在张力之外,阿伦特也注意到了一些历史条件:"现代的权力境况使得民族主权成了一种嘲讽,当然,大国、帝国主义的兴起和泛运动除外"(Arendt[1951]2004:344)。从人权的角度来看,特别具有破坏性的是海外帝国主义的"回旋效应"(Arendt[1951]2004:267,288)。

阿伦特的解释强调了海外帝国主义的一些做法如何被输入欧洲,从而导致数百万无权者和多余人。作为一种"能够遍布全球并使之成为荒原的对权力的无限追求",帝国主义认为权力的运用没

115

---

1   这些问题基于人们针对阿伦特的人权叙述提出的一些批判;其中有布伦克霍斯特(Brunkhorst 1996)和朗西埃(Rancière 2004)。

2   关于"结晶化"这个观念的更多说明,参看本哈比波(Benhabib 2003:64)和迪许(Disch 1994:148)。

有任何法律和规范的限制(Arendt[1951]2004:161)。经由帝国主义的运用和滥用,民族主义日益变得种族化,用各种方式证明把人类分为"主人种族与奴隶种族、高等人与低等人"的合理性(Arendt[1951]2004:152)。因帝国主义而固化的种族分层对"人性"观念(人性是人权的枢纽概念)产生了灾难性的后果,因为它们否定"人类观念所保证的所有民族平等和团结的原则"(Arendt[1951]2004:214)。

对民族国家和人权具有同样毁灭性的,还有帝国主义实践的"回旋效应",它们被提出来管理、压制和清除土著居民。布尔战争期间发明的集中营,在欧洲被当作一种手段,用以控制和遏制各种"不受欢迎的因素"或那些变得"多余和讨厌"的人,包括难民、无国籍民、反社会者或失业者(Arendt[1951]2004:568,574)。同样地,帝国主义期间发明的"保护性监禁"一词,被用来证成对这些不受欢迎的因素的拘禁。后来,第三帝国把它当作证成随意逮捕和监禁犹太人的一个委婉说法,说这是保护犹太人免遭德国人伤害的唯一方式(Arendt[1951]2004:568)。简而言之,若没有海外帝国主义的"回旋效应",就不可能理解数百万无国籍民的出现,以及他们在集中营受到的不法对待。[1]

阿伦特的分析表明,民族国家和人权的难题或内在张力,并非必然导致无国籍民的无权。这些张力属于形成那个产生这一问题的复杂构成物的要素,但是,若不考察其他要素,比如帝国主义和种族主义,它们的效应也无法得到理解。这种对历史偶然性的强调,使阿伦特的批判与其他人的批判区分开来,后者认为厄运是不可避免的,其根源就在于人权的悖论。为了阐明这一点,有必要简单地提一下当代意大利哲学家吉奥乔·阿甘本的著作。阿甘本以

---

1 关于帝国主义的"回旋效应"对欧洲民族国家的影响,参看本哈比波(Benhabib 2003:75-86;2004:51-2)和欧文(Owen 2007:52-7)。

阿伦特的如下主张作为出发点：无国籍民遭遇的问题是内嵌于人权的悖论的征兆。但是接下来，就与她强调偶然性和非连续性的历史方法不一致了，因为他论证说，这些悖论，尤其是"人"与"公民"间的结构性张力所体现的悖论，是有着数世纪之久的 bios（有着政治资格的生命）与 zoē（自然生命）之间的形而上学区分的再现，使得人类生命的一切方面都从属于主权暴力。阿甘本的全面主张把人权与生命政治的主权逻辑不可分割地联系在一起，由此要求一种与权利、公民身份、政治归属完全断绝关系的政治（Agamben 1998：126-35；2000：15-26；参看 Gündogdu 2012b）。然而，在阿伦特看来，人权的悖论并非必然导致无国籍民的无权，因此，她的批判性探究还保留着如下可能性：人权的悖论情形可以通过新的方式在政治上加以掌控，确立新的保障机制保证所有人的平等和自由，无论其民族性（Gündogdu 2012a）。事实上，她把人权重新思考为"拥有权利的权利"，就可以看作代表这种可能性的一个例子。

"拥有权利的权利"的困惑

在她关于无国籍的分析的结尾处，阿伦特提出要根据"拥有权利的权利"来重新思考人权，前者指的是"属于某个有组织的共同体的权利"（Arendt［1951］2004：376）。这种权利的重要性随着无国籍民的困境变得日益明显，他们发现自己不仅被剥夺了法律人格，而且被剥夺了行动、言说和发表意见的权利，因为没有"一个共同体愿意和能够保障［他们的］权利"（Arendt［1951］2004：376）。在 1949 年发表的一篇论文中，阿伦特提到，拥有权利的权利或"人具有公民身份的权利"，是唯一无法简化为诸种公民权利之一的人权。事实上，阿伦特批判联合国未能把"这种使其他权利现实化的权利"包括在《世界人权宣言》中(Arendt 1949:37)。

117　　阿伦特简单地运用了"拥有权利的权利"这一观念,并未做更多的阐明,不过,对于理解引导着她对人权的悖论性假设和效果的目标而言,这一权利的提出至关重要。为了回应无国籍问题的挑战,她的批判性探究旨在重新思考这些权利。除了她的主要灵感之一,即埃德蒙·柏克在其论法国革命的著作中对人权的批判,这一目标设定了阿伦特的批判。

　　阿伦特在许多方面援引了柏克的批判,甚至认为无国籍民面临的问题为柏克对人权的批判"提供了一个似乎反讽、苦涩、过时的证实"(Arendt[1951]2004:380)。毕竟,数百万无国籍民发现自己很难被承认是拥有同样权利的人,而这正是因为他们丧失了公民身份。他们的困境似乎证实了柏克如下主张:人权是纯粹的抽象之物,真正的权利基于"限定的遗产",在一个界限分明的政治共同体中一代代传承(Burke 2004:119)。阿伦特声称,就无国籍问题而言,柏克的批判达到了一种"实用的可靠性",不过她对人权的批判不是简单地重述柏克关于人权的立场(Arendt[1951]2004:380)。[1] 阿伦特的分析表明,在一个骇人地证实了柏克的论点的世界中,我们无法把他的结论当作解救之道。因为,在数百万人不再能够像国民那样诉求所谓"继承的"权利的国际背景下,抛弃人权转而坚持"英国人的权利"只能加重无权的境况。事实上,就"限定的继承"有"其奇特的种族情感"而言,即把权利奠基于历史,理解为遗传之物,它不但无法解决反而会加重无权问题(Arendt[1951]2004:232)。正因为这个原因,阿伦特断言公民身份和政治共同体

---

[1]　关于指出阿伦特与柏克之间相似性的分析,参看布伦克霍斯特(Brunkhorst 2000:189),卡诺凡(Canovan 1999:146-7),科恩(Cohen 1996:169,183),朗西埃(Rancière 2004)。关于强调阿伦特与柏克之间差异的分析,参看伯明翰(Birmingham 2006:45-6)和艾萨克(Isaac 1996:64-5)。

对于确保同等权利的重要性,不过,她并没有完全抛弃人权;因此,她主张把人权重新思考为"拥有权利的权利"或获得公民身份的权利,它有别于依附公民身份的种种权利。

阿伦特关于"拥有权利的权利"的简短论述,导致了关于人权的制度保障和规范基础的挑战性问题。她对无国籍的论述表明,唯一真正的人权即公民身份的权利,无法由民族国家来保证。她说,这种权利"超越了当前国际法的领域,因为后者仍是根据主权国家间的互惠协定和条约运作",因此"它只能由人类自身来保障"(Arendt[1951]2004:379)。但是,这种保障在制度上会带来什么,则远不清楚。阿伦特对于世界政府的可能性有过简短的思考,不过她断言,只要人们把"什么是权利"等同于"什么是有益",即使这样一个后民族结构也无法清除暴力排外的危险:

> 因为完全可以设想,哪怕是在实际的政治可能性领域,在一个美好的日子里,高度组织和机制化的人类十分民主地裁决——即多数人决定——为了人类整体,最好是清除掉其中的某些部分。

(Arendt[1951]2004:379)

在晚期著作中,她对世界政府有更多的关注,认为它最终会毁灭人们之间的差异,造就"一个极其肤浅的统一体"(Arendt 1968:87),产生"一种令人生畏的暴政噩梦"(Arendt 1968:81)。她甚至质疑自己的导师卡尔·雅斯贝尔斯提出的"世界范围的联邦政治结构"(Arendt 1968:84)这种世界主义构想,提醒她的读者注意"联邦警察力量"(Arendt 1968:94)这种令人不安的可能性。[1] 有些研究者注意到了阿伦特对于民族和后民族解决方案的不满,于是认为她

---

1 对阿伦特国际层面的联邦主义的论点的论述,参看阿克斯特曼(Axtmann 2006)和克鲁斯梅尔(Klusmeyer 2000)。

提倡一种有着领土范围的共和主义国家,依靠有限的主权为"拥有权利的权利"提供有效的制度保障(Axtmann 2006:107-10;Beiner 2000:55;Benhabib 2006:15;Cohen 1996:170,175)。然而,哪怕是共和主义国家也不是抵挡无权的坚不可摧的堡垒。正如阿伦特对美国革命的反思所凸显的那样,共和主义的架构并不能免于如下危险:若一系列制度僵化到不能确立使自由和平等现实化的公共空间,权利也会变得石化(Arendt 1963:232-9)。正如在她对美国的奴隶制和贫穷的反思中所看到的那样,共和主义的国家也可以有它自己的暴力排外。

保护拥有权利的权利的可能的制度性框架是什么?尽管阿伦特对此的反思并没有结论,但是,它们对于揭示权利与其制度性保障之间不可避免的张力很重要。她关于民族国家和后民族结构的可能性的批判性分析,显明了人权与制度之间的一种"不寻常的"关系,用艾提勒·巴里巴尔(Balibar 2007:733-4)的恰当说法表述如下:一方面,人权被误认为是自然的、前政治的和前制度的,却只能在一个政治共同体中通过确立平等与自由的互惠性保障得到承认。另一方面,用以保护权利的制度也能反过来压制权利,民族国家的历史轨迹已然表明了这一点。阿伦特的分析并没有解决这个二律背反,相反,她所做的批判性探究旨在表明它如何在不同的背景下重新浮出水面。

对于阿伦特政治理论的研究者来说,"拥有权利的权利"之所以令人困惑,还在于它所引起的规范性问题。如果这种新权利无法从任何现存的法律框架(国内和国际)中获得其有效性,那么它的规范性基础又是什么呢?阿伦特的分析凸显了基于"自然"或"历史"的基础性权利的不可能性(和危险),但是对于能够取代 18 世纪范畴的新基础是什么(如果有的话),她也没有提供清晰的答案。

那么,如何解释阿伦特在拥有权利的权利的基础是什么这个问题上的沉默呢？这是显示阿伦特政治理论的规范性缺陷的信号，还是说这不过是她一个暂时的疏漏，只要转向她的其他作品就可以修正？对于塞拉·本哈比波这样的批评者而言，阿伦特的沉默是因为她厌恶"规范性证成的策略"，然而，由于她未能阐明我们借以辩护每一个人都有资格拥有公民身份权利的基础，它的沉默就构成了一个严重的问题（Benhabib 2003:185；也可参看 Benhabib 2004:59）。对于佩格·伯明翰（Birmingham 2006）和赛琳娜·帕勒克（Parekh 2008）这些学者而言，阿伦特虽然没有明确地陈述"拥有权利的权利"的基础，但是她的政治理论提供了充足的资源来填充这个空白；也就是说，人权的新基础可以从阿伦特的政治理论的核心概念中推演出来，比如复多性、新生性和被给予性。

不过，阿伦特在基础问题上的沉默可能引起一种不同的解读；或许，它是有意在关于人权的基础的争论中远离哲学的探究。鉴于阿伦特极力批判基础主义——比如在论述现代革命时，她批判诉诸"自然"这样的绝对来为权利奠基的做法——这样的解读十分合理。[1] 这种解读表明了从前政治或政治之外的基础导出权利的有效性的问题，并且凸显了它们的有效性不可避免地与宣称、主张、确认和重新确立这些权利的政治实践相关。[2]

阿伦特从对基础的哲学探究转向奠基平等和自由的政治实践，也可以从她坚持为人类尊严寻求"新保障"中看出端倪（Arendt［1951］2004:xxvii），比如，她认为拥有权利的权利"应该由人类自身来保障"（Arendt［1951］2004:379），她主张"我们依靠自己决心相互保障彼此的平等权利而成为群体的平等一员"（Arendt［1951］2004:382）。阿伦特在这些例子中使用"保障"（而非"基础"）这个

1　关于现代革命向绝对的转向，参看阿伦特（Arendt 1963:182-5）。

2　例见阿伦特根据这些思路对美国《独立宣言》序言中"我们认为如下这些真理是自明的"的解释。阿伦特（Arendt 1963:192-4）。

120　　术语,可以解读为对"权利的不可补救的无根基性"的妥协,弗兰克·迈克尔曼(Michelman 1996:207)如是说。从她对政治的独特理解来看,即根据行动和开端启新的能力来理解政治,这种无根基性可以被理解为对"积极公民身份"的肯认(Cotter 2005:95),所谓积极公民身份,包括那些没有正式公民身份地位的人的政治实践。阿伦特的"拥有权利的权利"这个命题,既没有提供一种新的制度设计,也没有提供一种新的规范性基础,而是强调政治行动的重要性,借此培育新型的政治责任和团结以应对充满挑战性的无权问题,同时增强平等和自由那脆弱的制度保障。1

结语:在移民时代重新思考无国籍问题

各种与全球化相关的当代发展过程和实践,尤其是国际移民,让数百万人失去了公民身份权利的保护。今天,据估计有 2 亿多人生活在母国之外。此外,大约还有 2 900 万人在国内流离失所,他们不再能够向自己的国家申诉来保障自己的权利。阿伦特把无国籍理解为一种"大规模现象"的努力(Arendt[1951]2004:352),在全球化的背景下变得极为相关,如今,越来越多的人发现自己"脱离了国家—人民—领土这种旧有的三位一体"(Arendt[1951]2004:358)。正如许多学者所强调的那样,在理解寻求政治避难者、难民(Owens 2011;Xenos 1993)、无证移民(Kesby 2012:92-117;Krause 2008)甚至还有因社会性排外(Somers 2008)、无家可归(Feldman 2004)和贫困(Hayden 2007)处于事实上的无国籍状态的公民这些当代的困境时,她关于无国籍的分析获得了新的意义。

不过,若说当代情景与阿伦特所观察到的情景之间有诸多类

1　关于以行动为中心的对阿伦特"拥有权利的权利"的观念的解读,也可参看英格拉姆(Ingram 2008)和艾萨克(Isaac 1996)。

似的话,那它们之间也有一些差异需要我们注意。阿伦特论述无国籍问题时,她指向的是人权的"那种多少有点幻影般的存在",即人权"从未成为法律"(Arendt[1951]2004:357)。然而,自第二次世界大战结束以来,尤其是在最近十年以来,我们都看到了人权法则、机制和组织在全球范围的扩散。人权似乎不再只是抽象的承诺,而被认为是合法国家新理解的核心,这种新理解基于如下观念:在关于其居民的基本权利这个问题上,国家并不具有独一的权威(Keck & Sikkink 1998;Risse *et al.* 1999)。这些发展,对于各种各样的移民而言,至关重要。即使人们不赞同下面这个强的主张,即普遍人权框架的兴起导致了民族的公民身份的衰落(Jacobson 1996)和后民族的公民身份的出现(Soysal 1994),如今也在很大程度上认可权利获得资格的基础发生了转移,即从民族性转向了普遍人格,从而让移民可以要求许多此前与公民身份地位联系在一起的权利(Benhabib 2004;Sassen 2002)。

这些发展可能会给人们一个令人误解的印象,即阿伦特在她对无国籍的分析中描写的无权境况,已经在当代情景中完全消失。然而,"人权的困惑"在国际人权法则中有新的表现,其中一些当代的发展,比如日益严格的全球性移民控制机构,使得处理数百万移民的人权悖论变得日益困难。

阿伦特在分析1789年宣言时强调的"人"(man)与"公民"之间的结构性张力,并没有因向"人"(human)权的转移而完全消失。在这一点上,尤为重要的是国际人权框架内普遍人格与领土主权的交织引发的困惑或难题。比如,我们可以从具体的避难权中看到这些难题。《世界人权宣言》第14条保证"为了免于迫害在其他国家寻求和享有避难的权利"。然而,这个表述并不自然地保证得到一个避难所的权利,它旨在在避难权与控制边界的主权之间保持平衡,并且强调人的生存权并不因进入另一个国家而自然产生。

人权框架在普遍人格与领土主权之间来回摆荡所保持的危险平衡，已经因令人不安的发展而陷入危险境地，它使得各种移民越来越难以获得权利。在限制性的移民控制的背景下，诸如扣留和遣返这些以前在紧急状态下采用的措施，如今已常态化（Walters 2002）。集中营重新浮出水面，成了"失去生存家园的人们唯一现实的替代物"（Arendt[1951]2004：361）；尽管它们以新的形式出现（比如拘留中心、等待区），但那些地方同样处于无法状态或被任意统治。有些国家为了在移民来到边境前就阻止他们、为了规避人权法，已经开始采取极端措施，做法包括在公海拦截移民、把自己的某些领土划出自己的管辖范围，以及签署重新接纳协议，让寻求避难者和难民冒被驱回的危险（Hyndman & Mountz 2008）。再加上许多移民接受国种族主义和排外情绪的兴起，这些问题变得更加复杂，甚至少数族裔的居民和公民要行使自己的权利都变得非常困难。

根据这些发展，阿伦特的论点——无国籍民发现自己身处基本的"无权"境况——呈现了新的意义。不过，在当代背景下，这个术语所指的并不是诸如法律人格等权利的绝对丧失或完全缺乏，而是说种种权利的脆弱性。在人权扩散和移民控制全球化并行发生的时代，"无权"一词警示我们要注意许多移民（以及一些公民）危险的法律、政治和存在论地位。

这些令人深思的问题，凸显了普遍人权框架不足以保障"拥有权利的权利"或公民身份和人道权。但是，如果现存的制度秩序无法轻易地容纳这一权利，那么移民要求"无区别对待的文件"而进行的各种政治斗争，其紧迫性就要引起注意（Beltrán 2009；Krause 2008；Schaap 2011）。无论是理解现存人权框架的局限和问题，还是为了应对这些充满挑战的无权问题去探索重新发明这些权利的政治可能性，阿伦特"拥有权利的权利"的提法都是一个富有成效的出发点。

阿伦特论社会性

⊙ 菲利普·沃尔什

引　言

　　汉娜·阿伦特对社会性(the social)的理解,以及她关于现代社会为一种危机——即她所谓的"社会性的兴起"——所困扰的诊断,是两个不简单的主题。它们对当今读者的挑战,至少不下于她在1960年代和1970年代的著作中首次提出这些看法时对读者的挑战。事实上,尽管在这个论题上已有三代评论者发表了各自的看法,但是关于她所谓的"社会性的兴起"到底指的是什么,至今尚无确切的解释。在这篇文章中,我会考量对这一说法的一些不同解释,同时认为我们应在《人的境况》所提出的一般的人类活动理论背景下来思考阿伦特的社会性概念。这就涉及对阿伦特关于劳动范畴的一些说法的解释,因为劳动范畴对宽泛意义上的社会性概念来说,比通常学者所呈现的更具有决定性。在整个文章的探讨过程中还呈现了一个附带性的论点:对阿伦特富有成效的解释,应考虑她与关于社会性的现代科学的奠基者(尤其是马克斯·韦伯、卡尔·马克思和卡尔·曼海姆)的著作的关联。这种解释与其他一些解释不同,后者要么从哲学的角度把她与生存论的个人主义列在一起,要么从政治的角度把她与保守主义归在一起。

　社会性与社会科学

　　通常来说,当代的种种学科都是根据所研究的现象确定的。因此,社会性看来应是社会学的首要关切,而比较阿伦特对社会性的理解与社会学的主题可能是最好的做法。然后我们发现,在不同的社会科学哲学家那里,有不同的理解。但是,这种观点有两个方面的预设;首先,"社会性"指的是一套需要一门专门科学来处理的独特现象,就像人们认为"经济"和"政治"指的是栖身于大学经济系和政治系的专家们所研究的独特现象一样。其次,它预设阿伦特的意图是要介入社会学家关于社会学的适当范围或特征的争论。

　　毫无疑问,这两种预设是站不住脚的。现代社会可以整齐划一地或自然地分为相应的构成部分,而且每一部分都对应着一套有着独特功能的机构,我认为这样的观念在今天大学社会科学各系科的诸多博学的从业者那里是得不到辩护的,尽管他们所有人仍在预设了这样一种划分的部门中展开各自的工作。米歇尔·福柯、伊曼纽尔·华勒斯坦以及科学史上其他名人的著作告诉我们,我们归为"社会科学"以及进一步归为"政治学"、"经济学"、"社会学"等的学科,并不是"自然类别"的名称,在很大程度上,它们是因应实践需要或权力关系发展出来的。

　　当然,学科边界不仅在于如何确定它的主题,社会科学的当代从业者仍可能基于其他根据(方法论,或许还有一套术语)来维护自己所从事学科的主权。但是,鉴于当前盛行的对于学科边界的怀疑态度,以及社会性这一术语特有的模糊性,我们可能会中立地看待这一术语,或者至少会试着以一种能够包容它的方式对它加以重新定义。

不幸的是,这要应用于阿伦特对社会性的反思则很困难,正如前述,这部分是因为她无意去澄清社会科学的术语和实质,相反,她常常对所谓的术语和实质大加挞伐。然而,重新定义阿伦特的社会性概念也具有误导性,因为这样一来我们可能会误解她的诸多最引人注目、最引人争议和最重要的主张。

阿伦特无意提供一个关于社会性的确然定义,她有时把它当 作"社会"的同义词,然而更常用它来指称一系列其他现象。确切地说,她所关切的是提供了一个与社会性相关的诸多含义的分析。这在一定程度上是一个历史计划,不过阿伦特的意图无法仅仅以这种方式来把握。相反,她孜孜以求地是提供了一种关于系列现象的历史现象学,社会性不过是其中的现象而已,这一点在《人的境况》中有最明确的表述,当然在别的著作中也有论及。

在这里,我们无法充分探究阿伦特对现象学的承诺,但有必要说说一般意义上的现象学探询的目标所在,因为这对于她在《人的境况》中对社会性问题的处理至关重要。

历史现象学与社会性

阿伦特的现象学观念受到德国哲学家马丁·海德格尔的著作的深刻影响,她与后者有着复杂的个人关系和思想关系。不过,她从海德格尔那里截取的不是一套确定的方法论或哲学风格,而是一系列有关现象学探究目标的假设。根据海德格尔的理解,现象学的目标不是在概念及其指称之间提供某种独一无二的、无可争议的一一对应关系。相反,他的许多著作旨在揭示奠定了这样一种目标的假设是成问题的,而这在很大程度上要归因于语言的独特属性。阿伦特也强调,概念完全取决于我们用来意指它们的语词。语词不是中立的筹码,如 20 世纪大部分英美哲学(或明或暗)

所设定的那样。相反,它们带有历史残余,含有过往的意义,与过去的某些实践相关;它们呈现出细微的价值差别,而且依赖于其他语词。因此,比如"劳动"这个词,正如阿伦特(Arendt 1958:48)指出的那样,在所有的欧洲语言中都具有一种与"制作"一词截然不同的含义,在每一种欧洲语言中,它都含有长期积淀下来的与艰辛、繁重和卑贱密不可分的词源关联,这无疑影响了它的含义,"制作"的含义也是如此。这些关联不是可以通过某种"劳动之下的"哲学机制加以清除的偶然因素或情感性因素。相反,它们与概念本身的含义紧密相连。如果我们无视或者试图清除与语词紧密相连的历史残余和概念残余,那我们就会使自己陷于自己的语言环境和情境所具有的预设和偏见之中。因此,至少就阿伦特试图践行的方式来看,现象学并不是要以一种"主观的"探究形式来替代"对象",而是通过把语言的历史性及其使用者考虑进来,以达到更大程度的客观性。这样一来,像"劳动"和"社会性"这样的概念就需要细心地加以体察,注意到它们在其发展出来的关系组织中的位置。阿伦特的现象学方法与谱系学有密切的亲缘关系,根据米歇尔·福柯的解释者对这个术语的理解,福柯也是从弗里德里希·尼采(阿伦特在发展自己的现象学方法时始终牢记在心的哲学家)那里借用了这个术语,并对尼采所赋予的意义进行了扩充。

所有这些意味着,我们不能把社会性概念看作是对一组统一有限的现象的简单指称。相反,阿伦特用它指称一组随历史变化的富有意义的人类活动,它们与其他截然不同的活动关系密切,同样地,这些其他活动的名称以及含义也多少有些不稳定。

城邦与家庭

我们可以通过概述社会性一词的历史发展对它做一初步了解,这一发展最充分地呈现在她死后出版的《政治的承诺》(Arendt

2005)一书中。根据其解释,社会性的含义取自对这个术语所指称的制度性空间的历史的理解。

古希腊人和罗马人没有用以指称社会性或"社会"的语词。不过,他们区分了城邦和家庭,前者指的是自由和政治生活的空间,后者指的是"家庭",即必然性的空间。这两者之间的区分意味着对活动的一个基本的结构性、空间性和象征性的划分,这种划分在古希腊和罗马共和国的城市生活中持续盛行了好几个世纪。它的盛行不只是因为甚至主要不是因为这些社会中的功能需求或经济需求,而是因为一种对于这两个生活领域各自价值和含义的一致同意,这种同意表现在实践、期望、习俗中,当然,最重要的是表现在法律中。这种划分与社会中盛行的统治秩序相应,在这些社会中,由少数人构成的贵族阶层绝对统治着家庭。这使得他们在城邦中自由集会,形成一个由诸多个体构成的共同体,这些个体彼此平等,免于劳动的必然性。家庭中服从的奴隶和家庭成员使得城邦成长为一小部分人彼此作为平等者言说和行动的空间,由此他们统治着共同体。这样一来,城邦就是得见自由的领域,而在城邦这个空间中发生的事件就会被后来世代的人们归为这一时期的"历史"。相比之下,家庭则被阿伦特描述为"黑暗"领域,在那里进行的活动不会有超出其纯粹工具性或机构性功能的意义(Arendt 2005:116-32)。

因此可以说,在古希腊和罗马共和国,家庭的奴隶制被认为是达到政治生活中的自由这一更高目的的手段。但是在这里,我们遇到了一个具有明确的历史解释的小问题。阿伦特小心翼翼,以免毫无差别地把现代独有的语词和思考方式运用到古希腊(以及所有的前现代)社会。她指出,对于希腊人(或者确切地说,希腊精英)而言,"手段/目的范畴在生命本身的领域完全无用"。她继续说道:

128

> 如果我们要根据目的和手段来理解家庭与城邦之间的关联,那么在家庭内维持的生命并不是达到政治自由这一更高目的的手段,相反,掌控家庭内的生命必然性和奴隶劳动,是让人解放出来参与政治的手段。
>
> (Arendt 2005:132)

阿伦特这里的观点提醒我们,我们把它们与"家庭"和"政治"联系在一起的范畴,以及我们假定存在于它们之间的关系,并不必然是超越历史的。因此,要理解这些空间的转变,就要重构人们与它们联系在一起的含义,以及这些空间本身的实际结构。

阿伦特几乎没有论及城邦和家庭在中世纪和现代早期的命运。她对社会性的论述最充分地体现在《人的境况》中,在那里,她的说明转向了 18 世纪,那时出现了一个第三空间,它是处于家庭和城邦之间并超越了两者的社会关系。对这一转变的理解,要依赖于阿伦特作出的另一个区分,即私人领域与公共领域的区分。

129 在古代社会、封建社会和早期现代社会,这两对——一方是城邦和家庭,另一方是私人领域和公共领域——共存,而且本质上彼此对应:家庭是私人领域,城邦则是公共之物(Arendt 2005:170)。18 世纪以来出现的第三个领域,则基于如下事实:它指向生命的必然性,却又是公共的。对于阿伦特所说的社会性,通常解释为与这个"第三空间"或"公共的家庭"相对应,不过阿伦特在任何地方都没有明确表述这一点。相反,她说

> 社会——家务及其活动、问题和组织设计的兴起——从阴暗的家庭内室到明亮的公共领域的出现,不仅模糊了私人领域与政治领域之间旧有的分界线,而且完全改变了这两个术语的含义,以及它们对于个人生活和公民生活的重要性。
>
> (Arendt 1958:38,强调为引者所加)

社会是对"第三空间"关系的表述吗？或者,她在这里所使用的社会一词与社会性同义吗？阿伦特对这两个术语的使用并非始终如一,至少有评论者指责她没有保持自己所使用术语的一致性(Pitkin 1998:3,18;Canovan 1974)。尽管如此,至少在《人的境况》的第三部分,她把公共家庭等同于社会,而不是社会性。这样一来,她的关切所在是人类活动组织形式的原初变化和世界-历史变化。在这里,"社会"一词包括大量活动,有"生活"空间与"工作"空间的分化、支配私人财产的法律的增长,以及人类劳动特征的根本改变。

阿伦特对"社会"这个概念的绝大多数论述集中于劳动特征的变化,而在很大程度上忽略了技术革新在通常的工业化历史中的优先地位。像亚当·斯密和卡尔·马克思一样(阿伦特在《人的境况》的这一部分对他们有广泛运用),阿伦特在意的是劳动分工对人类活动模式的影响。我们完全可以历史地来理解这一点,大概在18世纪末开始的大部分人日常生活的转变,是从相对无结构的、地方性协调的、需要导向的生产向常规化、专业化、原子化、市场导向的劳动的转变。阿伦特尽管没有像马克思那样,在"异化劳动"的意义上使用"异化"一词,但她对这些变化的反思与马克思的分析有着显著的相似性,马克思的分析体现在他早期的重要著作中,阿伦特的反思则呈现在对与"社会"的出现相关的因素的分析上。

在阿伦特的著作中,公共家庭的出现是社会性一词的含义的重要部分,但它并没有囊括全部的意义。实际上,阿伦特认为,这种历史叙述是误导人的,有"行为主义"和"经济主义"的味道,它意味着社会主要是一系列在时间中得到历史性修改的经济关系,因为它呈现这一发展时根据的是人类活动的不同"空间"的转变,而没有参照个人的行动。阿伦特推测,社会科学整个地受到这种思

130

维方式的影响,她又认为这种思维方式可以追溯到马克思,这部分说明了她为何对马克思充满敌意。确实,阿伦特在《人的境况》对马克思的一个主要批判,就是认为他要对"社会观点"的确立负责,他既根据一种具体的伦理-实践意识形态重新确定人类关系,又使它成了"整个现代的观点"(Arendt 1958:88)。在考虑了几种对于阿伦特在其早期著作中对这一概念的进一步阐释之后,我下面要回到社会性作为一种观点的扩展上来。

公共家庭的兴起的历史故事,并没有包括阿伦特在其阐述社会性时包括的一些最重要的概念因素。为了掌握它们,我们必须超出《人的境况》,也要越出对这一术语的纯粹的历史理解。对社会性的含义的一个不同但富有影响的解释,更多地考虑了阿伦特这一概念及其"兴起"的弥漫性特征,塞拉·本哈比波在其《阿伦特不情愿的现代主义》(*The Reluctant Modernism of Hannah Arendt*, 2003)一书中提供了这种解释。在这本书中,本哈比波指出了阿伦特早期著作——尤其是《极权主义的起源》和《拉埃尔·瓦恩哈根:一位犹太女人的一生》——的重要性,以此强调阿伦特的社会性范畴所具有的异乎寻常的核心地位。首先,正如本哈比波指出的那样,阿伦特在《极权主义的起源》中强调资本主义是对利润的无限追求,它是现代社会秩序的确定原则(Benhabib 2003:77-9)。其次,在关于瓦恩哈根的传记中,阿伦特论述了18世纪沙龙文化中发展出来的风尚、行为方式和交往礼仪所标识的活动的变化。这些变化促成了"市民社会"的发展,或诺贝特·埃利亚斯所指的"礼仪"发展(Benhabib 2003:16,27)。第三,本哈比波认为,阿伦特对"大众社会"——所谓大众社会,既是指人口的全面增长,又是指共享经验基础上的夷平后果——的出现的持久关注,在社会性这个概念上,至少是与公共家庭相关的特征一样的重要成分。

本哈比波的著作表明,仅仅把"社会性的兴起"理解为"公共家庭"的出现是不够的,我们必须在比支配着《人的境况》的原则更宽泛的意义上去理解阿伦特对社会性的阐述。因此,她的解释使阿伦特摆脱了过于狭隘的理解,而较早一代的理论家基本上都受制于这种狭隘的理解。尽管如此,本哈比波的分析仍然主要处于一种历史视角之下,不过她强调的发展更着重于阿伦特的早期著作而非晚期著作。然而,在前述的这两种解释中,阿伦特的社会性概念及其兴起还有一个维度没有考虑到。这个维度与《人的境况》的现象学方面有关,它关切的是人类活动的意义。要探究社会性的这一维度,我们首先要转向这本书的一般结构。

社会性与劳动的价值转变

《人的境况》的很大部分是在分析三种不同的人类活动——劳动、制作和行动——的含义(第三、四和五部分)。这三个部分处理的是"人的境况最基本的阐明,无论是从传统来看,还是根据当前的流行意见,它们都在每一个人的范围之内"(Arendt 1958:5)。这本书的第一和第二部分是这三个主要部分相对较短的前言,第六部分则是对人类活动与观念之间关系的广泛反思,这种反思有时甚至漫无边际。

正如这本书的结构所提示的那样,阿伦特明确地区分了劳动与制作,而且是以好几种不同的方式对这两者作了区分。这种区分部分体现在活动所指向的对象的"持久性"上,但更重要的是体现在活动发生的境况上。比如,家具的制造若是有目的的技艺的结果,则可以理解为制作,若它是在装配线上完成,则属于劳动。甚至活动中的"异化"程度(马克思所理解的意义上)也不是决定因素。相反,这一点在于活动对制作者(或劳动者)的意义。一旦所有活动被理解为劳动或"家务",即严格来说或主要来说是服务于

132　再生产个体生命,那就给行动者如何面对自己的活动带来了决定
性的改变。此外,这一改变在一定程度上还取决于用以描述这些
活动的语词的具体关联。"劳动"和"制作"这两个术语所积淀的含
义,对于个人如何理解自己的所作所为,起着主要作用。这一点例
证了《人的境况》的现象学方面,由此也表明,完全采用历史的方法
去理解劳动和制作的含义,是无法令人满意的。

在第二部分的第六章中,阿伦特直接把"社会性的兴起"与劳
动在现代日益成为人类活动的支配模式联系在一起:

> 或许,社会构成了生命过程本身公共组织最清晰的迹象
> 在于如下事实:新的社会领域在相当短的时间里就把所有现
> 代的共同体转变成了劳动者和职业者团体;易言之,它们一下
> 子就变得以维持生命所需的那种活动为中心……(所谓劳动
> 者社会,当然不是说社会的每一个成员实际上都是劳动者或
> 职业者……而只是说,**社会的所有成员无论做什么,都主要把
> 自己的所为看成维持自己和家庭成员的生命的方式**。)社会的
> 这种形式使得人们仅仅为了生命而相互依赖具有公共的重要
> 性,在那里,与纯粹谋生相关联的活动被允许公开显现。
>
> (Arendt 1958:46,强调为引者所加)

阿伦特认为,人们日益根据劳动——即仅仅根据对他们的身体生
命的再生产——来体验自己的各种活动,与社会性范畴的支配地
位日增相应。这种把社会性与劳动活动本身联系起来的做法,在
随后几页再次得到了确认,在那里,阿伦特明确把社会性范畴的扩
张描述为"自然的非自然增长"(Arendt 1958:47)。再后来,她仍然
把"社会的兴起"称作"劳动动物的胜利"(Arendt 1958:320-21)。
这就意味着,阿伦特的"社会性的兴起"观念首先指涉的是劳动范
畴的扩张,要被理解为一种人类活动,行动者赋予它一种特殊
含义。

这个含义中特别重要的一个因素是人类活动的"价值转变"。它是劳动、制作和行动的组成部分，行动者不仅赋予其含义，而且赋予其价值。在现代，这些估价如今源自社会价值，并再生产社会价值，因为劳动和制作已经成了公共领域的一部分。这些活动在公共领域对应的价值发生的等级改变，是现代最重要的发展，对于有历史感的心灵而言，这还是最惊人的发展。

《人的境况》中贯穿的好几个主题都与劳动的价值转变问题交织在一起。其中一个主题是她所谓的社会观点的支配性，她认为，这种支配性浸染了社会科学的根源，而且日益涌进了公共领域。这种社会观点把所有活动的意义和价值简化为各自"生产力"的共同特性。正如马克思所申论的那样，经由"劳动价值论"，一切经济价值最终都源于劳动活动，以至于他的追随者叫嚷着要把这种思维方式扩展到其他领域，包括个人认同、美学和政治领域。

社会科学整个地受到社会观点的诸种价值的影响，这一认知部分说明了阿伦特终其一生对这些价值的源自内心的反对。尽管如此，值得注意的是，作为至善的"生产力"话语至少在当代已经成了政治（民粹主义）右派的咒语，而对它的反对则是许多同情社会科学观点的人的见识。不过，当代的社会科学家在与亚当·斯密的子子孙孙就哪个群体应得到消费特权进行角力时，双方不约而同地都承认了"生产力"在发达工业社会的内在价值，因而他们都是社会观点的忠实支持者。

不过，阿伦特对劳动的价值转变的意涵的充分把捉，则是源自马克思的另一个伟大批评者马克斯·韦伯，他的观点集中体现在社会科学的早期历史中。在《新教伦理与资本主义精神》(*The Protestant Ethic and the Spirit of Capitalism*，[1920] 2011)一书中，韦伯申论，马克思和斯密所分析的劳动分工的转变之前，出现了同样重要的在劳动评估上的变化，这种变化是由激进的宗教信仰"偶然"造成的,它最初与加尔文主义有关,随后又与17世纪的欧洲宗教运动即众所周知的清教主义有关。在韦伯看来,单单经济(或政治)因素不足以说明资本主义的出现;更基本也更早的变化牵涉信徒们对日常劳动活动的态度转变。韦伯申论,由此而来的"劳动的神圣化"成了现代理性资本主义能够发展出来的必要基础。之所以如此,是因为现代理性资本主义与其他变种(韦伯区分了"传统资本主义"、"冒险资本主义"与"贱民资本主义")不同,它依赖于严格的、稳定的、井井有条的工作伦理,并且在文化上强行限制消费,至少在早期的形成阶段是这样。这种结合本身就足以使中产阶级企业主有可能积累可观的资本,从而成为最初的资产阶级。受宗教激励的工作伦理开始支配着资产阶级和成为他们雇员的工人,随后作为"资本主义精神"——没有了宗教内容——继续存在。因此,韦伯的经典研究可以说追溯了"劳动的价值转变"的历史——从劳动被认为是一项天然"艰辛"的活动,其地位在迄今为止的所有价值体系中都只是当作维持生命的必要手段,转变为现代社会中的霸主,成了个人认同的来源、相应的社会分类的标准以及政治权力的基础。

阿伦特对17世纪新教伦理开启的劳动的价值转变与18世纪工业主义的兴起所扩张的劳动的价值转变之间的关系的看法,发展了韦伯简要描述的随后出现的更广泛的文化关联。不过,尽管是用极为不同的术语表达,阿伦特的结论也没有什么不同。韦伯认为,唯灵论在劳动评估上的正当性的衰退,并不必然对伦理造成破坏。相反,伦理会继续存在,不过是作为一套价值——一种"资本主义精神"——存在,对出生在这一伦理环境中的人而言,它缺乏深度、真实性,没有内在的奖赏。因此,他把现代社会比喻为一个铁笼(stahlhartes Gehäuse),在这个铁笼里,人们在他们的生命中注定只能通过劳动来寻求意义,而对于这一领域的意义性的原初证成消逝了。在阿伦特看来,劳动由此意味着社会性——意味着一般意义上的生命过程,当然也包括消费。像韦伯一样,她认为一个赋予生活领域如此重要性的社会使得其成员的个体生命陷入了无意义。然而,阿伦特拒斥了支撑着"铁笼"论的观念,即劳动有侵吞和渗透所有人类活动的危险。相反,阿伦特认为行动领域——人的自发性之源和人类不可预测的"开端"能力——会抵制这一趋势,并且继续成为不可预测和史无前例的事件之源,尤其是在行动占支配地位的核心领域,即政治领域,现在让我们转向这一领域。

社会性与政治性

阿伦特社会性概念的最后含义,与政治性相关并形成对照。这两个范畴彼此并列,而且由于家庭变成公共的,而呈现为某种程度上的对立。政治领域是言说和行动发生的空间,在那里,人们作为平等者和独特的个体聚集在一起,作出引导着共有未来的决定。通常,阿伦特的"社会性的兴起"观念常常被认为意味着"政治性的衰落"。

无疑,人们可以在阿伦特的一些著作中找到支持这种解读的内容。比如,在《论革命》中,阿伦特认为,导致法国大革命的恐怖的主要条件之一,就是新政权在面对大规模人口的温饱这个充满威胁的问题时,没能产生一个"奠基性"的宪政基础。因此,对"生命过程"的关注成了政治决策和治理的一个指导性因素,从而导致灾难。与之相对照,阿伦特认为,美国革命之所以能成功,恰恰是因为无视大多数人的极度贫困处境。由此一来,"社会问题"就与政治领域保持了足够的距离,从而使得宪法的制定者能够承认每一个人的言说和行动,为法治确立一个新的"奠基"。反之,她说,"法国大革命从把他们从黑暗的悲惨境地带出来的不幸者……为一个意志所驱动……促动他们的是对面包的需求,而这种对面包的要求总是会以一种声音喊出来。因此,就我们都需要面包而言,我们实际上都一样"(Arendt 1963:94)。这不是说阿伦特残酷无情,而在于表明如下一个基本事实(马克思以及社会观点的其他早期理论家都曾把这种残酷无情强加给他们那些 19 世纪的保守派对手):唯有在基本需要得到保障的地方,自由思想、言说和行动才有可能。

阿伦特关于社会性与政治性在现代的关系的观点,还有一个形成鲜明对照的解释,它认为阿伦特更接近那样一些理论家,他们认为政治是一个独特的、自主的人类行动领域,所遵循的原则截然不同于那些支配着道德、经济和市民社会领域的原则。(马克斯·韦伯的"政治的相对自主"观念,就是这种观点的一个例子)根据这种解释,行动范畴以及政治领域一直存在,甚至在现代变得更具有支配性。如此一来,"社会性的兴起"和"政治性的衰落"并不必然相关。在许多地方,阿伦特都提到了行动的不可摧毁、开端的能力,以及它不断挫败种种控制、预言甚至预告人类未来的尝试。当然,在阿伦特写下这一观点著作之后的这些年里,不缺让我们惊讶不已的政治能力:柏林墙的倒塌以及更近的阿拉伯世界的革命浪潮,不过是我们想到的最著名的例子而已。只是,这一观点仍无法真正与阿伦特多次表达的如下恐惧协调:社会性有可能完全吞没政治性。

另一个处理社会性与政治性之间关系的方法,更富成效,它强调这两个领域之间的区分自身如何成为一个"政治"问题。这一思想进路说明了阿伦特在《人的境况》中的一个最引人注目但令人困惑的评说,在那里,她声称官僚制是"最具社会性的政府形式"(Arendt 1958:40)。这种观点的源头,或许可以追溯到社会学家卡尔·曼海姆的著作,阿伦特在海德堡念博士学位时曾与他相遇。

尽管在那时,他的思想让她感到愤怒——她发表的第一篇文章《哲学与社会学》(Arendt 1994)就是对他的主要著作《意识形态与乌托邦》(Mannheim[1929]1960)的强烈批判——认为它是社会观点的绝佳例证,但是他的思想在后来对她影响很大。在《意识形态与乌托邦》一书论"科学的政治"的关键章节中,曼海姆区分了"政治"与"行政",并且认为"当一个官员的日常生活,就是根据现存的规章处理当前事务……那我们就身处行政领域"(Mannheim[1929]1960:113)。与之相对照,

> 当外交官到外国去缔结前所未有的条约;当议会代表通过新的税收措施;当一场选举运动得以进行;当某些反对组织准备反抗或组织罢工——或者当以上种种全部被镇压,那我们就身处政治领域。

> (Mannheim[1929]1960:113)

曼海姆指出,这两个领域的分界线并不是固定的,任何应用这一区分的现象(曼海姆所举的例子是一场社会运动和一系列行政举措)都不可避免地混合了这两个领域的因素。但是,曼海姆认为这一区分非常有用,不仅可以作为政治学专业学生的理想类型,而且它自身可以作为一种"政治"工具。这一点或许在他对"官僚保守主义"的本质的著名诊断中最为明显,在那里,他把官僚保守主义的本质确定为"把所有政治问题转变为行政问题的……基本倾向"(Mannheim[1929]1960:118)。

阿伦特并没有明确使用"政治"与"行政"这一对术语,但是这一观念强烈地回响在她的如下洞见中:在现代社会中,由于官僚政治的支配性,社会性侵蚀了政治性。官僚机构处理起政治问题来,仿佛它们就是些与生命过程相关的常规活动问题。因此,他们扩宽甚至忘记了行动与对行动的责任之间的距离。这虽不会毁灭政治行动,但使得政治行动覆盖在与"家务"相关的"黑暗"之中,由此

摧毁政治行动的公共特征。除了这一倾向导致的权力的不负责任外,它还造成了潜在的法律和道德"黑洞",个人和团体发现自己悬在其中,因为没有人能够对自己的处境作出判断。因此,政治领域的"官僚制"有可能成为"无人统治",阿伦特认为,这"必然不是没有统治;实际上,在某些情境下,它可能是最残酷、最专制的一种统治"(Arendt 1958:40)

结　语

在阿伦特的著作中,什么可以算作社会性,并没有确定的或准确的分界线。她对这个术语的使用,有时并不一致,似乎总有多出来的含义。尽管如此,恰恰是因为阿伦特拒不为"科学的"现代学术所限,拒不接受学科边界的共识以及常常从中流出来的学究气,才使得她能够提出启发性的诊断和解释。她对社会性的分析无疑是这样的情形,这一分析持续对我们现代世界的特征、我们价值导向的优先性以及我们政治的走向提出了启发性的问题。

阿伦特论权威与传统

⊙ 道格拉斯·B. 克鲁斯梅尔

传统是一种对于信念和习俗的话语建构,它基于如下这样一个假设:遗传模式在跨越世代的传递过程中保持着历史连续性。tradition 这个现代英语词,源自拉丁文 traditio,意思是"遗留"或传递,用在法律上则意指财产的转让。更宽泛地说,传统是一个规范的知识模式,借此人们可以理解一种与时代相关的社会形象,而且可以把与过去的关联看成是当前制度和行动的权威之源。这些权威之源可以通过各种结合进行概念化,作为约束性的标准、行为模式、典范性行动、先例以及起源的说明。因此,在许多情形中,传统和权威的基础是相互依赖的。对一种传统的规定性信息内容的解释,总是与当前人们如何构想权威联系在一起,而传统也规定了构设权威所用到的术语。

在汉娜·阿伦特看来,能够进行区分是思考的标志之一,可是她发现这种能力在当代社会科学家的讨论中遭到了严重损害(Arendt[1961]1968:15,95)。诸如权威、权力和暴力这些基本概念"指涉的是显然不同的现象,若非如此,它们根本就无法存在"(Arendt 1972:142;[1961]1968:136)。然而,我们今天使用这些概念时,在它们的语言学意义背后没有任何历史感,或者说,不再与政治经验有关,而它们正是源于这些政治经验。相反,这些概念在绝大多数情形下是被抽象地定义的,根据的是它们在理论地构想的各种政治体系模式中应发挥的功能。比如,她因此说道,"如果暴力与权威发挥着同样的功能——即让人服从——那么暴力就是权威"(Arendt[1961]1968:102-3)。因此,当代的分析者用"威权主义的"一词来指称其统治基于暴力的政体,而在传统上,这个词所指称的政体则受到法律的束缚,并且通过援引先验的权威来证明统治的正当性。或者,在今天,像权威这样的术语完全瓦解了,变成了诸如合法性权力这些更为一般的观念。因此,这些概念的意义不仅被相对化以适合手边的理论,而且其意义据它们所服务的功能而变得可替换。通过探究权威这些传统概念的原初意义,阿伦特试图恢复它们已然丧失的丰富性,同时也表明那个携带着这些概念的传统如何扭曲了它们(Arendt[1961]1968:15)。

阿伦特对于传统和权威的失落的分析,当然可以描述为宽泛意义上的知识分子所具有的现代性分析,不过,它在很大程度上直接源于她的极权主义遭遇。她由这一遭遇而断言:

> 我们不再能够接受过去好的部分,简单地称之为我们的遗产,抛弃过去坏的部分,简单地认为它是已死的重负,会在时间中葬身于遗忘。西方历史的潜流最终浮出了表面,侵蚀了我们的传统的尊严。这就是我们生活于其中的现实。为什么想要逃离严酷的现实,躲进怀旧性的完整过去或沉迷于更好未来的种种努力都付诸流水,原因也在于此。

> (Arendt[1951]2004:xxvii)

她的处理方式源于如下前提:"思想本身源于活生生的经验事件,因此必须把它们当作思想走向的唯一路标"(Arendt[1961]1968:14)。大屠杀带给她的震惊,"就像一个被撕开的深渊"(Arendt

1994:14),位于这种经验的中心。这样一个事件竟发生在欧洲的心脏,这让阿伦特觉得"根本没有人们可以有效地诉诸的终极",像超政治的标准、形而上学的绝对或宗教教义那样让人觉得受到限制(Arendt 1979:314)。若要对阿伦特处理权威和传统的方式作一个概览,则需翻阅她漫长生涯的多样作品,不过这一处理方式背后的核心关注,则几乎没有什么变化。

权威和传统曾是什么?

140

　　阿伦特在讨论"西方思想的伟大传统"时,思考的是有教养的精英所阐述的文献,其内容取自哲学、法理学和神学的资源(Arendt 1958:234)。她构想传统用的是单一术语,它们基于对遗留下来的模式的一个抽象重构,这些模式可通过追溯思想史而获得,而她针对传统而发展出来的批判立场,就是基于这种具体化。她强调,无论什么传统,它所提供的都是一种对于社会与其过去的关系的高度选择的、程式化的描述,而且,为了突显所谓的连续性,多样性和冲突被有意掩盖起来。正如她所评论的那样,"传统让过去变得有序,不仅按年代顺序加以排列,而且首先是系统性地区分积极与消极、正统与异端,并且把固有的相关的意见和数据与大量无关的或只是有趣的意见和数据分开来"(Arendt 1968:198-9)。传统既提供了一个集体的记忆框架,也为集体提供了一套理解当前事件之意义的解释性路标。阿伦特区分了传统和传统主义,传统是深嵌于共享的假设、偏见、风俗和习惯的实践,而传统主义则是在一个遭受着彻底变迁的社会中颂扬传统之作用的思想辩护。在她看来,这样一种辩护,比如埃德蒙·柏克在对法国大革命的批判中提出的辩护,注定失败,因为它的出现是传统不可避免的衰亡的征兆。在某种程度上,传统的束缚性力量在于人们对其核心前提的一种无意识接受。正是这种大致的接受提供了默会知识或"常识"的共享基础,即一套集体用以判断世界的标准以及对这些判断进行交流的一套共享词汇。

在对权威进行概念化时,阿伦特强调,权威的运用既不涉及通过推理进行的劝说,也不是基于威胁或暴力的强迫(Arendt[1961]1968:93),而是基于对某个人或某个职位的尊重,这种尊重源自于权威持有者在能力、品格和判断上有着值得称道的品质。对权威表现出来的顺从有一个双方同意的维度,因为权威仍保留着自由选择的因素,可以给予,可以保留,也可以质疑。与此同时,权威的等级关系蕴含了一种请教的义务,即顺从使得听从所提供的方向或所主张的标准变得必要,哪怕它们并无坚实的基础。就劝说是必要的而言,顺从更多地归因于推理的说服力,而不是对权威持有人的尊重。权威的能力范围仅限于劝告、开启、建议或给予指导,而不能下命令或作要求。权威也具有对其能力范围内的问题的责任,也就是说,对权威的承担者与那些顺从其指导的人共享的世界负有责任(Arendt[1961]1968:190)。在政治领域,既定权威是稳定的关键来源,因为短暂或暂时不是它的特征。她主要感兴趣的是权威在这一领域是否起到了作为连续性、可持续性和稳定性之关键基础的作用。

阿伦特认为,权威若系于传统则最具有稳定性,她从罗马的auctoritas概念中看到了这一点。正如她所评论的那样,"罗马人所构想的历史乃是储存源自实际政治行为的范例的宝库,用以展示传统、祖先的权威向每一代人所做的要求,以及过去为了当下人们的利益所积累的东西"(Arendt[1961]1968:64-5)。她这种从现代对语词的滥用中恢复这些语词的原初意义的语用学方法,源于如下认识:"任何时期,当它自己的过去变得和我们看到的那样可疑,最终都会遭遇到语言现象,因为在语言中,过去根深蒂固地被保留了下来,顽强地制止了所有想一劳永逸地根除它的尝试"(Arendt 1968:204)。

阿伦特指出,auctoritas 一词在动词 augere("增强"或"增加")和名词 auctor("作者"或"发起人")有其根源。这些词根的意义表明了奠基观念对于罗马人在理解传统上的重要性,以及把权威当作传统的保护者、陈述者和扩展者的运用中的重要性。与把传统当作没有固定起源的永恒观念相比,罗马人认为城邦的奠基具有神圣的重要性,是他们每一代人深信且传递给后代的传统的基石。罗马的建造,不只是像一个建造者根据设计师的设计建造一个住所,而且有一个作者,他为罗马传统注入一套充满生机的原则,或者一种集体精神,引导着政治体的发展,并使其人民受制于它。这一理解的核心观念,即 mos maiorum("祖先的习俗"),反映了罗马人是如何紧密地把公私领域的行为标准与过去联系在一起。通过加强祖先的习俗,罗马的宗教实践和信仰强化了传统的束缚性特征。阿伦特说道,"只要传统不被中断,权威就不会受损;行动却没有权威和传统,没有公认的、历史悠久的标准和模式,是不可想象的"(Arendt[1961]1968:124)。在罗马共和国中,权威以制度化的方式赋予了元老院,它由精选出来的有着高贵血统的杰出年长者组成。元老院的正式作用是在公共问题上提供建议,而罗马政治体的 potestas(宪制权)则被赋予了人民大会,指挥权则被赋予了治安官。

142

阿伦特认为,罗马确立的权威、宗教和传统的"三位一体"是指导现代整个欧洲历史的文明秩序的基本的稳定原则。这几个因素的结合非常紧密,彼此纠缠在一起,可以说,任何一个都无法脱离另两个而独自存在。正如她所说的那样,"过去,就其作为传统传承下来,就有其权威;权威,就其作为历史呈现自身,就成了传统;……接受没有宗教基础的权威,往往没有约束性"(Arendt 2005:73)。

这个三位一体保存了下来,但是,由于古代晚期基督教的兴起,它被重新构造。基督教会把自己的开端理解为一个共同体,认为从中发展出来的传统也是围绕着一个原初奠基者的观念,而这个奠基也被认为是一个世俗事件。当教会开始在政治领域主张自身时,她"就采用了罗马人关于权威与权力的区分,为她自身要求元老院的古老权威,而把权力——在罗马帝国,权力已不在人民的手中,而被皇室垄断——留给世界的君王"(Arendt[1961]1968:126)。这一重构尽管把权威的世俗基础从政治领域中移除了,但它保存了三位一体的关键成分。同样地,教会关于神在来世奖惩的威胁的教义,有助于加固行为和道德的习俗标准。权威、宗教和传统的这种罗马式三位一体,一直到新教改革才第一次遭到重大挑战。

权威与传统的终结

在阿伦特看来,由于新教改革,"伟大传统"开始丧失其停靠处,在 19 世纪进入死亡的阵痛,最终在 20 世纪初破裂。这一传统的衰朽仍使大部分外在形式完好无损,甚至其内容变得越发神圣。很多人依旧坚持着外在形式,却没有认识到自己脚下所踩的那片土地已然发生了转变,而另一些人在面对日益严重的挑战时,则时刻准备着展开充满激情的防卫。阿伦特说,"传统的终结并不必然意味着传统的概念丧失了对于人心的力量。相反,随着传统丧失了活力,人们对于开端的记忆慢慢褪去,传统那些陈腐不堪的观念和范畴有时甚至变得更加暴虐"(Arendt[1961]1968:26)。尽管阿伦特留心于如何在最高的思想层面上提出和反思传统的败坏,但她始终坚持认为"改变世界的是事件而非观念"(Arendt 1958:273),从未动摇。因此,与那些同后现代主义联系在一起的围绕文本展开的审美解释相反,阿伦特对话语的分析预设了文本之外有一个文本的作者对其作出回应的自主世界。

宗教改革开启了一个漫长的世俗化过程,最终撕裂了罗马的三位一体(Arendt[1961]1968:69-70,128;1963:16)。通过挑战天主教会的世俗权威,路德及其追随者不仅抽掉了政治领域中一切权威的基础,而且切除了宗教法规和约束对传统的影响。科学革命的壮观成就破坏了人们对于继承下来的传统智慧、外部实在的知识(通过习俗的实践检验得到证实)、具体而微的日常经验和习惯以及经由启示得到揭示的真理观念的信心。它也有助于激发托马斯·霍布斯这样的 17 世纪政治哲学家开始在神学与政治思想之间打入一个楔子,比如对自然法、人性和文明秩序的前提加以概念化(Arendt[1961]1968:56,70,76)。任何无法通过理性的科学方法确证的关于世界的理解,日益被相对化为一种纯粹表达,关涉的是偶然趣味、主观判断以及原子化个人充满偏见的自利。随着基督教丧失其权威,来世报应的传统观念也逐渐损坏,由此剥夺了神的裁定这样的道德习俗(Arendt[1961]1968:31-2,135)。

19 世纪历史主义的兴起,进一步颠覆了传统作为连接过去与当下那值得尊崇的典范的权威)(Arendt[1961]1968:61,82-5)。历史主义强调过去年代彼此有着显著区分的独特性,由此抽掉了历史之为人类戏剧全景的假设,在这出戏剧中,所有人物都行走在同一个舞台上,分享着同等价值的共同人性。传统的连接线预设了重复、永久和稳定观念,即每一代人都会以继承下来的模式行动,新的历史主义观点则是根据动态发展过程的线性序列来理解不同年代之间的连续性。发展概念假定历史变化朝着一个特定的方向演进,其中每一个相续的年代都在这个整体的不断展开中扮演着自己的角色。阿伦特认为,这种历史观在黑格尔那里达到顶峰,黑格尔通过他的辩证方法能够把这一历史过程中所有的断裂、矛盾

144

和歧路整合为一个抽象的体系。他的这种做法不仅把人类历史的所有具体殊相相对化为这个抽象体系演进的暂时表现,而且用一种新的理性的概念框架取代传统,把最终权威归于世界精神的向前展开,而这只有从传统之外的视角才能把握(Arendt[1961]1968:28-9,38-9)。

工业革命不仅通过工具理性的应用提供了进步观念最有力的显现,而且劳动和生产组织的彻底转变也毁灭了传统得以构型的文化、经济和社会结构。在现代市场社会,道德价值成了毫无自身内在价值的社会商品,而且相对化为一种根据其所发挥的功能的手段/目的计算。根据阿伦特的说法,"'善'丧失了其作为理念的品性,即衡量好坏的标准;它成了一种可以与其他价值交换的价值,比如实用价值或权力价值"(Arendt[1961]1968:33;也可参看Arendt 1958:163-7)。传统衰微的征兆之一,就是大众意识形态的兴起,它作为一种新的政治话语形式,从纷繁复杂的具体经验中提取了一个无所不包的世界观,并凝聚了一种自己的内在逻辑。

在此背景之下,这个世纪最敏锐的思想家"把他们的世界看成是一个新问题和新困惑不断涌入的世界,而我们的思想传统对这些问题和困惑无能为力"(Arendt[1961]1968:27)。克尔凯郭尔、马克思和尼采通过对传统的反抗,一起终结了传统(Arendt[1961]1968:27)。面对着宗教真理遭受无孔不入的怀疑吞噬的时代,克尔凯郭尔力图通过接纳信仰的荒谬性(它是个体真正的宗教经验的一个特征)把信仰从怀疑中拯救出来。马克思则认识到了工业革命引起的剧变,由此他在人类独有的能力排列上,颠覆了传统关于劳动与沉思的等级,力图把哲学的目标从理论重新调整到实践领域。尼采则抨击了柏拉图主义的区分——即作为客观实在的先验领域与作为欺骗性现象的感性领域之间的区分,它一直是西方形而上学的基石——断定人是其自身价值的创造者(Arendt[1961]1968:29-40)。

　　尽管这种对传统的反抗意味着传统的日益萎缩,但一直到20世纪第一次世界大战以及随之而来的灾难深渊中,传统才"破碎"(Arendt[1961]1968:26-7;Arendt 2005:146-62)。战争摧毁了掩盖着欧洲社会日益增长的冲突和矛盾的进步、安全和秩序幻象。它表明了现代社会的巨大力量远远超过了任何可见的政治、法律或道德规范,控制着同样针对平民和士兵的日益攀升的暴力。在它的唤醒下,极权主义运动兴起,使意识形态思考变得激进,从而把恐怖当作一种主要的统治工具,摒弃传统对于政治行为的任何限制。阿伦特评论说,极权主义政府的残酷现实和史无前例特征,"显而易见地摧毁了我们的政治思想范畴和政治判断标准"(Arendt 1994:310)。极权主义的新颖性体现在纳粹所创造的死亡营上,借此他们执行着产业化的大屠杀,意在把整个人的范畴从地球上消除。在阿伦特看来,这种新型犯罪的性质无法用传统的恶的概念来理解,也无法在现存的法律和政治框架下得到适当的惩罚。极权主义的经验表明,向来认为可以用来抵抗极权主义兴起的传统,实际上已然死去。正如阿伦特所说:

　　　　道德瓦解为一套可以随意改变的纯粹风俗、风格、习俗和惯例——这种情形不是发生在罪犯那里,而是出现在普通人身上,只要道德标准为社会所认可,这些普通人就从未想过去怀疑那些要他们相信的东西。如果我们承认,就像我们必须要承认的那样,纳粹的教条在德国人民那里消失不见,希特勒的罪犯性道德在"历史"宣告其失败的那一刻立即颠倒了过来,那么这里提出的问题就还没有得到解决。因此,我们要说,我们见证了"道德"秩序的完全瓦解,不是一次,而是两次,与人们常常沾沾自喜以为的相反,这种向"常态"的突然回归只能增加我们的怀疑。

　　　　　　　　　　　(Arendt 2003:54-5;也可参看 Arendt 1978b:177-8)

146　正是基于这一经验,阿伦特断言,无论是复兴传统的标准还是塑造新的普遍性标准,都只能是徒劳,因为不再有可能赋予这些标准以足够的权威来确保大众的持久忠诚(Arendt 1979:314)。传统已然表明无法应对的现代挑战和病理,依然没有得到解决。此外,一旦我们从全球政治的观点来看人类文化的丰富多样性,那么确立新的权威的超政治的或形而上学标准的困难就变得更为复杂(Arendt 1968:84-7)。因此,由于第二次世界大战远比第一次世界大战更具毁灭性,加上处于核武器这种新技术的阴影下,所谓的战后重建无异于建立在流沙之上(Arendt[1951]2004:xxv)。

权威与传统的批判

在阿伦特看来,人们所面对的危机显现在无处不在的异化、无意义和现实的主观化经验之中(Arendt 1958:254-7,273-89,320-25)。公共领域的丧失和政治的工具化,已然使人们丧失了对人类行动和自发能力的认可。这种把危机理解为现代性特有境况的做法,预设了在这种境况出现之前曾有一个时代。对阿伦特而言,传统和权威的接替是这场危机的两个明确特征,因此,理解它们在过去所扮演的角色是理解当前危机的关键。鉴于她对当前的冷淡评价,也不愿一下飞入对于未来的乌托邦景象,那么,返回到碎片化的过去去探询对于思考今天可用的资源,就是仅有的几条敞开着的道路之一。实际上,她确实非常强调记忆之于思考的深重影响。在这个意义上,她的路径有着怀旧色彩,这一点不时地反映在她对过去的理想化处理上。然而,她不仅拒斥任何有关克服传统之断裂的愿景,而且尖锐批评传统的概念光谱在很大程度上模糊和扭曲了过去政治经验的基本方面。她把自己的路径等同于"那样一些人的路径,他们一段时间以来试图摧毁形而上学以及具有形而上学范畴——我们所知的自古希腊开始至今的范畴——的哲学"
（Arendt 1978b:212）。她对传统的批判基于如下前提性的认识：
"历史和传统不是一回事。历史有许多的开端和结束,每一个结束
都是一个新的开端,每一个开端都终结了过去之事"（Arendt 2005:
43）。因此,传统的断裂开启的一扇从新角度挖掘过去的门,从而
可以从新角度去考量所呈现之物,但绝不是要去把已然碎片化的
过去编织为一个新的统一模式（Arendt[1961]1968:28,94）。在阐
释这一点上,她对瓦尔特·本雅明的路径的描述,同样适用于她
自己：

> 就像潜入海底的深水采珠人,不是为了发掘海底使其重
> 现天光,而是尽力摘取海底深处的珍奇异宝、珍珠珊瑚,把它
> 们带出水面,这种思考深入到过去的海底——但不是为了恢
> 复其往日的样子,使已然灭绝的时代重新恢复。
>
> （Arendt[1961]1968:205）

因此,在处理过去时,阿伦特并不是从历史学家的观点——他们为
了根据自己的术语来理解过去而对过去加以语境化,这与我们自
己的观点截然不同——进行书写,而更多的是从流落荒岛的失事
船员的角度出发进行书写,看看灾难之后他们流落的地方还可以
找到什么资源。因此,她对被传统遮蔽的政治经验的说明,更多依
赖的是从精选文本的推论,而不是可见资源的系统探究。

在阿伦特看来,古希腊的城邦（polis）是探究极端偶然事件的
一个历史范例,人类行动的表现性质和关系特征是这种政治经验
的核心。通过考察罗马的权威概念,她不仅试图强调它的独特性
能够作为说服和命令的替代选择,而且还表明这一概念如何源于
政治经验而非某种外在于政治领域的东西。同时,她又转向了古
希腊城邦,后者提供了与之相对的观点。她认为,古希腊的政治经
验不可能发展出这样一种对于权威的理解。城邦这一公共领域基

147

于其与家庭这一私人领域的区分。这个公共领域提供了一个其公民享有的自由舞台,他们在共享一般平等的同时也不会失去自己作为个人的独特性。希腊人不仅感受到了这一领域的激烈,而且免除了所有关于支配/顺从、统治/被统治或命令/服从的关系。他们认为这些关系是家庭这一私人领域的结构,它是为了提供生活的必需品而组织起来的。在家庭中,主人像专制者或君主一样统治着奴隶和其他家庭成员。因此,顺从经验在政治领域之外,被认为处于一个较低的位置(Arendt[1961]1968:104-6;Arendt 1958:28-37)。

柏拉图和亚里士多德在把统治观念引入他们的政治理论时,他们所运用的典范正是取自私人领域,并且是从一种对政治充满敌意的哲学角度出发。随着苏格拉底遵从他心中的精灵(demos)的命令赴死,柏拉图的主要政治关切就在于让城邦变得对于哲学家是安全的,即确立理性对于政治领域中的刺耳意见的统治地位(Arendt[1961]1968:104-15;2005:6-16)。由于对说服的有效性没有信心,他试图证成强制的作用,只要这种强制不依赖于暴力工具。在其早期著作中,柏拉图援引专家作为模型,后者基于专业化训练和知识要求别人服从。他在提出这一模型时,把他类比为舵手、牧羊人、医生和奴隶主,这显然预设了明确的等级关系。不过,这些类比并不完全令人满意,因为它们并没有在其关系模型中完全排除暴力,这一点在奴隶主的情形最为显然。他发现,更好的方案就是假设一个先验的观念领域,由此为判断人类事务提供权威的标准和尺度,但是,唯有哲学家能够把握这些标准和尺度,即世界中短暂现象背后的善、正义、勇敢和其他德性的真正“本质”。对于绝大多数不愿接受“理性不可抗拒的力量”的人,他发明了奖惩的来世神话,以此作为一项“政治设计”把绝对的服从标准强加给多数人(Arendt[1961]1968:111,131)。在他的晚期著作中,柏拉图把赞成这些绝对标准的哲学王角色转移给了统治城邦的法律。

亚里士多德虽然拒斥了柏拉图处理这一问题的路径,但他在力图说明政治领域中统治的基础时,从未克服其中的矛盾(Arendt[1961]1968:116-20;Arendt 2007c:942-3;2005:52-60)。一方面,亚里士多德认为这一基础源于统治者与服从者之间的自然差异,这一点体现在主人与奴隶、丈夫与妻子、老年人和年轻人之间的关系上。另一方面,他从自己对古希腊政治经验的观察中发现,并没有什么自然优越性的清晰标志,可以用以区分政治领域中的统治阶级与服从者阶级。为了规避这一问题,亚里士多德假定所有公民在统治和被统治之间不断转换,由此共享统治。然而,阿伦特认为,亚里士多德的解决方案所揭露的无非是如下事实:他所运用的统治概念取自家庭模型,之后他又试图把它嫁接到一种政治秩序理论中,从而与古希腊的政治经验相扞格。更宽泛点来说,把统治概念移植到政治领域所付出的代价,就是扭曲了对于政治行动的理解,即把在同侪之中开端启新这一核心观念转变成了一种命令/服从关系,后者显然是私人家庭的等级关系的构造。

同样的移植也出现在古代晚期,比如罗马皇帝对其治下的官职头衔的规定。他们借用 dominus(意指“主人”,曾用来指一家之主)和 dominatus(意指主人的位置)这一法律术语,来指称政府首脑这一卓越身份(Arendt[1961]1968:106)。由于罗马人没有自己的政治理论传统,他们只好借用古希腊哲学的遗产,特别是柏拉图和亚里士多德的哲学。结果,罗马人把古希腊哲学的概念和范畴融进了他们自己对于权威、法律、政治和统治的理解中。在这一过程中,传统使古希腊政治经验中那些不能完好地符合古希腊哲学范畴的方面边缘化,因此它“看不见作为行动者的人”,看不见与同侪相随相伴的自由经验(这是政治的存在理由),以及看不见作为政治领域之基础的“复多性”这一事实(Arendt 2005:60-61;[1961]1968:146)。至于基督教会,它在提出权威、宗教和传统是三位一体这个综合时,既吸收了古希腊的哲学观念,又利用了罗马的政治制度结构(Arendt[1961]1968:128-35)。由于基督教会承担了越来越多的政治责任,于是它采用了柏拉图关于来世最终审判的说法,以此增强自己对于大众的权威,并强化自己与世俗权力的竞争力。然而,阿伦特认为,"在基督教数世纪的整个发展中,或许没有什么比细数将来惩罚的条目和描述借由恐惧而来的强制的巨大效力,更背离拿撒勒的耶稣的教义了"(Arendt[1961]1968:133)。通过讲述受诅咒者在地狱的残酷遭受,并且为天国之眼注视着,教会把暴力的维度引入了宗教教义的宣说以及制度权威的运用中。

现时代的奠基、革命和权威

在强调权威如何在现代性中消失时,阿伦特意指的只是权威的一种"极为特殊的形式",即包括在古老的罗马三位一体中的权威。这种权威的丧失"并不意味着,至少并不必然意味着,人类建造、保存和照料世界的能力的丧失,这个世界能够在我们死后依然存在,对于那些在我们之后来到的人们而言,它仍是一个适于生活之所"(Arendt[1961]1968:95)。相似地,在分析西方传统的崩溃时,阿伦特并不认为来自过去的多样遗产不再有意义,而是觉得这个特殊的传统丧失了凝聚力和权威。这些遗产赋予了全球各地的人们各自独特的文化身份,而如今这些新的交往、交通和暴力技术不仅有掏空它们的危险,而且它们之间的交流接触也使得人们之间的敌意更加尖锐(Arendt 1968:84-7)。

阿伦特认为罗马的奠基经验可以当作权威的基石,它作为一个范例有助于引导我们今天关于政治的思考。马基雅维利对于这一经验的研究路径,很好地说明了我们该如何从一种新的角度来学习它。她评论说,"他的重新发现的伟大之处在于,他不是简单地复活或诉诸于一个得到明确表述的概念传统,而是亲自明确阐述了罗马人尚未加以概念化而只是根据希腊哲学进行通俗表达的那些经验"(Arendt[1961]1968:138)。在对这一传统的既有智慧进行修正时,马基雅维利对一切把某种先验标准应用于政治判断的做法进行了驳斥,相反,他把 virtù(德性)与 fortuna(命运)之间动态的相互作用确定为政治的基本特征,对此行动者必须加以判断。不过,罗马人把奠基理解为其意义朝向未来的回顾性经验,与此不同,马基雅维利在很大程度上是从要达到的未来目标来考虑的,比如意大利的统一。通过把奠基转换为手段/目的的计算,马基雅维利把这一目标设定为一切手段得以证成的理由,也就是说,只要能达成这一目标,什么暴力手段都可以使用。

在阿伦特看来,新政治体的奠基可能承诺了为权威和传统重建一个安全基础,这一点体现在美利坚合众国的创建中。"在现代境况之下",阿伦特说道,"奠基行动就是设计一个宪法",不过,只有当这种奠基行动所涉及的是人民构建自己的政府,而不是政府自上而下地把一种宪法强加于人民,宪法才能获得持久的权威(Arendt 1963:116,136-9)。美国的建国者们尽管从罗马典范那里获得了启示和洞见,但他们并没有把试验的正当性奠基于传统或先验的权威(Arendt 1963:189,196)。相反,他们强调自己事业的新颖性,并且把他们设计宪法的路径奠基于自己的政治经验。尽管采用了权力与权威的罗马式区分,但是他们把权威授予了最高法院,而不是像罗马人那样留给元老院。这样一来,他们改变了这种权威的特征,即从政治权威变为法律权威。最高法院作为宪法的最高解释者,它在因应时势的过程中不断改变共和国的政府架构,由此不仅保护而且扩充了原初的奠基行动。立法与司法解释之间的边界是否如阿伦特所以为的那样一目了然,这仍是个问题,不过阿伦特并没有通过考察最高法院的法理来搞清这一点。然

151

而,她并没有宣称自己提供了关于奠基的一个全面的历史叙述。相反,她力图从美国宪法中构建一个韦伯意义上的"理想型"(Arendt 1979:329)。这种概念化的路径在于片面地突出现象的某些特征,强调其分析性特点,以达到比较研究的效果。比如,通过突出美国革命与法国革命之间的差异,阿伦特强调在建国行动中,美国的建国者们在很大程度上避免了暴力的败坏影响,当然,独立战争中使用暴力之外。美国人长久以来展现出的对于他们的宪法及其建构者们的敬畏,表明这些奠基行动具有潜在的可持续性,足以作为未来世代人们的稳定、指引、先例和标准的一个约束性资源(Arendt 1963:190-91)。

在把政治权威奠基于人的创作和协议而不是某个先验的绝对之物的过程中,美国的建国者们从孟德斯鸠那里吸取了意见。孟德斯鸠拒斥了柏拉图引入西方传统的自上而下的命令/服从的统治模式,而认为法律是个空间概念,指的是一个关系网,它把不同的活动领域和个人团体联系在一起,并使得他们之间的利益维持下去。因此,阿伦特指出,"在革命前的理论家中,唯有孟德斯鸠从未觉得有必要把一种绝对的、神圣的或专制的权力引入政治领域"(Arendt 1963:180)。他把权力与暴力区分开来,与此同时,在对权力加以概念化之际,避免马基雅维利陷于其中的手段/目的的陷阱(Arendt 2007b:722)。这种权力概念基于如下洞见,即权力的来源是复多个人的行动能力,因此正是行动本身维持着公共领域。总而言之,孟德斯鸠在理论上论证的东西,美国的建国者们在实践中予以了实现。

阿伦特把马基雅维利、孟德斯鸠和美利坚合众国的建国者们,看作是搞清楚我们今天所面临的政治挑战的重要范例,尽管如此,她也没有认为在这些范例那里具有解决更宽泛的现代性危机的方案。虽然说美国的建国者们在公共自由上的经验仍具有启发性,但阿伦特同样也强调这种经验甚至无法持续到下一代。她盛赞议会民主制是最具前途的模式,因为它显明了"如何协调平等和权威",但她同样充分地认识到,迄今为止的所有这种试验都是短命的(Arendt 1963:258-9,263,270)。除了这种在 20 世纪有着短命试验的议会民主制之外,阿伦特再也没有提出其他新的组织性的权威模式。权威和传统的丧失,不仅为重新思考我们与过去的关系和开端启新展现了新视野,而且让我们能够进行"没有扶手的思考",以锻炼我们自己自发的判断能力(Arendt 1979:336)。

致 谢

我要感谢伊利诺伊斯学院(Illinois College)的罗伯特·库纳特(Robert Kunath)和帕特里克·海登,他们仔细阅读了我的文章的草稿,并提出了极佳的改进建议。

第 3 部分

论政治与公共世界

9

权力与暴力

⊙ 伊丽莎白·弗雷泽

权力的诸问题

在论公民不服从的文章中,阿伦特考察了政治思想家们证成其行动和立场的方式,他们要么乞灵于个人良心或灵魂,要么诉诸于城邦或国家的善(Arendt 1972:51;也可参看 Arendt 1963:179)。个人与国家或社会之间关系的问题——它如何随时间变迁,什么在它们之间起调节作用,它们哪一个具有存在论上的优先性,哪一个具有伦理上的优先性——是好些政治理论的核心问题,包括保守主义的种种理论,比如如何对社会权力和政治权力进行概念化并加以解释,权力对于我们理解政治和社会而言有多重要。

在 20 世纪的政治和社会思想中,权力一直是具有高度争议性的话题,如今它依然是一个令学者和学生感到困惑的主题(Lukes 1974;Barnes 1988;Hindess 1996)。对于有关权力的文本、理论和模式的扩散,有许多处理方式,通常的做法则是根据个人或集体的机构或结构展开。强调权力是个人财产的理论,因如下情形而有所不同：它们是否关注行动意图；权力在实际运用时被认为是一种潜在的社会理论，还是说只可接纳为一种社会理论；权力实际上如何运用；个人权力的来源是什么。马克斯·韦伯在这些问题上的贡献，是这一传统中的理论家们的一个共同参照点。另外一些理论家则强调结构和体系，而不是个体行动者。我们关注的则是分配以及保持分配稳定的过程，而不是个人能力和行动。群体、制度和个人与资源有关——它们相对他人的能力和行动是结构的结果，而不是相反。卡尔·马克思的资本论常常就是在这种框架下解读的，当然也不是没有变化。在这种框架下，权力不被认为是个人的一项财产，相反，它被认为是构成彼此相关的个人的力量。

阿伦特对 20 世纪权力论争的贡献具有典型的原创性和独立性，既背离了个人主义和解构主义的路径，又对它们形成了挑战，因为它是以一种截然不同于马克思主义和新韦伯主义的路径观察世界。在阿伦特看来，权力不可能是个人的一项财产——它甚至只是一种潜能，当人们以一种能导致一起行动或合力协作的方式聚在一起的时候才会产生（Arendt 1963：157）。我们甚至不应把它想成是一种能力，像马力一样可以确实地加以测量（Arendt 1958：200）。阿伦特不认为权力可以从抽象概念或独立于人民的资源中产生；她认为人民是权力的唯一来源（Arendt 1963：157，178）。常常不是由人们来实现或运用，尽管他们潜在地可以一起击败暴力群体或个人，或者阻止毁灭性的、破坏性的行动（Arendt 1970：42）。但是，权力是唯一能打造一个世界——一个永久制度的共享世界——的东西（Arendt 1958：200；1963：175）。

因此，阿伦特的权力论述极为独特。在权力主体问题上，她认为既不是个人，也不是结构，或任何这一观念的变种，也不是阶级、有身份的群体或政党，而是在一起的独特的人们。在权力如何运用的问题上，她认为不是通过物理力量，不是通过操控他人的偏好,不是减少他们的选择,也不是种种其他可以在文献中找到的机械主义(Lukes 1974;Barnes 1988;Dowding 1996;Morris 2002)。相反,她认为要靠彼此不同却能够走在一起的人们之间的合力协作。关键是,这种合力协作或明或暗地看重协议、承诺并守诺,让个人在一定程度上确信他人会继续协作(Arendt 1958:237-8;1963:175)。在权力是为了谁这个问题上,她认为不是为了统治或征服人群、个人或阶级,也不是为了保持既得利益。她认为是为了"世界",维持我们彼此相连的那个"在之间"的空间。

至于权力观念在解释历史变迁上扮演什么角色这个问题,阿伦特的论述强调集体行动一再承诺我们对于这个世界的责任,承认世界的"被给予性"——即世界是我们出生时进入并在我们死后继续存在的地方(Arendt 1958:55)。权力的失败也在历史解释中占有一席之地:人们无法一起行动,或者他们错把行政、权威、立法、经济交易或暴力当成权力。在对官僚体制、军政体制和其他政府形式进行解释时,这些错误和失败都是重要因素(Arendt[1951]2004:185,242;1963:91)。

阿伦特权力论述的几个变化

与权威、暴力、真理、自由以及其他概念不一样,阿伦特并没有发表详细论述权力的著作或篇章。如我上面简洁地勾勒的那样,她的论述极为明了。不过,她对这一概念的呈现,更重要的是,她对这一概念的运用,并不完全前后一致。

在《极权主义的起源》这本最早发表的政治理论著作中,阿伦特显然是在"通常的"意义上运用权力这一术语。对于一个群体或阶级而言,"掌权"就是支配。一个全体所拥有的权力可以"增长"和"扩大",帝国主义扩张和支配的过程就是如此。帝国主义通过权力控制着领土、人民和事物。权力被用来支配领土,使资本得到积累。暴力则被当作权力的工具使用。政治组织要求权力并产生权力。权力可以委托给统治者。在这个意义上,权力规定着政治(Arendt[1951]2004:181-96)。阿伦特的这种关于权力的论述,很容易让人想起韦伯在《经济与社会》(*Economy and Society*)的一些章节和他的政治论文(Weber 1978, 2000)。在《极权主义的起源》的段落中,阿伦特援引了霍布斯,提到了马克思。当然,对于她在这里的论述,那些习惯于把权力、支配、政治、政府、独裁和控制放在一起思考的思想家完全不会有意见。在《论革命》中,我们发现阿伦特似乎也默认了马克思对政治权力的论述,即认为它是支配和控制立法、执行法律,以及意识形态,即结合它来控制生产手段(Arendt 1963:62)。在这些段落中,政治多半是围绕统治权力的展开的过程,而统治权力则涉及对领土以及其上的人民和财物的支配和专断。在这一框架下,权力被认为是不值得信任的,而权力的滥用则是一个政治问题(Arendt 1963:146)。

158 　　可是,在《论革命》的后面部分,阿伦特却认同孟德斯鸠的洞见,即统治者所谓的权力根本不是权力,而是暴力:"垄断多数人之权力的那个人倍增的力量"(Arendt 1963:151)。因此,在她对美国革命和宪政传统的解读中,在古典政治理论的某些因素中,阿伦特发现了如下原则:彼此相异且分开的人民,因其承诺和达成一致的独特能力,是权力之源。这是一种截然不同的正当权力。它与暴力无关,也有别于力量。它"只有在人们为了行动而聚在一起时才会形成,而当人们无论出于何种理由一哄而散、彼此疏远时则会消逝"(Arendt 1963:175)。

　　在《人的境况》和其他论文、演讲中,阿伦特始终在后一种意义上运用权力概念,认为规范的权力概念应该这样来理解和思考(Arendt 1958:200-203;1970:43-56;2003:106)。在这个意义上,权力与社会、经济、宗教、暴力和家庭的逻辑相比,始终是脆弱的。在许多社会条件下——比如,那些有许多群体被系统性地排斥的分割或隔离社会,或者,个体间有丧失区分度的同质化压力的大众社会——"那个聚集、联系又分开我们的权力"就会丧失(Arendt 1958:52)。

我们可以把这一权力概念和理论称为规范的。当然,这不是在日常话语或主流社会研究的意义上说它是正常的,因为我们已经看到,它显然有悖于日常语言。这里的规范是说,阿伦特主张"权力"这一术语应这样来运用;我们就应该如此来理解权力——它应该是正常的。因此,许多我们想要置于权力这一名目下的许多现象——比如暴力、权威、主权等——就要有完全不同的用法,要排除在权力概念之外。此外,之所以这一权力概念是规范的,还因为世界就应当如此。无论我们的政治和社会关系如何没有突显这一意义上的权力情形,哪怕从现实来看,我们难以让这样意义上的权力变为现实,这都与事情应该如何这一问题没有关系。在阿伦特看来,世界应该如何的概念理解,其正当性理由在于阐明事情过去如何、可以如何。在 20 世纪,有许多这种基于人的平等的权力例子(Arendt 1972:190)。

不过,通过她的论文,阿伦特还论述了其他权力概念的缺陷和问题。比如,卢梭那个作为个人意愿以及个人和集体主权的权力观念就很有问题(Arendt[1961]1968:163ff.)。在另外一些地方,比如当她论述 20 世纪的国家时,她又在非规范的通常的意义上使用权力这一术语(Arendt 2003:38,45)。毫无疑问,阿伦特著作中对权力这一术语的应用——在不同的论文、不同的章节中,为了不同的目的而采用不同的意义——可以说有点捉摸不透,当然,若细心地考虑其应用的语境,她的分析还是很清楚的。

暴　力

《论暴力》(*On Violence*, 1970)是阿伦特对权力作了清晰的概念化说明的关键文本之一。在这篇论文中,阿伦特关心的是把暴力与一系列通常与之相混淆的概念和现象区分开来——最著名的有政治和权力。在那里,阿伦特对通常人们所以为的权力展开了持续的批判,强调权力——以及政治——依赖于数量和关系;它是一起行动的能力。它不被工具性地认为是达成目的的手段,而被认为是行动的境况。权力的恰当运用无须证成,因为它是政治和政体的境况(Arendt 1970:42-55)。这里的关键在于,权力和暴力恰好对立(Arendt 1970:56)。

在这篇论文中,阿伦特对暴力与政治之间关系的一系列阐述,主流的和反文化的,都作了回应。她把韦伯对暴力的分析说成是终极权力,是与其他形式的权力结合在一起的核心统治工具(Arendt 1970:35-6)。在这一传统中,权力被理解为命令,而人对人的统治则被认为是政府不可或缺的部分(Arendt 1970:38-40)。这一传统的问题在于,它夸大了人民对法律或命令的服从;因此,它在人的境况理论和政治理论中被曲解。这一思想流派沉湎于控制,易于谈论对暴力的策略性应用(Arendt 1970:4,6)。因此,它未能看到阿伦特规范意义上的权力与暴力之间的对立。在阿伦特看来,暴力是非政治的——实际上是反政治的(Arendt 1970:64)。我们也可以把暴力看成是前政治的,因为有时在战争或骚乱这些暴力之后,随之而来的是新的协议、宪法、法律框架以及相应的政治生活(Arendt 1958:31)。但是,它至多是公共政治领域的边缘现象(Arendt 1963:19)。

阿伦特对暴力之反政治性的解释,对于阿伦特针砭在革命和反殖民背景下对暴力的反文化颂扬和运用也至为重要。美国和欧洲的反战和反国家运动的激进分子,公民权运动的继承者,都认为暴力的运用是合理的,在阿伦特看来,这不禁令人想起乔治·索雷尔(Georges Sorel)、弗朗茨·法农的传统,尤其是让-保罗·萨特对法农的解读(Sorel 1999;Fanon 1965;Sartre 1965)。阿伦特针对这些论点,挑出了一些问题。第一,她认为马克思遭到了歪曲;人们以为他把暴力看作历史变迁的发动机,资本主义在本质上是暴力的。因此,这种解释奠定了如下观点:革命运动必须使用暴力,这既是因为它可以说在历史上是注定的,也是因为资本主义和殖民地社会弥漫着不可避免的暴力。但是,马克思申论,驱动历史的是矛盾,而非暴力本身。他的理论还强调资本主义的非暴力机制,并且告诫人们要提防一切基于更好未来梦想的政治(Arendt 1970:11-12,20-21)。

　　第二,阿伦特抨击了她认为这些理论中存在的危险的生物学论点。毫无疑问,在古典和现代的社会理论中,生物学隐喻随处可见。比如,马克思所使用的隐喻:新时代是孕育在旧时代之中的种子(Arendt 1970:26)。更糟糕的是,阿伦特自己的时代见证了社会生物学的兴起和发展,它从野生动物的进攻性中推断人类社会的政治组织(Arendt 1970:59 ff.)。把动物的攻击性与伦理义愤混淆在一起,这是十分可笑的(Arendt 1970:63-4)。义愤是理性的;当然,它有时会成为运用暴力的一种动力。在某些情形下,我们甚至会认为这种暴力是正当的(Arendt 1970:64)。但是,这与政治没有什么关系,它完全不会产生任何(创造性的)政治效果。第三,这种生物学论点与更加危险的卫生学论点联系在一起。在索雷尔和法农那里,我们发现他们都提及了暴力的"净化"效果,即它对身体的影响,以及对因受其鼓舞而膨胀的犯罪者的自我的影响。暴力被错误地等同于创造(Arendt 1970:69,74)。这种生物学论点一旦把种族的历史构建纳入它们的范围,那显然就是危险至极了(Arendt 1970:75)。

第四,法农强调暴力的共同参与者之间形成了一种纽带(Arendt 1970:67)。针对这一点,阿伦特重复了她在《人的境况》以及其他论文中反复强调的一个论点,即这种团结的纽带是反政治的,它是无言的和无世界的,因为它设定了一种"自然的"关联(Arendt 1970:68-9;1958:256)。政治权力和行动基于言说,基于我们彼此向对方阐明另一种可能的正当性和性质(Arendt 1958:3-4,26,176-80)。当然,根据团结来思考政治非常普遍。然而,阿伦特一次又一次对这一观点提出了质疑——共同政治生活的标志,不是团结而是复多性,不是肩并肩而是不同个体的彼此互动。

第五,阿伦特致力于揭穿策略理论的真相——以控制计划为借口,用所实现目的的善证明手段的合理性(Arendt 1958:6)。1960年代的冲突——针对军事国家的反战运动、针对公司权力的反资本主义行动——常常是两种对暴力的颂扬之间的冲突。一方面,国家官员确信可以合理地、策略地运用暴力;另一方面,反抗者则确信针对国家暴力的唯一回应策略就是暴力。

阿伦特的暴力理论

像她的其他重要理论和关键概念一样,阿伦特的暴力理论也引起了大量的评论和批评。这里,我打算讨论一些主要的关切点,力图阐明在理论家和评论者对阿伦特的批评中,至为关键之处何在。

首先,艾里斯·马利翁·扬(Iris Marion Young)认为阿伦特的论文中并无关于暴力的定义(Young 2002:261)。这其实不是一个公允的批评,尽管阿伦特确实对于暴力一词的运用时有变化,需要关联她的政治理论仔细地加以解读。毫无疑问,暴力何谓是 21 世纪政治理论和社会理论中头等重要的问题,阿伦特在这一问题上的观点对于评估她的作品在当前关切上的意义也至为关键。一方面,阿伦特感兴趣的是身体意义上的暴力——它特指运用工具对身体造成伤害(要记住,犯罪者的身体也可以用作施暴的武器)(Arendt 1970:4)。暴力会在物质上和伦理上给社会生活带来不可预测性,因为它的结果不可预知。在这一点上,它与制造——制作——形成对照,在制造中,结果适应手段,(若是成功)产品则符合预先的设计(Arendt 1970:4;1958:139-40)。暴力则不制造,它只伤害或毁灭。暴力的不可预测性也与行动的不可预测性形成对照,无论是个人行动还是一起行动。行动也有不可预测的效果,但是恰当的行动会有创造的效果,带来新颖之物(Arendt 1958:177)。暴力则只有死寂的效果。

162

另一方面,阿伦特也把暴力与制造联系在一起。用以制作人造物的材料,首先要被杀害或从它们的自然环境中撕扯出来:"这种侵犯和暴力的因素存在于一切制造之中"(Arendt 1958:139)。现在很清楚,尽管在对死亡的强调上,它们与《论暴力》的焦点具有连续性,但是这些评论无疑也指向了一种不同的、更加宽泛的暴力概念。说它不同,是因为制造的暴力——比如砍树——并非不可预测,哪怕总会有意外发生。说暴力概念的宽泛或扩展,是因为在当代理论中,我们在这一点上遇到了一系列观点,从战争研究中熟悉的那种对人的折磨、屠杀和伤害,到"结构性暴力"的观念,根据这一观念,暴力日益与伤害并存,再到更为扩展了的理论,根据这些理论,任何逮捕或检查都包括在暴力之名下(Frazer & Hutchings 2011a, b)。

阿伦特在表明制造的暴力时,显然是这个意思。这一点在她对政治行动关系与经济、社会和家庭行为关系之不同的说明上是一个重要因素。从政治的角度来看,应拒斥任何形式的暴力;而且我们必须时刻警惕,以免把经济过程与政治关系混淆在一起,抑或错把行政和事务管理当成人的政治行动。种种混淆实乃我们通常之理解的通病,即使人们言及政治暴力,也对这一规则有丝毫改变。相反,在各种极权主义政权帝国主义那里,暴力可以组织起来加以"执行",并为加害者和受害者及反抗者双双认定为是政治的(Arendt[1951]2004:184)。然而,暴力只能毁灭权力,而无法取代权力(Arendt 1958:202-3)。当然,帝国主义、种族主义和极权主义政权存在着诸多错误——恰当地说,破坏政治关系就是其中的错误之一。

阿伦特对这些以及其他概念的现象学区分的热切强调,让批评者颇为棘手(Frazer & Hutchings 2008;Finlay 2009)。他们怀疑,倘若暴力与政治之间存在着理论关系,阿伦特所坚持的这种显然的概念区分和分隔是否还能真正站得住脚。这就把我们带向了第二组与阿伦特的暴力理论相关的问题,它围绕的正是政治与暴力的关系问题,以及"政治暴力"这一表达是否有意义这个争论不休的问题。芬莱认为,阿伦特承认暴力有时是正当的,而且暴力有时能够取得的正义对于政治至为重要,这实际上是说,阿伦特并不认可"暴力毫无用处"这一观点(Finlay 2009:27)。弗雷泽和哈钦思则说,在阿伦特看来,暴力可以"为权力扫清道路",这无异于说暴力可以"具有政治效果",而且我们常常所说的"政治的"就是"具有政治效果"(Frazer & Hutchings 2008:103-4)。

然而,阿伦特会这样回应:"具有政治效果"显然不同于具有"政治作用"。暴力可能有政治效果,但这并不让我们得出暴力是一项政治行动的观点。政治效果可以在事件后观察出来——人们可以表明战争或破坏为和平谈判和制度建设扫清了道路。但是,这完全不能说为了制度建设,战争的方案是合理的,或者,为了制度建设,暴力对抗政治反对派是正当的。任何对于暴力行动的道德证成,都不能用来支持把暴力当作政治策略的理解。

事实上,许多思想家最终都回避了如下观念:暴力可用作达到某一目的的确定手段,因为所有的问题都是手段—目的类型。手段限制或破坏目的,这是一方面;另外,在人类社会的背景下,原因与后果之间的关系几乎没有得到很好理解,更不要说加以控制了(Frazer & Hutchings 2007)。但是,如果暴力不是政治工具,那它与政治还有别的什么关系吗?有一种回答认为暴力是政治的一部分,内在于政治之中。有些思想家,比如法农就在一些段落中说到,暴力与其说是工具和策略,不如说是一种给定情境必然的、不可避免的特征(Fanon 1965:48)。阿伦特当然会承认,在某些处境下,暴力是“唯一的方式”(Arendt 1970:64)。但是,法农和其他一些思想家把这种处境的必然性置于一种历史观中,后者是一系列辩证相连的阶段。然而,阿伦特说在一定的处境下行动者别无选择,只能运用暴力时,她认为这是一个伦理问题。它绝不是法农和其他一些像他一样的思想家所说的历史必然性。

因此,她拒斥了暴力内在于政治和权力的传统观点——即暴力是政治和权力的必然一维——同时她也拒斥暴力是或者可以是政治和权力的工具的观点。她自己的观点与此相反,但也不同于与之相对的自由主义观点。自由主义政治思想倾向于把和平政治(pacified politics)看作一项历史成就。对支配的竞争易于导致暴力,比如运用经济力量、宗教威胁等。随着时间的推移,在有利的情形下,政治竞争可以合法化、理性化与和平化。也就是说,政治取代了暴力。此外,自由主义理论常常通过思想实验来确立政府宪法、统治权的竞争和转移程序、代表制度,它们全都可以在完全没有暴力的情形下建立起来。在一定的环境下,个人可以理性地进入与他人的政治互动。社会契约论提供了这种模型的一个版

164

本,根据这一模型,政治是一种不同于暴力的独特过程,它可以用来建立政府体制及其运行的剧场。政治既是暴力的反题,也是暴力的替代方案。

阿伦特关于暴力和政治这对反题的论述再次与此不同。它关涉合理性,但不是从其他人类能力中抽象出来的合理性,即人类决策和行动的理性选择理论所体现的那种合理性,而这是 20 世纪自由主义政治理论的典型特征。相反,政治涉及独特的人类"能力":承诺、行动、言说和宽恕。这些能力阿伦特在《人的境况》(Arendt 1958)和《论暴力》(Arendt 1970;也可参看 Arendt 1990)中被着重强调。我们还可以加上判断能力(Arendt 2003;Beiner 1992)。这种对人类能力以及使这些能力得以可能的人们之间关系的关切,意味着一种截然不同的哲学人类学,使阿伦特与她那个时代常常被用来解释的自由主义传统区分开来。总的来说,这种自由主义传统仍继续把暴力看作一种重要的工具——政府、国家、政治行动者的工具。如我们所见,在阿伦特看来,这一路的论证完全失败了。

在 21 世纪的政治科学和政治理论中,复兴了对暴力问题的关切。暴力的形式和影响发生了转变,但是残酷性——战争、社会生活以及文化表现中的残酷性——似乎无所不在,而且依旧令人恐怖。政治理论家和政治科学家寻求解释和理解。这种分析中的重要一条是关注意识形态——也就是说,观念体系如何与制度和行为相连,行动者在解释或证成自己的行动时如何使用它们(Hollander 2008)。这条解释进路考察了意识形态、观念能在多大程度上激励行动者并使他们的行动合法化。阿伦特关于与暴力有关的意识形态的作用的思考,再次显得与众不同。她无疑试图弄清楚观念体系——比如,解放计划的梦想、种族主义思考的性质(Arendt 1970:21,77)。她评论说,意识形态通过撕裂和分解联盟、破坏所有公共世界"运作"起来(Arendt 1972:79)。

阿伦特政治理论的这一方面引起了许多充满敌意的批评。她的公共政治生活概念似乎完全排除了一切派系政治(认为这是一个矛盾的说法),因此,女性主义者、社会主义者、任何种类的行动主义者、追求种族正义的领导人都极为愤慨,因为她等于取消了他们所作所为的政治性(Dietz 1991;Passerin d'Entrèves 1994:139-66;Benhabib 2003:146-66)。这里不是详细论述这些问题的地方。从暴力和政治的观点来看,阿伦特认为,派系的社会构成和意识形态会增大暴力的概率。而且,它们是种种暴力意识形态——或者作为一种清洗力量,或者由生物学驱动,或者是自由的表达——的工具,以至于阿伦特把它们看作现代图景的重要因素(Arendt 1958:228;1970)。

结语:非暴力问题

最后,我想谈谈阿伦特与非暴力政治的关系。人们可能会认为,若考虑到这种对一切关于暴力的证成或合法化尝试坚持不懈地否认,这种对一切关于暴力的"政治"分析或把它当作一种行动形式带入政治的尝试的揭露,那阿伦特就会同情20世纪的和平主义运动及其公开行动。事实上,这并不是什么特别的情形。

像许多主张裁军的激进主义者一样,阿伦特认为核武器的发明和部署改变了一切(Arendt[1951]2004:570n;1975:3-5,19)。不过,她散落各处的评论强调了三个方面。第一,在所有情形中,包括在国际事务中,人们必须时刻准备着斗争。对于国家而言,裁军让未来充满风险(Arendt 1970:5)。退回到私有化的文化世界和派系化的公民社会,对于文化上的少数族群成员而言充满风险(Arendt[1951]2004:151-3)。第二,暴力经验——包括战壕、集中营、营房和20世纪的运动——不会把人民转变为和平主义者。之所以如此,是因为暴力经验使人凸现出来,仿佛变得高贵,因此那些参与到有组织的暴力中的人与他们所处的社会分隔了开来。在所有情形中,尤其是在第二次世界大战和冷战的背景下,阿伦特说和平主义看起来完全不现实(Arendt[1951] 2004:435;Arendt 1970:14)。第三,总的来说,阿伦特反对社会运动及其所诉求的政治地位。从阿伦特的观点来看,通过游行示威所提出的权利主张,其问题在于它是暴力政治的反映,并且侵蚀了她关于政治权力的规范概念。和平主义、和平政治,以及在主张权利时运用非暴力的策略,所依赖的则是无言的团结、彼此一体,人们仿佛是同一个家庭的成员那样行为(Arendt 1958:57-8)。

因此,暴力和非暴力显然紧密相连。阿伦特为这种通过非暴力来服务于暴力的做法感到震惊——刺激官员使用暴力,揭示奠定社会秩序的暴力(Arendt 1970:18-19)。在我看来,《论暴力》的修辞结构讥讽了彼此之间的这种一致和紧密性,正是这些一致和紧密性奠定了阿伦特关于暴力如何取代非暴力的论述,比如美国的公民权运动或劳工运动(Arendt 1970:21)。此外,这种对20世纪非暴力政治的批判,与她对权力的非暴力的强调联系在一起:"实际上,非暴力的权力的说法是多余的"(Arendt 1970:56)。这里所说的非暴力,在任何意义上都不与暴力有着辩证的关联。暴力的根源完全不同于权力的根源;它所具有的性质也截然不同于权力的性质(Arendt 1970:56)。

致 谢

我对阿伦特关于暴力的解读和理解,全都要归功于我与吉姆·哈钦思(Kim Hutchings)的合作,正是跟他一起,我才展开了关于暴力的现象学和证成的详细计划。这篇文章处理的是我对阿伦特论暴力和权力的解释;当然,一切误解或错误,责任在我。

阿伦特与判断的政治力量

⊙ 帕特里克·海登

具体问题需要具体分析;若说 20 世纪以来我们所经历的一系列危机还能对我们有所教益的话,我想无非是如下简单的事实:没有可靠地借以决定我们的判断的一般标准,也没有确定无疑地把具体情形囊括在内的一般规则。

(Arendt 2003:vii)

汉娜·阿伦特是在 1966 年说出上述那段话,她对反映了晚期现代性最深层的伦理问题和政治问题的判断危机的反思,至今仍激人思考,也令人不安。没有哪位思想家像阿伦特那样,如此不屈不挠地(从潜在性和脆弱性两个方面)关注判断与政治之间的复杂关系。阿伦特把判断能力当作最卓越的政治能力。这不只是因为这种能力平等地属于每一个具有社会自由和政治自由可能性的人。更重要的是,判断的政治性在于它预设了复多性这一基本的人类境况,要求一个由平等者构成的多样共同体,在这一共同体中,人们提出、交换、分享以及批判彼此的主张和意见。阿伦特表明,对于有意义的政治行动而言,判断活动不可或缺,因为它再现、想象诸种观点和经验,并使之与他人的交流。与此同时,阿伦特是在对20世纪危机和失败的敏锐意识中处理判断的。从两次世界大战的毁坏,到大屠杀的恐怖,再到极权主义的袭击和大众消费社会的兴起背景下传统道德真理的崩溃,阿伦特不仅见证了判断的一再失败,而且目睹了许许多多的人急于放弃他们的判断意愿。因此,在阿伦特的所有著作中,我们看到判断的潜在性和脆弱性有着深刻的关联。职此之故,她关于判断的论述包含了一个悖论:一方面,她认为批判性的判断对于维持值得过的政治生存而言不可或缺;另一方面,她也指出了它在政治现代性中令人困惑的堕落。

　　根据这一悖论,阿伦特力图重新表述一种判断理论,使之适合于当前世界的不确定性和兴衰,在那里,极权主义的倾向、超验真理的缺失以及用疑虑的眼光看待政治的倾向规定了当代政治理论和实践面临的挑战。下面我将探究阿伦特判断概念的三个方面,以重建它的核心论点,并阐明它如何旨在更新判断活动。[1] 首先,我要考察阿伦特在偏见与恰当判断之间所作的区分,以及她针对哲学传统的做法维护判断的力量所作出的这一区分的方式。然后,我转向对阿伦特的反思性判断观念的阐明,主要是基于她对伊曼努尔·康德的趣味和审美判断分析的运用。最后,我将根据政治领域和人类事务的世俗意义来定位她对判断的理解。阿伦特认为,批判性判断的自主能力必须公正对待内在于与他人共享的世界中的交往性,而不必依赖于任何借以锚定这种能力的正式标准或现存标准。

---

1   阿伦特关于判断的论著所激发的各种解释的详尽论述,参看拜纳和莱德尔斯基(Beiner and Nedelsky 2001)。

从偏见到判断

　　阿伦特临死之际,仍在着手准备写作她最后的著作《心灵生活》的第三部分,这也是这本著作的最后部分。这一著作的三个部分可以说对应于阿伦特所谓的"三种基本的心灵活动",即思考、意愿和判断(Arendt 1978b:61)。尽管阿伦特并没有完成计划中的论判断的部分,但她在论思考的部分临近结尾的地方已然表明判断能力是"人最具政治性的心灵能力"(Arendt 1978b:192)。在某些方面来说,这并不是一个令人惊讶的主张。思考(沉思吸引着心灵注意的发生之事的思辨活动)和意愿(心灵有目的地自由探究和选择的意志活动),是一些无视规范性目的或内容的能力,与此相反,判断是独一无二的"明辨是非、分辨美丑"的能力(Arendt 1978b:193)。判断是为了评估或解释具体对象、行动、经验和事件的价值而对它们加以确定、比较、区分和评价的过程。在进行判断时,个人就会积极地使自己从周遭世界中突显出来,向他人揭示自己的偏好。因此,在心灵生活的这三种活动中,就政治舞台而言,判断显然是最突出、最具潜能的活动。

　　然而,这一点并不那么显而易见,因为根据阿伦特的说法,我们必须要考虑到思考、意愿和判断能力都是"自主的"。确实,这些能力都拥有某些"共同特征",并且紧密相连,但是它们各自都根据自己的"内在法则"运作,因而"无法还原为某个共同的分母"(Arendt 1978b:193)。与直到 20 世纪中叶的绝大多数重要的思想人物不同,阿伦特指出了西方哲学传统的基本道德理想中存在着一些错误的假设。在这些假设中,思考被理解为拥有理性智能和哲学知识,若能亦步亦趋,就能确定人类行动者将作出"正确的"判断。意愿,若在理性的引导下,仿佛可以"自由地遵守"思想为自己

169

规定的真理或原理,进而意欲我们所知道的我们"应该"做什么或不做什么。还有一个假设则确信,真理的知识——被设想为"并非出自世界而是世界之外的尺度"(Arendt 2003:51)——无异于有关是非的道德判断。似乎说,知识和真理必然导致德性。这样一来,思考、意愿和判断要么完全崩溃,要么至少被构想成一个完整的等级,以至于恰当合理的思想可以促使我们去做我们知道我们应该去做的事情(参看 Arendt 2005:6-16)。然而,在阿伦特看来,20世纪的事件不仅揭露了这些假设在思想上的破产,而且它们在道德和政治上是危险的。比如,阿道夫·艾希曼认为自己应该做的是遵守命令,由此却导致了数百万欧洲犹太人的死亡。阿伦特语带嘲讽地指出,违背命令去做"错"事的诱惑,被许多普通人严格地抵制,因为他们相信自己拥有道德真理的知识(Arendt [1963] 1965:150;1978b:177-8;2005:54)。[1]

170 　　如果思考自身无法确定"正确的"判断,意愿不是而且无法意欲它所"应该"之事,那我们就不得不面对这样的问题:判断无法保证,没有任何别的东西为它增援,也无法确保一个判断是否合理。我们知道什么是判断活动,但我们不清楚如何进行判断,如何展开这一活动以更好地明辨是非,或者在紧要关头提升我们的判断能力——比如在不清楚什么是该做的正确事情的时候,即道德上含糊不清、政治上前所未有之际。若无判断能力,我们在政治上就会迷失,像是没带罗盘在未知水域航行的水手。阿伦特违逆哲学传统的理路,不仅认为人类事务领域极像未知水域,而且更进一步地指出,我们用以导航的任何罗盘都无法确保总会标出正确的方向。

1　因此,"人类判断的性质和功能"这个"基本问题"也可以在纽伦堡和艾希曼审判(以及所有随之进行的关于种族屠杀和反人性罪的审判)中看到,因为"我们在这些审判(被告人被控犯下了'法定的'罪行)中所要求的,是人类能够辨别是非,哪怕是他们必须用自己的判断来引导自己"(Arendt [1963] 1965:294-5)。

然而,判断的极端重要性显而易见,尤其是当我们想到,它就像罗盘一样,我们依赖它让我们有意义地指向过去、现在和未来。对判断这一自主活动所面对的令人不安的模糊性和不确定性加以框定的概念方式,揭示了阿伦特把判断看作我们最具政治性的能力的深层原因,而这意味着有必要重新思考传统的某些假设。

阿伦特在写下"人类事务的紧迫性(a-scholia)[比如迫切的政治和道德关切]需要临时的判断、需要依靠习俗和习惯,即需要依靠偏见"(Arendt 1978b:71)时,就已经给出了对判断的重审会如何开始形成。在"政治导引"中,阿伦特尝试在两个方向充实政治与偏见之间的关系:政治偏见,以及偏见的政治品性。根据现代的政治偏见——政治无异于寻求权力,政治权力腐蚀所触及的一切,共同利益是为了富人和有权者狭隘的自利而编造出来的东西,实行民主代表制是无用的——阿伦特承认它们"忠实地反映了我们当前的处境"(Arendt 2005:96)。这些偏见并非毫无根据,因为"通常所谓的政治"确实造成了没有人情味的官僚体制、巨大的不平等,以及能够毁灭所有人类的先进技术。至于偏见的政治品性,它源于如下事实:偏见是"作为我们日常生活背景的人类事务"不可摆脱的要素(Arendt 2005:97)。偏见是构成我们诸多日常话语的背景性意见和信念。在宽泛的意义上,我们与他人进行政治互动的能力依赖于共享的习俗性偏见,借此我们才可以无须详细解释或证成就能相互交流。简而言之,传统的政治生活依赖于像通货一样的流布的偏见。在此,我们再次面对一个悖论:一方面,偏见是与他人共同生活得以可能的基本条件;另一方面,偏见会产生冷漠和反感,从而对我们在政治上组织自身的方案造成威胁。

在某种程度上,即使偏见在政治上占有一个天然的悖论位置,把它们完全从政治领域中排除出去也不可能,而且也不可欲。说它不可能,是因为人就是一种拥有偏见的存在,我们都是出生在早已存在的共同体和传统之中;说它不可欲,是因为这样做会导致非人的后果(我们还要说,这会让观念论者那种反对偏见的偏见根深蒂固)。这也是阿伦特强调偏见不是判断的原因所在。它们在好几个方面彼此相异。偏见是"现成的"或构成的同意,因为它们是广泛共享的自明意见,而判断则需要通过劝说和证成来积极地寻求他人的同意。每一个原创的判断都在当前经验中有某种基础,但是偏见则是过往经验的堆积;判断源于对当前的批判性考察,偏见则源于对过去的习惯性重复。尽管如此,偏见与判断仍彼此相关。通常,判断经过一段时间后会成为偏见,反过来,偏见也总是预示着判断的到来(Arendt 2005:100-101)。就此而言,判断是根据当前盛行的偏见形成的。因为,每一种当前的背景都向我们呈现了某种新颖的不可预料之物,我们在道德和政治上毫无准备,我们常常依赖偏见去寻找应对这种处境的方式,直到我们能够对所面对的经验作出判断。

然而,偏见存在着双重危险:第一,我们可能会严苛地坚持偏见,以至于阻塞了我们处理经验现实并做出反映这一现实的合理判断的能力;第二,我们可能会被所面临的新现实所压倒,即政治舞台完全不再运作。偏见乃是一种"前判断",阿伦特简洁地说到(Arendt 2005:102)。[1] 在通常的事件进程中,偏见是得到广泛赞同的标准或尺度,借此我们对周遭之事加以归类并做出反应。但是,阿伦特提醒我们,这种前判断无非是暂时的判断。它们在双重意义上是有条件的,第一,它们必须要以积累起来的判断作后盾;第二,它们必须得到批判性的阐明,在现存标准、法律和规范不再适用于人类事务领域不断变化的图景时,要被判断取代。在道德和政治危机的时代尤为如此,那时,陌生之物显现、不可意料之事

---

1 在这一点上,阿伦特的做法与汉斯-格奥尔格·伽达默尔的现象学解释学非常相像,寻回了作为受历史限制的前判断的偏见的积极意义。

发生,现存的标准开始崩溃、陷入沉默。在那样的时代,"当我们面对着前所未见之物,没有任何标准可以运用之际"(Arendt 2005:102),判断作为一种在缺乏可靠前判断的情形下明辨是非的自主能力,依然是拯救政治最有力的希望。

拯救康德式反思性判断

在阿伦特看来,我们对判断能力的理解以及我们去判断的能力在现代受到严重损害。历史地以及社会学地来看,人的判断能力日益被模铸成一种工具理性,主要服务于决定达成某个预定目的的最有效手段(Arendt 1958:154)。然而,政治共同体据以存在的目的本身——无论是"进步"、"革命"、"幸福"、"发展"还是"生产"——总是呈现为超越的和终极的,据称它们源自历史或自然的客观法则(或科学"专家们"的声明),因而不受判断的细察影响(Arendt 1978b:216,149-55;2005:76)。如今,判断似乎没有力量去质疑支配着当代人类事务的目的。从哲学上来说,判断一直从属于对真理和确定性的追寻。自柏拉图以来的西方哲学传统,一直都用怀疑的眼光看待判断这种自主能力——一种充满危险的"无政府概念"(Arendt 1973:7)——由此开启了"哲学与政治之间的鸿沟"(或者更一般的思想与行动之间的鸿沟),而且这一鸿沟随着时间变得更宽(Arendt 2005:6)。一直到20世纪,主流的哲学思想要求意见的偶然性和价值判断的多元性,被普遍有效的"关于真实存在的知识"所赋予的笛卡尔式确定性所取代(Arendt 1978b:15-16)。然而,如果不仅我们对充分判断能力的信仰,而且对奠基我们判断的确定标准的信念,已经为现代世界所见证的道德、政治和技术灾难所动摇,那么我们能以何种方式拯救判断才可以恢复其批判性潜能呢?阿伦特如何提议把判断活动带回政治思考和政

173

治行动的领域?

偏见是一种前判断,它源自于历史地形成的既定标准和传统,而判断则是一种在没有预先确定的范畴和标准帮助下的辨别和评估能力,阿伦特借由这一区分,通过对康德批判哲学的创造性再解释,提供了一个肯认判断能力作为真实世界现象的图式。阿伦特认为,判断作为一种独特的自主能力,不会经由演绎或归纳这样的逻辑操作发生,后者关注的是非世界的抽象,而不是从某种与丰富的审美经验有关的东西出来,这种关于美和品味的经验是现象世界的组成部分(Arendt 1978b:215)。因此,尽管大多数理论家认为康德的《实践理性批判》和《道德形而上学》(尤其是第一部分"权利学说")包含着他的道德哲学和政治哲学,但阿伦特却反其道而行之,转向了他的《判断力批判》,进一步发掘其蕴含,认为它关涉判断的政治力量(参看 Arendt[1961]1968:219)。

根据阿伦特的叙述,康德是第一位理解到判断能力的重要性并给予其应有关注的主要思想家。阿伦特在1973年1月21日给美国基督教伦理协会(American Society of Christian Ethics)的评论中,清楚地阐明了康德对于她所理解的判断力的重要性:"我如此信赖康德的《判断力批判》,其原因不在于我对美学的兴趣,而在于我相信我们说'这是对的、那是错的'方式与我们说'这是美的、那是丑的'方式并无不同"。审美判断和道德判断的共同之处在于,它们两者都"时刻准备着迎头遭遇现象,没有任何先入为主的体系"(Arendt 1973:9)。因为,没有人能够把关于"美"或"丑"的绝对价值归于某件艺术品本身,审美判断不同于演绎或归纳,它必定是一个内在含糊不清的情境过程的组成部分,力图在一个再现性的公共意见领域呈现他人的观点。相似地,道德和政治判断在阿伦特看来也成了一种"艺术",即我们在没有"安全可靠的传统"的帮助的情形下(Arendt[1961]1968:94),评估人类事务中展示的

"大量原初经验"是对是错的心灵过程中给予他人一个角色或位置
（Arendt 1978b：12）。从古代到现代，哲学家们一直哀叹审美判断
和道德判断的不确定性；然而，传统所指责的东西，恰恰为阿伦特
所信奉，认为它是直面当前危及人类自由的种种现实的唯一可能
方式。

174

康德的判断理论有三个主要方面，为阿伦特用来进行她的批
判性说明。第一，判断活动的重构需要区分规定性判断与反思性
判断。第二，让"扩大的心胸"得以成形的判断与他人的世俗观点
紧密相关。第三，判断的过程和结论必须根据"共通感"（sensus
communis）或共相的"共同体"感来定位。尽管阿伦特生前未能完
成《心灵生活》的第三部分即结论部分，但在她死后出版的《康德政
治哲学讲稿》提供了一个关于这三个主题（其他两个除外）虽不完
整却很清晰的阐释，进而从《判断力批判》中推断出康德"未成文的
政治哲学"（Arendt 1992：19）。

正如阿伦特解释的那样，《判断力批判》比康德此前两个批判
更充分地提示了判断的政治意义，因为它"谈及的是复数的人们，
仿佛他们就生活在社会之中"，而没有简单地把他们当作单一的认
知性或理智性存在者（Arendt 1992：13）。《纯粹理性批判》和《实
践理性批判》则集中于理性和知性之可能性的条件，它们无视各自
的经验差异而在形式上对一切理性的存在者有效，也正是在此基
础上，它才可能为人类整体立法，与此相反，阿伦特认为第三批判
引入了判断能力的概念，使得它能够处理殊相的具体差异性，而无
须把它们归于某个预先给定的普遍法则之下（Arendt 1992：13；
Wellmer 1996：39）。在《纯粹理性批判》中，康德申论，"如果一般
知性可以看作规则的能力，那么判断力就是把事物归入规则之下
的能力；即分辨某物是否从属于既定规则的能力"（Kant 1983：
177）。这就意味着，理性本身无法为判断力的可靠运用提供一个

一般规则,因为每一个一般规则仍需要另一个规则(依此类推)让判断力在具体情形下具体运用。因此,在康德看来,规定性判断与反思性判断之间存在着一个明晰的区分:"一般判断力是把特殊思考为包含在普遍之下的能力。如果普遍的东西(规则、原则、规律)被给予了,那么把特殊归之于普遍之下的那个判断力是规定性的……但是,如果只有特殊被给予了,判断力必须为此寻求普遍,那么这种判断力就只是反思性的"(Kant 1987:18-19)。

　　按照康德的理解,规定性判断在实践理性因此也在道德中占有一个重要位置。实践理性意在回答如下问题:我应该做什么?在道德中,个人行动要从属于绝对的普遍法则,即绝对命令(Kant 1997:28-30)。根据这一说法,个人通过自由地把客观的道德法则强加于(意愿)自己的准则来践行规定性判断(比如,判断应该做什么);先天的道德法则规定(或构成)了我们具体行动正式的道德属性。与此相反,反思性判断在品味因而在审美上具有重要作用。比如,这里有一件艺术品或自然之物,那就必须决定它属于哪种标准或普遍之物,比如美。这种普遍之物是在反思性判断过程的结尾而不是开头找到。因为,在每一个特殊物体的特殊性——这幅画、这朵花、这片风景——之前,并没有客观的美的法则或品味的标准,因此,审美判断必须自己构成而不是预先设定它们的普遍有效性。品味问题是主观的,"让我愉悦或不悦"的感觉即刻出现在感知者那里,"根本无需以任何思想或反思为中介"(Arendt 1992:66;2003:137-8)。

　　然而,主观的品味问题还不是判断。品味问题严格来说是纯粹主观偏好的私人问题,而判断则是作为可与他人交流的一般出现(Arendt 1992:64-5)。审美判断本身源于反思过程,它借助想象和共通感来调节愉悦或不悦的感受。想象是一种把事实上不在场的东西呈现于心灵之前的能力;它是桥接一般与个别之间鸿沟的再现能力和综合能力。通过再现,通过唤起不在场之物的形象,人们能够以某种"距离"、"无私"或"公正"(这是达成这一对象是否例示了美或丑的普遍谓述的一般评价所必需的)来反思某个令人愉悦或不悦的对象(Arendt 1992:67)。重要的是,这种反思性判断使得我们能够从特殊上升到普遍,或者仅仅通过特殊找到普遍,而无须丧失所再现的具体对象的特殊性。公正源于差异或特殊性,而不是泯灭差异或特殊性。一朵被判断为美的特殊的花,例示了美,但是美本身没有也无法被给予;还有许多不同的花也可以例示美。特殊仍处于反思性判断的核心,它构成了一个典范,即一个例子或范例,它不会在所例示的普遍的无底深渊中耗尽自身,想象力正是通过它跃入行动。正因为此,康德和阿伦特都认为例子是"判断力的学步车"(Kant 1983:178)。此外,反思性判断体现了一种"范例的有效性"。易言之,它们的力量或权威来自于如下主张:某物具体而微地例示了"对或错、重要或不相关、美或丑",因此对于他人同样具有一般意义,而且还能保持自身的独特性(Arendt 1992:67)。如阿伦特表述的那样:

> 某人可能会遇到或想到某张被判断为可能是最好的桌子,并且人们把这张桌子当作所有桌子实际上都应该是的样子的范例:典范的桌子("范例"一词来自 eximere,意指"把某种特殊之物挑选出来")。这个典范是而且始终是一个特殊物,一个其特殊性揭示了那种不如此就无法定义的一般性的特殊物。勇敢,就是像阿基里斯那样。

(Arendt 1992:77)

说某物是美的或丑的、对的或错的,就是在宣称一种超出如此宣称的人的意义或重要性。因此,反思性判断依赖于对他人提出主张的可能性,而这种反思的公正性的获得,则需呈现他人的观点以及他们可能的同意或反对。这就意味着,从特殊到普遍的形成过程,同时也是从主观的(品味)向主体间的(判断)进展;这是一个与他人一起创造意义的过程(Arendt 1992：67)。在康德和阿伦特看来,想象的再现性运作使我们与他人进行真实的交流,这种模式的"普遍可交流性无需预设某个确定的概念……我们所处的无非是想象和知性自由游戏的心灵状态"(Kant 1987：62)。对此的另一种说法是,作出一个判断势必带来"可交流性或公共性"的标准(Arendt 1992：69;2003：141),这意味着与他人分享我们的判断,把它们呈现在他人的意见之前,并用他人的判断对它们加以检验(Kant 1987：160)。这个关于反思性判断的可交流性的假设,意指一种人类特有的交往能力,借此我们的思想和判断成为公共的而非私人的,并积极地与多样的他人一起理解所观察到的物体和事件。共通感(sensus communis)一词则是对这种特殊的"共同体"感觉的速写,它关涉的是一个共享的、可交流的意义的共同领域。对于这种共通感,阿伦特是这样描述的:

177

> 共通感——法国人更具启发性地称之为"好见识"(le bon sens)——向我们揭示了世界的本质在于它是一个共同世界;正是因为这一事实,我们完全私人的感觉和主观的五官及其感觉材料才能使自身适应一个非主观的[比如,主体间的]和"客观的"、我们共同拥有并与他人共享的世界。判断是这一与他人共享的世界中发生的重要活动,哪怕不是最重要的活动。

(Arendt[1961] 1968：221)

可交流性和想象力使得反思性判断具有一种对话特征,哪怕这种与他人的意见交流只是个假设,并非实际发生。我们可以说,那些作出反思性价值判断的人所承诺的对于他们各自主张的对话、公正态度,并不是假定有一个位于共通感之上的抽象的阿基米德点,而是用由判断主体构成的共同体的各种视角来补充自己的观点。

这种采取不同视角、把自己置于他人位置的过程,康德和阿伦特称之为"扩展的思想"或心胸(Kant 1987:160-61;Arendt 1992:71-4)。阿伦特强调的是,共通感是语言、交往和意见交换得以可能的现象学境况,因为它由具有不同视角和多样判断的复多个人构成。因此,进行反思性判断就意味着自由地把这些多样的观点聚集为扩展的心胸,如此一个人才能"从他人的立场进行思考"(Arendt 1992:74),而不是从某人自己的观点(与共享世界的他人视角完全隔离)出发,也不是从某个规定着所有判断的真理(抽象的理论)出发(Arendt 1992:42)。想象与反思之间的相互作用传达了具体对象、行动和事件的特殊性,同时又把这种独特性与更大的共享意义的共同体联系在一起。扩展的心胸一旦致力于再现和公正,就会通过批判性地重构多样个体的具体观点,从他们各自的观点来观看世界并让它们影响自己的信念和判断,从而培育一种"一般观点"。这不只是把他人的意见或判断当作自己的意见或判断那么简单,因为这就无异于不假思索地颠覆了反思性判断活动本身。相反,它是一种通过想象把他人置于自己的视角、把自己置于他人立场的方式,因此可以使自己的判断与他人关于同一对象、行动和事件的可能判断加以比较和检验(Arendt 1992:64-5;Arendt[1961]1968:221)。因此,尽管反思性判断永远无法决定性地解决问题——关于什么是美、什么是对和什么是重要的主张会永远胜出——但它们确实具有一种主体间的有效性,可以用作交流性地(重新)创造和(重新)评价充满着复多性的共同世界中的共享意义的"学步车"。

178

没有标准的政治判断

迄今为止,我所聚焦的是阿伦特对康德关于审美反思性判断的运用,但是,她的主旨所在是激活我们对反思性判断的政治相关性的理解。政治生存不断地要在具体且常新的、不可预测的、模糊不清的处境下作出是非判断,因为我们必须"没有扶手地"思考(Arendt 1979:336)。这些处境使得我们必须面对特殊性,呈现独特的问题和挑战,它们拒绝同化,过去的传统答案丧失了正当性,然而当前又没有固定标准确保把我们引向未来。这就表明,我们最好把政治判断看成是一种反思性判断。通过在不同视角之间来回往复,恰当地对待他人的视角,想象他们就像我们质疑既定的社会习俗一样,质疑我们的意见,如此我们才能践行和提升我们的判断能力。由于反思性判断在为不确定的选择明确方向上有其价值和作用,因此政治现实越是复杂、个体必须面对的越是不确定,他们扩展的心胸就要愈加丰富和发展,以便能够获得合理的判断来维持脆弱的人类关系之网。因此,阿伦特认为审美(或文化活动)与政治虽然不同,却在反思性判断上彼此相连:

> 于是,文化与政治彼此相属,因为要紧的不是知识或真理,而是判断和决定,是就公共生活领域和共同世界明智地交换意见,决定采取何种行动,以及今后如何看待,何种事情会在其中出现。

179

(Arendt[1961]1968:223)

因此,政治判断的主要问题在于,从人的复多性境况和自由着眼,政治领域应有何种形状和品格,应该如何来"看待"(Arendt 2003:93)。为了回应这一问题,政治共同体的成员必须同意借助于一种情境性判断,它既能回顾性地又能前瞻性地表达自身,即"不再"、"尚未"以及"已然":我们此时此地拥有的是何种共同世界?我们过去应该或不应该做什么?为了给彼此维持一个适当的政治世界,我们应该或不应该做什么?那些已经成为范例的具体经验、行动和事件有助于我们回应这些问题。同样地,这些问题之所以如此紧迫,恰恰是因为当代历史产生了典范性的经验,其中包括极权主义、种族屠杀和社会性的兴起,它们悲剧性地让一个共享的政治世界几近于消失。

为了说明这种判断的时间性,阿伦特转向了弗朗茨·卡夫卡的一个寓言,这个寓言题为"他",出自他的格言集(Kafka 2002)。在这个寓言中,"他"与两个敌人斗争,一个从他的后面向他攻击,一个从他的前面向他攻击,而他陷在其中。"他"梦想"在某个毫无防备的时刻",跳出这场战斗,站在裁判的位置,裁决两个敌人之间的争端(Arendt 1978b:202)。阿伦特解释说,卡夫卡的寓言描述了这样一种方式,其中"两种时态即过去与未来被理解为对抗的力量,在现在这种时态那里进行战斗"(Arendt 1978b:203)。然而,这个寓言既令人困惑又让人启发的地方在于,这种对人之境况的时间性的描述方式与常见的作为线性进步运动的时间观相对。易言之,现在可以理解为过去与未来之间的一个"持久的现在";现在是过去与未来的汇合处,而不是它们之间的分割点。然而,这个持久的鸿沟之所以存在或日益变得显而易见,仅仅是因为人的反思能力。反思是一个把人"从战线中拉升出来"的过程,而现在则被判断和理解为不再是和尚未是之物。用明确的政治术语来说,这个寓言表达的是反思性判断所处的境况:政治思想和行动必须与此前的过去和解,如此才可以追寻当前事件的意义问题,与此同时,还要直面结果尚不可知的朦胧未来。尽管"他"只能梦想着上升到裁判的位置,去裁决过去与未来之间的冲突(Arendt 1978b:207;Arendt 1958:248),但是政治判断活动在定位于时间的变迁以及世界中发生的事件的同时,仍与之保持着距离。判断活动总是发生在世界的时间限定内。

阿伦特敏锐地强调,判断就是把回顾性观点和前瞻性观点聚集在一起的活动,哪怕在我们看来,这似乎给当下注入了某种模糊

180

性,缺乏一个明确的观点,从而难以达成一个一般立场。鉴于向我们显现的人类事务现象仿佛"总可以是另一种情形"(Arendt[1961]1968:242),或者实际上它们"不应该发生"(比如大屠杀)(Arendt 1994:14;2003:75),阿伦特从一个被卢肯(Lucan)归之于加图(Cato)的"奇异说法"中获得了启示:"胜利的事业取悦了诸神,但失败的事业取悦了加图"(Victrix causa deis placuit, sed victa Catoni)(Arendt 1978b:216)。阿伦特告诉我们,加图的见识在于明确了一个重要的政治原则,借此,人类针对过去的判断能力使得我们能够"重申我们人类的尊严"(Arendt 1978b:216)。加图把行动自由,即在当下开端启新的力量,与反思过去事件并为它们指定一种摆脱了必然性光谱的特殊意义的能力联系在一起——也就是说,不必预先判断"何事值得思想,何事不值得思想"(Arendt 1978b:139)。历史本身常常以超越的"诸神"为名,但它并不处于对我们进行最终判断的位置;相反,正如加图所展示的那样,人类可以不断地探询、解释事实和历史事件,从而使之成为具有政治意义的判断。通过践行判断这种"我们处理过去的能力"(Arendt 1978b:216),我们可以对那些塑造我们当下生活的各种情境加以定位。

　　加图的"奇异说法"在呈现两种判断和把握事件意义的基本方式上也很重要:回顾性判断,即从史家的视角或从处于事件发生之外的某个人的观点出发;当下的判断,即从直接关涉正在发生之事的某个情境中的政治行动者的视角出发。阿伦特把这种关于史家的判断方式和行动者的具体判断方式的观点,与她对公共政治领域中的"旁观者"和"行动者"的理解联系在一起。当然,公共领域是政治行动者和政治事件的展开显现的场所。由于"无论什么显现,都要被看见",因此"显现概念需要一个旁观者"(Arendt 1978b:140)。实际上,阿伦特认为旁观者具有一种与众不同的"特权",即在判断之际与行动保持一定距离的便利。作为行动的非参与者，政治事件的旁观者或见证者就很像一部戏剧的旁观者，能够对公共领域的"舞台"及其构成行动采取一种一般观点，因此他们能够意识到整体并对它作出客观判断（所谓客观，根据阿伦特的说法，就是不偏不倚地扩展自己的思想，而不是说它绝对正确；Arendt 1992：58）。相比之下，政治行动者专注于自身的"角色"，根据定义只能对整个场景具有局部观点，因此只有对作为紧密整体的事件的有限理解（Arendt 1958：192）。可以说，行动者必须即刻作出决定，来不及反思或沉思——仿佛陷在行动中——因此更可能依靠习惯的偏见或他人的规则。此外，行动者还依赖于观众赋予其所作所为以意义和价值，从而使之经由众人的意见而变得可记忆，即可再现。这一论证的结果是，我们行动（无论是个人的还是集体的）的是非只有在时间中变得日益明朗，"成败的最终判决"始终在旁观者构成的共同体手中（Arendt 1978b：93-4；1992：62）。[1]

这里，我们再次看到了阿伦特关于判断的政治力量的核心主题，以及那种伴随着的持续张力。一方面，政治行动让复多的行动者一起显现在公共领域的舞台，切实地显示了人的自由潜能，进而维护着人类的尊严（Arendt 1958：8-9, 247）。人们采取行动，常常是由于对现存社会规范和习俗的批判性判断，以及对显现在公共领域的现象的政治思虑。然而与此同时，政治行动者缺乏对自己的所作所为展开思考过程所必需的距离，因此他们自身并不是展现人类真正的独立判断能力的最佳人选。另一方面，能够采取旁观者的观点，停下来带着扩展的心胸去反思一项具体行动或事件，是赋予此一行动或事件以共享意义所不可或缺的。旁观者的判断是反思性的，因为这种判断从世界这一有利视角出发看待政治行

1　在别的地方，阿伦特（Arendt 2005）认为苏格拉底力图促使雅典公民作为公共事件的旁观者，以此提升他们的批判性判断能力。

动,通过与其他人交流,把过去与未来的种种思想链暂时地汇聚于
现在,经由折中之后得出识见。不过,与此同时,旁观者丧失了与
他人一起行动的独特经验,这是从政治参与中脱身所要付出的"代
价"(Arendt 1978b:93)。此外,旁观者有责任区分从积极介入中
脱身与完全做一个道德上的袖手旁观者,因为前一种情形中,旁观
者仍处身于现象世界(Arendt 1994:5)。因此,尽管旁观者的视角
在重申判断的自主性(以及随之而来的人类尊严)上至为根本,但
情形仍然是,政治行动为反思性判断的可能性敞开了空间。判断
决不能超越行动,但行动若没有判断则无意义。因此,旁观者的视
角与行动者的视角并不必然矛盾,相反,它们是同一枚硬币的两
面,哪怕这两面结合在一起并不容易。判断这种难以把捉的力量
意味着,我们必须展现自己作为共同世界的一员所给出的判断,而
不要以为它们是"给定的",可以不假思索地"应用"它们。

我们可以再次转向阿伦特对康德的解读,以阐明这一富有成
效的张力。通过反思法国大革命这一"世界历史性的"事件,康德
辨别出,让这场革命成为"一种不会被遗忘的现象的,不是行动者
的功绩和劣迹,而是旁观者、那些自身并未卷入其中的人们的意见
和热情赞许"(Arendt 1992:65)。康德很好地理解到,这一具体事
件的宏阔意义,只有通过见证者的眼睛以及那些作为公共意见急
切地表达出来的批判性观察才能得到揭示,这些或远或近的观察,
以及后来的历史叙述,可能重述出来的故事彼此都有些许不同。1
康德自己"每天都无比焦急等待着报纸",为革命所展示的理想和
创造性着迷,带着一种"愉悦"感热情地追踪着这部出人意料的戏
剧(Arendt 1992:15)。然而与此同时,康德遭受着心灵的折磨,因

---

1 亨希曼夫妇(Hinchman and Hinchman 1994)认为,阿伦特为了理解政治行动或
事件而强调多元视角的寻求和想象,反映了一种受惠于卡尔·雅斯贝尔斯的生
存哲学的康德解释。

为就道德和政治原则而言,他无法容忍革命观念。抽象地来看,革命在道德上和政治上都是否定性的。像法国大革命的行动者那样,诉诸暴力作为达成政治目的的手段,既违反了绝对命令,又毁坏了法治所确立的安全和秩序。尽管陷在行动者与旁观者这两种立场之间的张力之中,康德仍承认法国大革命的意义无法通过单一的哲学决断确定。因为参与其中的公众如何看待这一独特事件,对于解释政治处境下的人类的判断至为关键(Arendt 1992:44-6)。最终,当康德采取反思性的公共旁观者的立场,从一种"不偏不倚的兴趣"所调节的共通感观点考虑问题时,他十分欢迎法国大革命,认为它展现了人类进步的可能性,象征着未来世代的希望(Arendt 1992:56)。这样一来,我们可以说,从阿伦特的观点来看,康德的范例既体现了与政治生存境况相关的判断的潜能,又展现了它的脆弱。

183

结　语

　　前述讨论意在让我们明白,阿伦特关于判断的政治力量的论述,既复杂又深刻。尽管反思性判断既无法依赖也无法提供一个普遍法则,但我们通过考量不同观点的自身思考设定了各种视角的判断的可交流性,从而在维持我们共享的现实感上具有重要的甚至是不可替代的作用。在一个政治共同体中,把他人的各种可能立场和意见包括进来,对各种具体事件或现象作出判断,如同在公共领域与他人展开潜在的行动一样根本,当然,判断活动与行动仍彼此不同,甚至充满张力。阿伦特或许并没有提供一种完全确定的判断能力理论,毕竟,她的首要关切是明确重申自主的判断活动,对现代性的病理作出批判性的甄别和诊断。同样地,在主要的法律、道德和政治典范陷于危机、缺乏客观确定性的情形下,她提供的关于反思性判断的说明,显然是由她对脱身政治和放弃判断的理解所塑造,并与之相吻合。毫无疑问,阿伦特有许多方面值得批判,或者说,她的论证仍需要更充分地反战。罗纳德·贝勒尔(Beiner 1983)曾论证说,她应该诉诸于亚里士多德的实践智慧概念,而不是康德的审美趣味理论,从而为提升实践推理和改善政治实践提供一个更加恰当的基础(参看 Arendt[1961] 1968:221)。还有一个问题是,阿伦特所假定的,判断能力即"思想之风的显现"与阻止政治邪恶这种"灾难"之间的确切关系,到底是什么(1978b:193;Bernstein 2008;Hayden 2009)?此外,人们可能会说她陷入了旁观者的沉思生活与行动者的积极生活之间的"二元论",这一点

184 她无法通过偏向政治行动加以解决(Beiner 1992:140;Bernstein 1996:231)。这些都是需要解决的问题,但同样值得注意的是,阿伦特事实上并未寻求去调和理论与实践。相反,她的做法可以说是坚持肯认人之复多性背景下思考、判断与行动之间一贯的张力,由此我们能够始终把一种以世界为中心的政治生存的不可避免的模糊性牢记在心。最终,在阿伦特看来,现代道德不体面的(skandala)"绊脚石"并非判断的不确定性,而是在现实没有明确是非之际普遍存在的那种"不愿或没有能力通过判断与他人联系在一起"(Arendt 2003:146)。

11

责 任

⊙ 安娜贝尔·赫佐格

　　阿伦特所理解的责任,依据的是政治在场,它要求行动和归属——也就是说,它由那些让给定的、非政治的同胞情谊现实化的行动构成。阿伦特的政治在场也包括某些给定性或被动性,这个事实可能会让那些熟悉阿伦特的表演性行动理论的人吃惊。[1] 因此,值得注意的是,阿伦特是在两种不同的背景下提及在场:(1)在他人在场的情形下呈现自己,即行动;以及(2)使他人呈现在自己的心灵,即再现。[2] 本文的目的是表明,在阿伦特看来,责任可以在这两种在场之间的关联中找到。

　　像其他概念一样,阿伦特对责任一词的使用既不系统,也不明确。此外,她力图把政治行动者的责任与知识分子的责任区分开来。我将集中于前者并追踪阿伦特观点的发展,即从她早期的文

---

[1]　关于阿伦特的"在场形而上学",参看维斯克(Visker 2007)和德格雷塞(Degryse 2008)。阿伦特政治理论中的在场问题,曾被多次提到,权威的提法参看苏珊·比克福德(Bickford 1996)。

[2]　使缺席的他人再现,为迈克尔·邓勒尼(Michael Denneny)的责任定义增添了第四个因素:"表明在场之物的在场;表明自己在场;以及表明自己与在自己面前呈现之物间的联系"(Denneny 1979:269)。

章《我们难民》(We Refugees),到艾希曼审判以及之后的议论。

　　首先,我将确立阿伦特著作中关于"责任"的一个简洁谱系,由此表明她是在归属于某个政治共同体以及作为个人行动的独特背景下使用责任这一术语的。接着在本文的第二部分,我将探究阿伦特的行动现象学,并且论证行动与遭受(suffering)不可分割。最后,我将表明在民主社会中,行动与归属或遭受的同时性——即责任——显现在政治意见之中。

186　责任:在归属与行动之间

　　在她 1943 年的文章《我们难民》中,阿伦特勾勒了只能负面地加以重述的非政治境况的特征。所谓难民,就是无所归属;他们什么也做不了,只能徒劳地记住自己是人。他们的丧失是绝对的:"我们失去了家园……我们失去了工作……我们失去了自己的语言……我们离开了自己的亲人……我们最好的朋友被杀死在集中营"(Arendt 1978a:55-7)。在《极权主义的起源》中,阿伦特把"黑暗时代"的去政治化描述为一切机构和所有同胞的丧失。她把无国籍民与古代的奴隶作了比较,认为后者虽然受到压迫,但至少仍有一个位置并属于一个共同体(Arendt [1951] 2004:377)。她解释说,现代的无国籍性这种极端新颖的灾难,在于"剥夺世界中的位置,那个让意见重要、行动有效的地方"。她断言,"无辜,即完全没有责任",是这种政治地位的完全丧失的印记(Arendt [1951] 2004:374)。

　　阿伦特在这一背景下所使用的责任一词,并非自明,也不是在无辜的对立面上使用。在这里,值得注意的是,作为一个通常与道德领域或司法领域联系在一起的概念与归属某个政治共同体的观念之间的关联。阿伦特并非把责任与政治领域联系在一起的唯一理论家;不过,关于这一问题的绝大多数讨论把集体责任问题类比于个人的道德责任。阿伦特对责任的使用排除了这种自由主义背景,尽管她的分析与自由主义的讨论有所交叉。在她看来,人的复多性领域"不只是二元的'我与自身'向复多的'我们'的延展"(Arendt 1978b:200)。相反,她主张责任涉及个人对一个共同体的归属,因此它涉及的是主体而不是共同体。责任的这种主观化并非唯我论,反而是它的对立面,因为她认为唯我论是一种自私的、非政治的立场(Curtis 1999:147)。阿伦特强调,难民对敌人否定他们的政治在场的回应,就是"自私"——也就是说,他们接受了敌人的否定。绝大多数难民拒不把他们的个人命运看作政治命运,竟然力图逃避自己的政治身份:"无论我们做什么,声称自己是谁,无非都是在表明自己想要改变的愚蠢欲望,即不做犹太人"(Arendt 1978a:63)。

因归属于某个共同体而产生的个人责任,不同于阿伦特所谓的"集体责任"。在一篇题为《集体责任》的文章中,阿伦特对"集体责任与道德或法律(人格)的罪责"作了区分(Arendt 2003:150-51)。她主张,人要为自己属于其中的团体所展开或已展开的行动承担集体责任,哪怕这些行动是独立于他进行的。她写道,"我必须为我并未做过的某事负责,其原因在于我必须是一个团体(集体)的成员,它无法被我的任何自主行为解除,因为它完全不同于我可以随意解除的商业伙伴关系"(Arendt 2003:149)。因此,这种集体责任必须与那种应受谴责的个人行为即个人罪责区分开来。[1]

那些可在法律上或道德上加以判断的个人责任,有别于政治责任/集体责任。然而,个人责任在另一种意义上也是政治的。实

187

1　比如,在为1964年版的《耶路撒冷的艾希曼》所写的后记中,阿伦特强调艾希曼必须为其个人罪责而不是集体责任受谴责(Arendt[1963]1965:297)。

际上,要判定一个人有罪(或无辜),他必须属于一个承认其作为行动者的共同体,并因此赋予他被判断的"权利"(Arendt[1951]2004:376)。易言之,这种导致道德或法律判断的责任是政治的,因为它与归属相关。

根据阿伦特的说法,难民的境况呈现了一个政治问题,因而需要一个政治回应,可是他们拒不作出这样的回应。甚至在被否定为一种政治在场之际,他们仍拒不行动:"我们不展开任何行动,我们绝大多数人从未想过要有什么根本性的政治意见"(Arendt 1978a:55)。在1964年接受君特·高斯的访谈中,她回想起自己早在1933年就已开始设法行动了。因此,觉得有责任:"我设法以各种方式提供帮助,我要说这让我有某种满足感。我被逮捕了……我想,至少我是做了点什么的!至少我不是'无辜的'"(Arendt 1994:5)。在这里,责任和无辜这两个词分别指的不是归属和归属的丧失,而是指行动和被动。

众所周知,阿伦特认为行动表达的是"伟大",即政治行动者独一无二的非凡开创性,因为他在公共领域引入了变化(Arendt 1958:205)。[1] 如果说个人责任由行动来定义,而行动表达的是伟大,那么个人责任同样也是对伟大的表达。阿伦特自己在1933年之后试图"做点什么",这与(她认为的)"伟大性标准"是一致的。她非常骄傲地对高斯说,自己如何撒谎骗过盖世太保,因为她"不能暴露[犹太复国主义]组织",以及随后如何非法越过边境。

在《我们难民》《极权主义的起源》以及《人的境况》的部分章节中,阿伦特似乎认为归属与行动时间上相连;而开创性和伟大性则与行动之前的某种东西有关,因为"世界中的位置"——应理解为政治世界或人类世界——是"一个以某人之行动和意见来对其

---

[1] 在阿伦特看来,"普通"和平常是生物性重复的特征,也是私人领域的生命的特征,阿伦特甚至认为还是社会盲从的特征。

加以判断的框架"(Arendt［1951］2004：376)。唯有当其行动时属
于某个既定的人民团体,行动者才能对其言行负责。他对行动负
责,是因为他与同胞公民共享一个共同体:"经由言说对'谁'的揭
示,经由行动的开端启新,总是陷入一个业已存在的网络"(Arendt
1958：184)。因此,对行动负责显然由同胞决定,至少出现于同胞
之后。只有行动者属于一个现存的人民团体并对此前的行动负责
(这是一种集体责任),他才会对基于其开创性的开端启新和"伟
大"负责。

    然而,在《人的境况》和其他著作中,阿伦特也重复申论政治行
动由行动定义甚至创造。因此,一个人无法获得一种政治在场,然
后开始行动。相反,人是通过行动揭示自己是一个政治行动者。
公共领域由言说和行动创造;或者换一种说法,它由表演创造
(Arendt［1961］1968：153)。同样,行动在实现出来之前并无本质
(Arendt 1994：406)。诸如荣耀、声誉、卓越或热爱平等这些原则,
"只能通过行动"显现出来;"只要行动持续,它们就会在世界中显
现,一旦行动停止,则不再显现"(Arendt［1961］1968)。根据这种
对行动的表演性理解,行动内在地意味着开创新颖独特之物
(Arendt 1958：177);因此,没有什么先于行动存在,包括道德标准、
法律或原则(参看 Villa 1999：139;G. Williams 1998：943)。所以,
只要人们在一起生活和行动,就会形成一个"我们"的共同体,它在
人们行动之前绝不会存在(Arendt 1978b：200)。同胞情谊依赖于
行动而来的责任。

    因此,一方面,责任被指定给已然有所归属的行动者。另一方
面,阿伦特的行动理论清楚地表明,行动是无根基的,因此责任、行
动和公共性一同出现。用凯特伯的话来说,"它近乎奇迹"(Kateb
1984：33)。为了解决责任的这两种背景和意义之间的矛盾,我们
必须转向阿伦特的行动现象学。

责任:行动和遭受同步

通过行动,行动者揭示了自己的独特性,而这种独特性的揭示恰恰是一个人的实在性的保证,因为实在性"从人性和政治上来说,无异于显现"或在场(Arendt 1958:199)。然而,这种在场"要求我们通过各自的所言所行积极地彼此呈现"(Bickford 1996:64)。只有在为他人看见、看到或感受到的情形下,一个人的在场才算在场(Arendt 1978b:19);因此,一个人的在场依赖于"周围他人的在场"(Arendt 1958:188)。易言之,一个人的在场必定是一种向着他人的在场。比如,阿伦特这样写道,"表演艺术家……需要观众来展现他们的精湛技艺,就像行动着的人们需要他人的在场,如此才可以向他们显现;两者的'作品'都需要公共地组织起来的空间,此外,两者的表演都要依赖他人"(Arendt [1961] 1968:154)。

我们说他人在场,就是说他们也在行动并使自身向他人呈现。因此,行动者的行动就进入一条有着复多在场的反动链:

> 行动尽管不知道是从哪里产生,但可以说一旦发动就进入了这样一个媒介,在那里,每一项反动都成了一条反动链,每一个过程都是诸多新过程的原因。由于行动所作用的存在者能够展开自己的行动,因此反动不同于反应,它总是一项自成一格并影响他人的新行动。

(Arendt 1958:190)

揭示一个人的独特性,就是一个新开端,而且它产生诸多新开端。它是对新的复多在场的创造。因此,对所作所为负责就在于创造一条无尽的在场反动链,来改变人类世界。行动者的责任与其主动改变公共空间有关,而与随之发生的一切无关。[1]　如阿伦特所写的那样,行动和言说所需要的勇气,"不必然甚至不主要与承担后果的意愿有关"(Arendt 1958:186)。

然而,由于在场和新开端总是与现存的在场网络缠绕在一起,所以行动的结果总是"陷入一个预先确定的关系网之中,它不可避免地拖拽着行动者,仿佛行动者在运用自由的那一刻就丧失了自由"(Arendt 1958:234)。人一旦做了点什么,就被拽入到一个预先确定的关系网之中,即进入了一种共享的集体责任。行动者对于全新行动——用以揭示自己是"谁"的行动——的责任,不能被认为独立于她对其所属共同体作出的行动的责任。这样一来,行动者就永远与她的同胞情谊纠缠在一起。

此外,行动者因此还开启了一条她自身必定是其中一部分的新反动链。她的行动创造了一个新开端,进而创造了一种复多的在场:她与他人积极或消极地共享和经验的关系网。这样,行动者对其行动的责任就使她显得"更像是其行动的受害者和遭受者,而不是发起人和作出者"(Arendt 1958:234)。换句话说,行动者对其行动所承担的责任是一种集体责任,她要像所有其他同胞公民一样承受。以选举为例,我要对某种既定政治局势所产生的影响负责。接着,我要对政府的政策承担集体责任,无论我当时是否把选票投给了它,因为它是我所在的共同体的选举政策的反映。由此来看,我与邻居之间没什么不同,哪怕我们之间一个把选票投给

190

1　不过,政治主动有时会是犯罪,因为违反了法律。如凯特伯强调的那样:"道德上毫无限制的行动,除了特别地不道德还能是什么?……阿伦特自己有处理这种伟大性的可怕后果的方式。她依靠的是人类的宽恕能力"(Kateb 1984:33)。根据凯特伯的说法,宽恕和承诺在阿伦特那里是"政治行动的内在道德",它们不同于与普通法相关的外在道德。然而,我要在宽恕和承诺之外做一补充,那就是替代宽恕的选择(在阿伦特看来,这不是它的反面),即惩罚。惩罚是针对非法行动的一种法律反动。因此,惩罚指涉的不是责任,而是罪责。

了掌权政府,另一个没有。面对政治局势,我没有权利"从世界及其公共空间转向一种内在生活,或者完全无视世界而热衷于一个想象的'应然'世界或曾经存在过的世界"——也就是说,我没有权利选择"内在移民"(Arendt 1968:19)。集体责任与个人的实际行动无关。

因此,归属看来与阿伦特所谓的遭受同义。她这样写道,"由于行动者总是在其他行动者之间来回移动并且与之相关,所以他绝不只是一个'作出者',同时他还是一个遭受者"(Arendt 1958:190)。所谓遭受,就是指我浸没在人类关系网中并受其影响。阿伦特这里所使用的遭受一词,并不是常识所说的感到痛苦,而是指在语义上与活动和行动相对的被动或激情领域。被动只有在关系背景下才有意义,因为正如阿伦特指出的那样,它涉及的是由"其他行动者"所演示的行动的对象,而他们自己也只有在与他人的关系中才能展开行动。阿伦特进而说道,"行动与遭受就像是同一个硬币的两面"。

进而言之,我们可以说行动和遭受同时发生。通过行动,行动者既表达了其行动的政治历史或政治背景,同时——与其同胞公民一道——又遭受了其行动的政治后果;因此,他再次被导向了行动。易言之,行动在一个关系网中发生,同时又创造了这样一个关系网。关系网既是遭受的结果,又是遭受的境况。若无遭受,绝无行动,反之亦然,因为遭受总是由行动维系或发动。实际上,根据阿伦特的说法,没有行动的遭受是非政治的,因而也就不再是遭受。她把这样的情境称之为兄弟情谊,强调它是"受迫害者或被奴役群体"的特征,必然伴随着"世界的丧失"(Arendt 1968:13)。

在遭受所属共同体的行动——包括我们并未参与其中的行动——的结果,以及我们的行动由共同体所决定时,我们作为个人是有责任的。还有,当我们把全新开端引入世界时——也就是说,

191

当我们做出某种"不确定"之事时 1 , 我们也是有责任的。换句话
说, 当行动者展开的行动与归属/遭受有关时, 他是有责任的。在
此, 我们可以更进一步表明, 以这两重方式定义的责任构成了政
治。阿伦特把政治等同于行动与自由, 但是, 如前所述, 她声称行
动和受难(如上述)一起构成了"同一个硬币的两面"。

我们在阿伦特那里找到了责任的这种双重结构的一个例子,
她曾声称"如果一个人因作为犹太人而受到抨击, 就必须作为犹太
人来维护自身"(Arendt 1994: 12)。正如她后来围绕《耶路撒冷的
艾希曼》引发的争议写给肖勒姆的信中所说的那样, 犹太性是自然
的被给予性(Arendt 1978a: 246)。也就是说, 这种同胞关系是自然
的、被动的和非政治的。然而, 责任是这种被给予性在行动中的显
现——行动无法预先确定, 但是另一方面, 若无被给予性, 行动也
无法发生。2 在与高斯的访谈中, 阿伦特详述了"归属于某个民
族"与"作为一个公民"之间的区分(Arendt 1994: 8):

> 首先, 归属于某个群体是一种自然境况。一出生, 你就永
> 远归属于某种群体。但是在第二种意义上, 即你所意指的方
> 式上归属一个群体, 则要加入或形成一个有组织的群体, 那是
> 完全不同的情形。……那些有组织的人们所共同的东西, 通
> 常称之为利益。

(Arendt 1994: 17)

自然境况(与生俱来之物)与政治境况(加入或形成一个群体)之
间——具而言之, 自然的同胞关系与政治的成员身份之间, 存在着
基本区分。积极的群体并不要求有别于自然群体, 但是要成为政

1　所谓"不确定", 我指的是不可追溯到此前的法律和动机。因此, 这里的不确定
　与独特性同义。这种独特性是政治的, 具有公共的和一般的意义。
2　自然的成员身份或被动的给予性, 与所谓的"自然特征"或种族关系无关。例
　见阿伦特(Arendt 1978a: 231)。

治的,同胞关系就必须变得积极:必须"作为犹太人来维护自身"。如她后来解释的那样,"说'我是一个犹太人'……我只是在承认一个政治事实,借此我作为这一群体的成员要优于所有其他的个人身份问题"(Arendt 1968:18)。当"因作为犹太人而受到抨击"时,阿伦特使其自然的犹太性变成了一个政治现实,这等于是说,她变得有责任。责任在于行动;然而行动使得向来就在的被动性公共化(Arendt 1958:208)。责任在于被动与行动的同时发生:被给予性经由行动而变得公共,而行动则反映了由先前行动带来的归属和遭受。

192   阿伦特在《耶路撒冷的艾希曼》中,有一个安东·施密特(Anton Schmidt)的论述,我们在其中找到了另一个有关责任的双重性的显著例子。对她而言,重要的不是某人帮助犹太人,而是一个德国人帮助了犹太人(Arendt [1963] 1965: 231)。阿伦特把其他救助者的情形放在一边,把施密特的故事与另一个德国人彼得·巴姆(Peter Bamm)的证词作了对照,后者"清楚事情的严重性,却什么也没做"。她写道,"政治地说来,[施密特的故事带来的启示是],在恐怖的境况下,绝大多数人会服从,但有些人就是不会"(Arendt [1963] 1965: 233)。在这里,阿伦特再次把行动与被动的同胞情谊(这时,它与做犹太人截然相反,而是一种具有政治性的被动的同胞情谊:做德国人)之间的关系明确为政治性的。政治上来说,构成责任的重要之物具体而言乃是行动及其给定框架——做德国人——之间的关系。与艾希曼相比,巴姆没有负罪感;他只是服从纳粹的法律。但是,施密特和巴姆要对德国人的行动负责,因为他们都是德国人。巴姆的立场代表一种"无能",阿伦特从未掩饰对它的蔑视(Arendt [1963] 1965: 232)。相反,施密特不仅对德国人的行动负责,而且采取主动,改变了做一个德国人的意义,由此也改变了他的同胞情谊本身的意义:他是一个救助犹太人的德国人;因此,德国人的同胞情谊就包括了救助犹太人的德国人(同样地,阿伦特自己的立场表明,也存在着维护自身的犹太人)。

阿伦特的主张有点极端。在她看来,责任甚至要求一个人牺牲自己的生命。在《有组织的罪与普遍责任》一文中,她写道:"我们能够确定一个人是反纳粹的唯一方式,就是纳粹绞死了他。此外再无其他可靠的标记"(Arendt 1978a:227-8)。[1] 在《耶路撒冷的艾希曼》中,她断言"这对今天的德国而言有巨大的'实际用处'……要是有更多……[施密特那样的]故事可以讲述的话"(Arendt [1963] 1965:233,强调为引者所加)。她说,有些人就是不会服从;易言之,有些人承担责任采取行动,以改变这一人的世界——改变一些事情,由此改变成员身份本身的意义。

维护自身的犹太人和救助犹太人的德国人都卷入了相同的双重过程:(1)承认一种被给予性,因为一个人无法选择生为犹太人还是德国人;(2)通过行动——通过个人独特的、根本的主动——都对这一被给予性的意义做出了改变。因此,责任在于通过个人行动改变给定的身份。

责任与意见

193

阿伦特强调行动的伟大性,它就像是光荣甚至自我牺牲行迹上闪耀的光。然而,在民主背景下,绝大多数时候行动只是在于表达政治意见。什么是政治意见? 在《真理与政治》一文中,阿伦特写道:

1　这种主张显然是成问题的:阿伦特的丈夫海因里希·布吕希尔就不是纳粹,但是他也没有奋力营救犹太人,而是逃离了德国。雅斯贝尔斯也不是纳粹,但他选择了"内在移民"(阿伦特并不赞成)。海德格尔因哲学的职业扭曲(déformation professionelle)而为暴君和领袖所吸引,也从未被阿伦特明确地认定为邪恶。参看阿伦特(Arendt 1978a:303)。

政治思想是再现性的。我通过从不同的观点来考虑一个给定的问题,通过把那些不在场的人的观点呈现在我心中;也就是说,我再现他们。这个再现过程并不是盲目地采纳那些身处别的地方的人的实际观点,因而是从一个不同的视角来观察世界;这不是一个移情的问题,仿佛我力图成为别人或像别人那样感受,也不是看哪边人多然后加入大多数的问题,而是以我自己实际上并不是的身份存在和思考的问题。在沉思一个给定的问题时,我越是在心中呈现人们的观点,我就越能更好地想象如果我处于他们的位置,我会如何感受和思考,我的再现性思考能力就越强,而我的最终结论、我的意见就越有效。

(Arendt [1961] 1968:241)

意见表达的是行动者的自由个性,它通过与他人、过去以及在时间中消失的他人的行动和意见的联系而形成:"若无他人所持的大量意见相助,无人能够形成自己的意见"(Arendt 1963:225)。因此,意见只对于那些归属于一个由他人构成的共同体的人才是可能的。(要记住,在论及丧失归属的《我们难民》一文中,阿伦特明确说到了难民们缺乏意见。)易言之,行动与归属的关键同步——即责任——正是在意见的形成中显现:"若无持久的反对和批判,就不会有爱国主义"(Arendt 1978a:247)。

通过形成政治意见,行动者在行动的同时也把他人考虑了进来。他通过创造一种新的在场使缺席的人再现。她在呈现自身的同时,也再现了他人;反之,通过再现他人,她也呈现了自身。这一过程,借此"我们力图与自己的所为和遭受达成一致"(Arendt 1994:309),就是净化(亚里士多德的 catharsis)或"与现实和解"(黑格尔语),它是古希腊悲剧的本质所在(Arendt [1961] 1968:45;1968:20)。通常,悲剧在主角承认自己的责任——即使自己

的行迹与诸神的意愿(不可避免的给定性)一致,并接受"事情之所 194
是"——之际达到戏剧性的高潮(Arendt〔1961〕1968:262)。责任
是悲剧性的,因为它在于这样一个消失的瞬间,那一刻人"能够说
出自己如何达成一个意见"(Arendt 1992:41);也就是说,那时她
想起了被给定的*他性*。

现在我们可以把责任确定为通过再现性意见和行动对给定的
同胞情谊所作的关键和根本性改变,它意味着对所是的延续和改
变。这些改变考虑到了被给予之物——我们周围的他人,哪怕他
们可能并不在场。当一个人的*自由所为*代表了他人的行动和遭
受,当一个人接受了自己与某个具体共同体及其传统的关联,当一
个人的行动不可摆脱地与共同体及其成员的命运关联在一起,她
就是有责任的。一切试图切断那些再现被给予之物的关系的做
法,都是意识形态。实际上,意识形态是"内在于他们各自观念中
的逻辑",因此隔断了与意见和现实的关联。然而,只有当一个人
对被给予之物加以*改变*之际,她才是负责任的,当然,对于被给予
之物,她也接受,甚至可能冒生命危险对其加以转变和延续。只有
当一个人通过自己的*主动*去挑战所属共同体及其传统,她才是负
责任的。阿伦特申论,这些挑战对所有人产生影响,而责任填充了
共同体与人类世界之间的裂隙。

致　谢

这一章是我对《汉娜·阿伦特的责任概念》(Hannah Arendt's
Concept of Responsibility)一文做了大量修改的版本,后者曾于
2004年发表于《社会和政治思想研究》(*Studies in Social and Political
Thought* 10:39-52)。

阿伦特与革命问题

⊙ 小安东尼·F.朗

1963 年,汉娜·阿伦特出版了《论革命》一书。在这本书中,阿伦特对法国革命和美国革命做了一种奇特的解读,由此探究了政治行动与政治制度之间的关系。当然,在她的全部作品中,这不是唯一论及革命的作品,也不是唯一探究与革命相关的各种概念的作品;实际上,我们可以说,作为某种"开端启新"的革命政治活动观念,可以在她的整个政治理论中看到。

不过,这本书也受到批评,尤其是她有关代表和制宪权的观念(Negri 2009;Wellmer 2000)和她对于美国奠基的历史叙述(Disch 2011)。当然,有些批评是基于对文本的误解,还有些批评则是未能把握到阿伦特所从事的更大计划。要真正理解阿伦特所谓的革命,必须把这本书置于更宽广的背景中,尤其是置于她关于政治和行动的观念之下。

在本文中,我将首先解释阿伦特关于政治行动和制度的观念,主要聚焦于法律和立宪。然后,我转向对《论革命》的细读,考察她在这一文本中所做的概念变动,以便搞清楚这些概念如何与她更大的理论构想联系在一起。最后,我将对现代经常发生的抵抗运

动和阿伦特对革命运动的国际性或全球性理解的态度做一简洁论
述,以此作为本文的结束。

197　从行动到制度

　　众所周知,阿伦特把政治行动提升为人之为人的构成部分。
在最重要的政治理论作品《人的境况》中,她区分了三个生命领域:
劳动、制作与行动。劳动关切的生命领域致力于维持个人的身体
生存的境况,比如食、住和衣。制作关切的是人造物的创制,通常,
它们的持存要超过具体个人或共同体的直接生存,其中包括艺术
品、建筑物或作品的创制。行动,她处处严加关切的活动,则是诸
多个人走到一起谈论、决定并创制新制度和结构的公共活动,而我
们的公共生活,即我们作为政治存在者的生活,就是在这种新制度
和结构中的管理之下。阿伦特认为,政治行动这个领域向来为绝
大多数政治理论所忽视,尤其为那些受马克思以及其他把前两个
领域置于第三个领域之上的思想家影响的理论家所忽视。

　　阿伦特的政治行动概念有时难以捉摸,因为她在创造这个框
架时对海德格尔和亚里士多德做了混合运用,因此与绝大多数关
于政治生活的标准论述没有共鸣。在阿伦特看来,行动关涉的是
通过行迹和言辞向他人揭示自身、呈现自身。行动是政治的,因为
它是某人的公开呈现,决定着我们如何在一起生活。议会或镇民
大会的构建阶段提供了空间,借此人们既可以创建(再建)公共领
域,又可以在创建中揭示自身。阿伦特提出这一行动概念,是基于
她与古希腊罗马哲学家的交锋,后者力图定义政治性领域。这一
领域结合了荷马式的争胜精神和亚里士多德的言说作为人所独有
的特征的观念,形成了一个让竞争和冲突得以发生的公共空间。

　　根据阿伦特的说法,公共领域是这样一个地方,在那里"每一

个人都必须不断地使自身与所有他人区别开来,通过独特的行迹或成就表明自己是所有人中最好的"(Arendt 1958:41)。由于政治行动是自由的公共呈现,所以必定有一个使这一呈现得以可能的共同体。她指出,行动在"一个人类关系网"之中发生,其构成一方面是他人的行动和言说,另一方面是环绕和锚定人与人之间互动的"共同世界"。因此,政治需要一个公共领域,它由彼此同意平等的同胞构成,它不是一个功绩的共同体,而是一个行动的共同体。

阿伦特从把政治行动设想为人类关系网中发生之事,转向了 198 城邦中进行的行动。然而按照阿伦特的理解,政治行动不能限制在城邦的高墙之内。政治行动犹如奇迹——它是某种既无法期望也无法遏制之物。行动总是倾向于越过我们力图遏制它的那些界限:

> 此外,行动无论其具体内容为何,它总是建立关系并因此具有一种冲破所有限制、跨越所有界限的内在倾向。限制和界限存在于人类事务之中,但是它们从来都无法提供一个足以可靠地抵御每一代新人主张自身权利时所带来的冲击。
>
> (Arendt 1958:190-91)

尽管城邦是为政治行动创造一个物理空间的尝试,但是行动迫使自身超越这些界限。易言之,阿伦特这里留出了一个国际的或者全球的政治空间,它不限于单个的共同体或领地,相反,就其能量和创造力而言,它是无限的。如我将在本章结论中要展示的一样,即使革命的政治活动似乎局限于单个的构成共同体,但仍可能有一个空间让全球革命运动汇集在一起,创造自由和政治行动的新全球空间。

根本而言,行动不只是创造政治空间和制度,而且创造行动者本身。正是在这一点上,阿伦特的思虑进入到了存在论领域。因为在她的论证中,除非介入政治行动,人无非是碎片化的、异化的、贪婪的实体。而一旦出现在公共舞台,无论是通过言说还是行动,人这种行动者就成了一个确定的"谁",而不再是个"什么"了。

行动与政治制度的创建和运行之间的关联,在《人的境况》中并没有得到充分的论述。阿伦特说,公开的言说和行动使我们置于关系"网"中,即一个存在于人们"之间"的背景,这可以说是阿伦特最接近谈论行动如何导致制度的地方:"绝大多数行动和言说关注的就是这个在之间(in-between),她因不同的人群而异,因此绝大多数的言辞和行迹除了是对行动者和言说者的揭示之外,还关涉某个世俗的客观实在"(Arendt 1958:182)。不过,如我们将在后面看到的那样,阿伦特在这一文本中的政治行动观念所呈现的难以捉摸的特征,并不是由于她没有能力就制度进行理论构建。相反,它源自于她为重申政治行动之重要性以及阻止这些行动僵化不变所做的努力。在阿伦特看来,政治行动最重要的一个方面恰恰是它的创造性力量,即它使人类得以开端启新的能力。这种她所谓的"新生性",规定了政治领域中人的境况。

《人的境况》提供了一个对于政治生活的生存论或现象学理解。当然,阿伦特并没有停留在此,而是继续探究这些行动如何真正地转变为政治制度和结构,尽管保持这种基本的创造力会让这些制度和结果不断演进更新。阿伦特加以探究的一个制度是法律,尽管论述得很简洁。因此,在转向《论革命》这个文本之前,谈谈法律观念及其与她对政治行动的理解之间的关联,可能是有所助益的。

在她的论文《导入政治》中,阿伦特给出了她如何联系政治来理解法律的洞见。这一文本对理想化的希腊法律观念与罗马法律观念作了比较。希腊的法律观念是自然法,这一框架与伦理性和合法性紧密相关。法律可以来自于外部,可以是人也可以是神,他把最富有理性和公正的法律构想带给共同体。梭伦是古希腊的立法者,他以一种历史的—神话的叙述方式规定了雅典的法典,可以说是这一过程的一个典范:

> 对于希腊人而言,法律既不是协议也不是契约;它不是产生于人与人之间来回往复的言行交流,而是本质上由一个立法者所构想,而且必须在它进入政治领域之前首先存在。因此,它是前政治的,但在政治这一意义上,它构成了一切进一步的政治行动和互动。
>
> (Arendt 2005: 180)

与这种法律观念相反,阿伦特认为罗马法就是来自她在《人的境况》中描述的这种政治互动(或者至少是这种互动过程一个变形)。对于罗马人而言,法律来自于个人必须彼此讨价还价、进行协商的政治背景,在共和国时期,这一背景已然出不同制度所代表的不同阶级形成的宪政秩序所决定(Lincott 2004)。法律"把人们联系在一起,它的形成并非经由强制命令或强力,而是通过互相同意"(Lincott 2004: 179)。阿伦特为这种相处方式补充了一个过程,罗马帝国在其扩张阶段,正是借此把其法律结构带入了一系列不同的异国法律、政治甚至宗教制度之中。因此,罗马法典是通过多元协商得到确定,这一过程所产生的巨大结构无法用一种单一的民族精神所界定,相反它源自于某种类似于外交协商而非司法决策的活动。

200

根据这一说法,法律源自于政治行动。对于本文的目的而言更重要的是,法律"构成并保护了一个共同世界——公共领域——在那里,人之境况明确具有的行动精神才能持续"(Goldoni & McCorkindale 2012: 11)。阿伦特在其对政治生活的理解中,并没有把其中法律观念置于另一种之上,不过,她在《论革命》中运用到这方面的材料时,显然更偏向理想化的罗马法律观念而不是希腊法律观念。《论革命》给我们叙述的,也是革命时刻如何转化为一部宪法,或者为何未能转化为一部宪法。因此,通过她的法律观念来理解阿伦特关于行动与制度之间关联的看法,是探究《论革命》的一个很有益的出发点。

《论革命》的论证

　　根据杰罗姆·科恩(Jerome Kohn)的说法,《论革命》本来是一个更大计划的构成部分,借此阿伦特从《人的境况》转向创造政治制度之困境的理论反思(Kohn 2005:xvii)。它是此前汇集在她1961年出版的文集《过去与未来之间》第一版中加以处理的主题的继续。随之,这些主题还贯穿在她很有影响的文集《共和危机》中,尤其是她在1970年所接受的访谈中,后来以"关于政治与革命的思想"为题重印(Arendt 1972)。

　　因此,革命是阿伦特的一个核心关注。但是,阿伦特为之激动的并非只是革命行动以及对革命之原因的剥离。阿伦特发现,革命是一个凸显积极的政治生活之潜能的概念,反映了政治本质上的新生性。在《论革命》伊始,阿伦特把革命与战争联系在一起,指出这些活动决定了20世纪的样子。它们之间的联系在于两者都依赖于暴力,不过它们依然彼此不同,因为战争并不向往自由,而且正如阿伦特在其他著作中强调的那样,战争通常是政治的对立面。在《论革命》的导言中,她预示了在《论暴力》中得到充分阐述的一些论点,尤其是如下主张:暴力处于政治领域之外。这本著作似乎导向这样一个结论,革命,特别是当其以最暴力的形式呈现

201　时,与战争一样具有反政治性。然而,在她的整个文本中,这一点逐渐消散,以至于阿伦特巧妙地远离她的同时代人的论点,比如弗朗茨·法农,他鼓吹革命暴力是政治生活的合法形式(Fanon

1965）。因为,尽管她并没有避开革命运动的暴力,但她对暴力的理解提供了一种不同于其同时代人的理解的替代方案。正如一些评论者指出的那样,当她对革命的理解与法农这样的理论家的暴力概念没有关联时,就更好地再现了随苏联的瓦解而在 1980 年代晚期和 1990 年代早期发生的革命（Howard 2010）。

阿伦特进而从马基雅维利这位"革命的精神之父"开始,重新定义革命（Arendt 1963：37）。无疑,阿伦特推崇的是《李维史论》中的马基雅维利而不是《君主论》中的马基雅维利,因为她强调的是马基雅维利把革命当作奠基行动的理解。可以说,这种共和主义的思想传统在《论革命》中随处可见。不过她指出,马基雅维利还完全处于中世纪,因为他仍把革命一词理解为对统治者的反叛。这意味着,马基雅维利并没有明确地把革命与自由观念联系在一起,而这基本上构成了革命一词在 16、17 世纪的含义。当革命被理解为是整个政治秩序的更替而不是统治者的更换时,革命一词的含义开始改变。此外,正如阿伦特指出的那样,它的变化日益以一种激进的方式与历史联系在一起。阿伦特解释说,这个术语的现代含义源于哥白尼的天体革命观念（Arendt 1963：42）。这与自然法则中新兴的趋势有关,尤其是与那些通过考察自然世界寻求人类境况的洞见的说明有关。世俗化的新兴自然法则与英国内战的汇合,塑造了革命的含义。正如阿伦特解释的那样,革命在 17 世纪这一背景下被理解为周期模式的"复辟"或"循环",就像 1688 年的光荣革命:起义,然后君主制复辟。

如阿伦特所强调的那样,自然主义说明的不可避免性在 18 世纪尤其是在法国革命的背景下,经历了一个微妙的转变。它的提倡者不再把革命视作万物本性的一部分,而是被理解为历史进步的一部分,即一个无法控制的新开端。它从"循环的周期运动和规律性转向了不可抗拒性"（Arendt 1963：48-9）。这种新含义与 19

世纪始于黑格尔并为马克思所延续的历史思考交织在一起。他们的叙述把革命确立为更宽广漫长的历史过程的一部分,而后者几乎没有为阿伦特在《人的境况》中所强调的政治的行动和新生性留下任何余地。阿伦特申论,对法国革命的黑格尔式和马克思主义解读,塑造了现代人对于革命一词的理解,尤其是通过"水流"、"潮流"和"河流"这样的隐喻所给出的不可避免性和不可抗拒性理解。人的行动消失不见,我们所能做的仅仅是作为旁观者坐看历史奔流:"俄国人从法国革命中学到的是历史而不是行动——而这种学习几乎构成了他们为革命所作的全部准备"(Arendt 1963:58)。阿伦特先是把革命与 17 世纪的自然哲学联系在一起,然后又把它与 18 世纪晚期和 19 世纪晚期的历史主义联系在一起,由此提示革命观念或许难逃一种决定论,也就是说,它事实上与作为其思想核心的政治行动相对立。在某种意义上,阿伦特希望从这些叙述中重申革命的意义,不过她能够在多大程度上获得成功依然成疑,因为这些历史主义解读强烈地影响了我们对于革命的集体理解。

202

革命问题进而由于"社会问题"而恶化,这构成了阿伦特在《论革命》第二章中论述的内容。在《人的境况》中,阿伦特曾把社会性当作政治生活的问题而引入,进而对家庭这一私人领域如何被错误地引入城邦的公共领域进行了批判(Arendt 1958)。在阿伦特看来,这些领域的混合破坏了政治性,因为它把政治行动简化为食、衣、住这样的世俗领域之事。《论革命》中呈现的社会性,就被认为吞没了法国革命。法国革命不像在美国发生的革命,是一个人们可以确立和构建新政体的公共领域,而是被迫面对贫困问题,从而导致革命轨道在暴力中垮塌。

这是对于《论革命》中的社会问题的主流解读,无疑,它在某些方面能够与阿伦特推崇政治性和政治行动的最重要关切很好地联系起来。与这种解读不同,或者说作为这种解读(因为它也不是完全错误)的补充,我在这里提出另一种解读:阿伦特在书的这一部分对社会性的批判,其实是对制宪权观念的批判,即批判它作为理解革命如何转变为一种宪法或制度结构的方式。制宪权观念所指涉的,是政体或宪法秩序在"人民"的构建意志中有其创造来源。阿伦特这里的关键,并不是蔑视对衣食的关注,也不是批判为了缓解贫困问题而引发的革命。相反,她所批判的是如下观念:一个彼此疏离却统一在一起的政治体所引发的革命,可以很容易转变为一种民主政治秩序。在卢梭和西耶斯(Abbé de Sieyès)的影响下,这一观念构成了法国革命的理论基础。

  阿伦特以对马克思的批判开始第二章,这与她在《人的境况》中的批判性处理相似。不过,从对马克思的批判转向了对卢梭更为持久的批判,即对她在卢梭作品中发现的一个特别恼人的方面即同情的批判。从词源上来说,同情意味着"感同身受",从而与他人成为统一体。卢梭使得同情以公意为名贯穿在整个政治领域。但是,正如阿伦特指出的那样,民族在反对一个外部敌人时能够最好地统一在一起,而卢梭把这一事实加以改造后叙述如下:

> 因此,[卢梭的]问题在于如何在外交事务范围之外发现这样一个共同敌人,而他的解决方案认为,这样的一个敌人存在于每一个公民的心中,即每个公民的特殊意志和利益;问题的关键在于,只要把所有特殊的意志和利益加总,这个隐藏着的特殊敌人就可以提升到共同敌人的层次——从内部统一整个民族……为了参与这个民族的政治体,每一个国民都必须起来不断地反抗自身。

(Arendt 1963: 78-9)

每一个公民心中的这种内在冲突,必须通过公意迫使个人具有同情心和变得无私而加以克服。在创建新制度时,任何诉诸利益或精明的做法都是负面的,是需要加以克服的东西,以至于个人能够在革命运动形成的公意中丧失自身。因此,制宪权按照卢梭的定义,就在于其无私性和同情性,这就使得所创建的制度偏向社会中的穷苦之人。

卢梭的公意观念与他对人类制度中的绝对善信念有关。因为,如果扰乱个体公民的个人欲望可以通过致力于整体的善而得到根除,那么就可以产生一种充满这种善的政治生活。阿伦特在这里简略地提及了赫尔曼·梅尔维尔(Herman Melville)的小说《比利·巴德》(*Billy Budd*),它讲述的是一个天真单纯但沉默寡言的水手的故事,这个水手不仅受邪恶的军械师克拉加特(Claggart)的摆弄,更关键的是,船长维尔(Vere)为了保护这艘船而不得不判处失手杀害克拉加特的巴德死刑。阿伦特在这里运用这个例子,是要强调善本身无法在政治生活中存在,就此而言恶也如是,因为只有船长维尔审慎的行动才能维持船上的制度生活(Arendt 1963:82)。政治制度一旦剥离同情、善和理想主义,就能够作为手段发挥作用,借此政治行动才有机会兴盛起来:"悲剧在于,法律既不是为天使也不是为恶魔制定的,而是为人制定的。法律以及所有'持久的制度'不仅会在基本恶的冲击下瓦解,也会在绝对天真的影响下瓦解"(Arendt 1963:84)。

阿伦特申论,美国建国之父们理解而法国人未能理解的正是这一点——政治制度若意图反映一种用以创造完美的制宪权,就无法起作用。根据这一想法,阿伦特探究了美国之父们在构想《独立宣言》和《宪法》时所提出的政治自由的性质。她强调公共"幸福"的观念,认为幸福不在于家庭的愉悦,而在于公共协商,在于公民们治理自身的行动。这种对公共幸福的追求之所以有可能,是因为美国之父们无需使自身陷于日常生活的苦役,即那种让法国革命之父们费尽心思的"社会"必需品。无疑,对于那些想要声称阿伦特赞同美国例外论的人而言,这些章节成了用以例证的论据。

实际上,整个文本中有些类似圣徒行传的段落,在那里,阿伦特把约翰·亚当斯和托马斯·杰斐逊这样的人物看成是她所理解的政治行动者的典范。但是,以这种得意扬扬的方式来解读阿伦特是一种错误;比如,她指出,美国的"奴隶制所具有默默无闻甚至比贫困的默默无闻更加黑暗"(Arendt 1963:71)。不过,很显然的是,阿伦特发现奴隶制有违她在整本著作中颂赞的政治自由要旨,而且,杰斐逊和其他人之所以认为这个"奇特的制度"有问题,并不是因为对奴隶的怜悯,而在于它对公共自由是个威胁。

正如《论革命》所展开的那样,阿伦特探索了美利坚共和国的建立,并考察了革命与宪法之间的关联,而那些想要在这一著作找到法国革命与美国革命之间的简单对比的人,常常忽视了这一关联。她转向托马斯·潘恩(Thomas Paine)这位最激进的美国之父,强调了让革命时刻显得如此不同和重要的东西:"宪法并非政府的行动,而是人民构建政府的行动"(Arendt 1963:145)。但是,法国革命与美国革命在宪法问题的区别,可以在孟德斯鸠对美国人的影响上看到,因为正是孟德斯鸠的观念使得美国人把自由与权力结合在一起,承认有必要限制政府的机构。完全不是仅仅依靠法律来制约权力,孟德斯鸠认为,"权力只能由权力来制约,也只有通过权力来保持完整"(Arendt 1963:151)。孟德斯鸠以及美国之父们不只是在意限制权力,这一点常常为自由主义者和美国经验的自由市场解释者误解。

阿伦特进而探究了权力与法律的关系。她申论,革命时刻的制宪权在法国革命和美国革命的观念和实践中所扮演的角色截然不同。在法国,制宪权被认为是法律和宪法之源。因此,它的流动性和不稳定性导致国民代表大会和宪法为冲突所撕裂,从而使得整个 19 世纪甚至 20 世纪完全处于不稳定状态;相反,美国经验则不依赖于制宪权来确立起合法基础,至少按照阿伦特的说法是如此。确实,美国之父们运用的立约观念源自英国大宪章和普通法传统,正是基于此他们确立了秩序。阿伦特申论,普通法遗产和法律传统为美国经验提供了更为世俗和稳定的东西,他们的宪法秩序正是在此基础上建立起来(Arendt 1963:157)。美国宪法尽管是代表其选民的个人们聚会的结果,但也是吸收思想和实践的历史传统的结果,这就使得美国宪法要比那种用以表达公意的革命文件(比如法国革命)要稳固得多。在这里,阿伦特不是在争辩革命的重要性,也不是认为热月政变要高于激进主义的权力;相反,她所申论的是,革命结果必须有某种具体的世俗之物作为其基础,而一部宪法就能够引导共和国度过革命时期。

法律与权力之间的区分使得美国革命比法国革命更成功,在确立了这一点之后,阿伦特转向了她在《过去与未来之间》(Arendt[1961]1968)和"导入政治"(Arendt 2005:93—200)中处理的问题。在这里,我们发现她对罗马法观念的论述;罗马人在建国之际依赖于权威、传统和宗教观念。这些奠基因素融入了对美国经验的理解,美国之父们就像他们的罗马前辈一样,参考了共和传统。美国之父们依靠17世纪的宪章和朝圣者的契约强化这些奠基因素时,运用的不只是罗马传统,还有古代犹太人的传统。他们对传统权威的尊重,赋予了美国经验某些法国人未能注意到的东西,因为后者一心想要扫除旧秩序的一切残余。然而,美国经验不应限于传统的权威,因为阿伦特提醒我们,它已然是一场革命,是与既有秩序的断裂。传统的历史与革命行动的新生性之间的这种辩证法,正是阿伦特的美国经验论述的核心所在。

不过,著作到此并未结束,因为在最后一章中,阿伦特认为革命传统中还有一种"失落的珍宝"。美国之父们力图在他们的制度中创造某种永恒性和持久性,这就意味着他们并不认同自由的核心地位和政治新生性的力量。尽管美国经验取得与法国革命截然不同的成功,在于它为其法律和宪法秩序奠基时能够利用过去,然而根据阿伦特的解读,它还是走得太远了。因为美国之父们在创设宪法对革命加以形式化时,未能为"这个国家的所有政治活动的原初来源,即市镇会议和市政厅会议"留出空间(Arendt 2005:239)。在通过国民大会以创建国家制度上,最初激发人们革命的那种政治行动的多元精神丧失了。在这里,阿伦特回到了法国革命的代表观念。罗伯斯庇尔(Robespierre)指责代表未能表现人民的意志,而阿伦特主张,代表的问题在于它未能驱使人民按照自己的意志行动,展开每天的政治活动。她指出了所有革命中小团体显现的方式,从美国的市政厅到巴黎公社,再到俄国的苏维埃。托马斯·杰斐逊盛赞美国早期的委员会,认为它是必须加以珍视的资源,然而阿伦特在他的这一洞见中看到的,则是失落的革命珍宝。需要拯救的,正是政治生活中持续行动的能力,以及这些日常的政治参与模式的核心地位。当然,如杰斐逊一样,阿伦特承认,为这些委员会留出空间会对更大的政治秩序形成挑战,甚至造成破坏。因此,杰斐逊的著名诗句"自由之树需用革命洪流来浇灌"所论及的不只是大规模的国家革命,也是指人们在一起行动的那种持续潜能,它可能对现存秩序形成挑战。阿伦特沿着这条思想路线,批判了早期的美利坚共和国中政党制的创建,因为政党以代表为导向并且造就了职业政客,而委员会制度则以创建公民空间为导向,从而使公民成为政治生活的积极分子,防止少部分精英或一套制度支配他们的政治生存(Arendt 2005:273)。

阿伦特的革命传统与我们的革命传统

在《论革命》中,阿伦特是通过对法国革命和美国革命的解读来拯救政治行动的观念(Arendt 1963)。她对革命、奠基、宪法和法律之间纵横交错的细微解读,指明了政治行动与政治制度之间辩证关系的重要性。它表明,即使在最民主的制度、代议制政府中,自由也会因个人不再能够作为公民公开行动而丧失。在1970年的一个访谈中,阿伦特从对历史上的法国革命和美国革命的关切,转向了对1960年代的学生运动的评价。访谈伊始,她就申论学生运动增强了一个核心主张——公开的政治抵抗显然带来一种公共幸福(Arendt 1972:202)。在对学生运动转向大学而没有持续聚焦于公共政治事务表示了轻微的责难之后,阿伦特走出了引人瞩目的一步。在访谈者进行的总结性讨论中,她把自己关于革命活动的喜悦和委员会政治的重要性提升到了国际层面。在那里,她认为一系列的全球抵抗运动,横跨不同的国家,可能会统一成一个联邦结构,它既可以保持一种委员会精神,同时又以某种方式具有国际性。这个全球联邦结构能够依赖地方性的政治委员会,但不再受限于主权观念:

> 在这个方向上,我看到了形成一种新的国家概念的可能性。这种委员会国家与主权原则完全无关,会非常适合于彼此截然不同的东西联盟,这特别是因为在它那里,权力是水平地而非垂直地构成。但是,如果你现在问我它的现实前景如何,那我必须对你说:非常渺茫,如果说还有希望的话。然而,毕竟可能——存在于下一场革命的觉醒之中。

> (Arendt 1972:233)

在这次访谈中,我们可以看到作为自由空间呈现的全球政治抵抗的潜能,以及捕获失落的革命珍宝的方式。就为政治行动留出的空间转向了全球层面而言,这并不是阿伦特思想的明确维度。不过即使如此,它仍值得注意。这一引述促进了阿伦特对卢梭的公意批判,从局限单个国家或民族扩展到全球的政治行动、全球的革命行动,从而创造新的自由空间和自由。

　　阿伦特指出了革命理论家和政治理论家未能看到的东西。全球性抵抗运动，比如 1990 年代晚期的反世贸组织、21 世纪初的占领运动以及阿拉伯世界的革命动态，全都指向了超越边界的革命精神的持续重要性。即使这些运动有时以建国为目标，或者由阿伦特所蔑视的道德主义激发，它们仍反映了阿伦特试图在政治行动中抓住的那种内在的"喜悦"。它们也是全球范围的，反映和折射出了不同的政治生活图景，若我们仍锁闭在传统的革命理论中，这种革命理论依赖于传统的制宪权概念，那它们的结合方式就会让我们大吃一惊。相反，它们代表着创建新的自由模式、新的自由空间的努力。它们是仍在进行着的努力，没有局限于某个时刻或空间。阿伦特对革命的反思可能并不完全正确，但毫无疑问的是，她所展示的"珍宝"将会继续在世界各地新一代的行动主义者那里找到。

承诺与宽恕

⊙ 玛格丽特·拉凯齐

本文阐述的是阿伦特关于行动以及政治生活的说明中宽恕与承诺的重要性。它们所起的特殊作用，是解决行动以及为政治构建所谓的"道德准则"所引发的问题。它们是《人的境况》（Arendt 1958）的主题，承诺同时还是《论革命》（Arendt 1963）的核心主题。人类事务的脆弱性来自新生性这一人的境况，因为开端启新总是会动摇稳定的生存（Arendt 1958：188-92）。在《人的境况》中，阿伦特对宽恕和承诺作了强调，认为它们有能力应对行动所引发的问题，即不可逆性和不可预测性。所谓不可逆性，是说我们行动一旦完成，就不可能取消。所谓不可预测性，一方面指的是我们不可能知道或控制自己行动的结果，另一方面是指人的不可靠性，即我们无法保证别人会去做我们所期望的事。

行动引发的第三个问题，宽恕和承诺都可以作出回应，那就是无边性（boundlessness），阿伦特虽然并未强调这一特征，但它也是阿伦特在理解宽恕和承诺在政治中的作用的一部分。无边性关涉所有行动的后果，它可能开启无法控制或停止的反动链（Arendt 1958：90-91）。

　　阿伦特申论,行动有别于劳动和制作,因为它从自身内部即通过进一步的行动从自己的弱点中解放出来。劳动的重复性和暂时性通过制作所制造的持久物体得到补偿,制作的意义缺乏则由发展出重要叙述的言说和行动加以改观(Arendt 1958:236)。宽恕使得人们从"不可逆性"中解放出来得以可能,即使人不陷于自己在过去做下的不可挽回之事中(Arendt 1958:237)。承诺则聚焦于未来,力图在一个脆弱的、不确定的世界中确立一种稳定和关联的保障。宽恕让我们从自己生活中的错误里摆脱出来,而承诺则使我们与他人和未来联系在一起。宽恕和承诺拯救了人的境况,使之免于从内部因行动而毁灭。行动最接近新生性,因为它开端启新,是最具政治性的活动(Arendt 1958:8-9),当然它也有产生一系列不可逆、不可预测的结果的危险。这种危险部分来自行动的特殊性,即它首先关注的不是结果或目的。因此,宽恕和承诺针对的也不是具体目的。正如阿伦特所言,"行动只有在其本真的、无形的而且总是十分脆弱的意义被破坏时,才会导致成品"(Arendt 1958:196)。尽管如此,它们能够改变和改善政治中事件的进程。

　　新生性必定带来脆弱性,而宽恕和承诺的行动则是自由和新生性的表达,因为在阿伦特看来,政治关系能够让事情再次开始:宽恕使一个人能够在错误之后重新开始,而承诺则发起了新的协议。宽恕和承诺能力构成的独特道德准则,是我们在世界上与他人一起生活的反映:"从宽恕和承诺能力中推导出的……道德准则所依赖的经验,没有人能够仅凭自身就能拥有,相反,它完全基于他人的在场"(Arendt 1958:238)。这些道德规范源自行动和言说内部,因此它们是把我们从无尽的结果和反动链中解救出来的内在"控制机制"(Arendt 1958:246)。在"政治思想传统"中,阿伦特写道,"严格意义上来说,宽恕是唯一能够把我们和他人从一切行动都会产生的结果链和模式中释放出来的行动"(Arendt 2005:

59）；承诺则在《人的境况》中作了说明。宽恕和承诺超越了惯习或风俗，关切的是善良意志，而不是义务或原则（Arendt 1958：245）。它们是独特的政治空间中特殊的行动方式。下面，我将论述为何阿伦特认为承诺和宽恕如此重要，它们又是如何使道德和政治以及公共生活的意蕴得以可能。

宽恕与不可逆性　　211

关于宽恕与承诺，阿伦特的关注所在是它们潜在的开端启新能力，这可以说是政治生活中的一个进步。她的首要关切就是这种潜在能力，而不是要提供一个宽恕定义。她提出的宽恕，是一个世俗的、属人的、政治的概念。因此，她并未考量人际间的宽恕，而是提供了政治宽恕，比如罗马的原则 parcere subiectis（宽恕被征服者），改变死刑或赦免死刑犯的权利，"这几乎是所有西方国家首脑的特权"（Arendt 1958：239）。其他严格来说类似的政治宽恕例子还有大赦、宽大处理、仁慈与和解。在阿伦特看来，这些都是政治领域中采取的宽恕形式，因而使得她的宽恕观与政治领域相关（参看 Schaap 2005），这正是我在本文中的关切所在。在这里，政治宽恕观念的一个特征是它的表演性。一般意义的承诺和具体的政治承诺的表演性，常常为人们所论述（例见 Derrida 1986；Hoing 1991）。但是，政治意义上的宽恕的表演性却较少得到讨论。个人的宽恕通常涉及心灵的转变，并且要求极度的真诚，与之相反，根据阿伦特所列举的形式，政治宽恕并不依赖于心灵状态，当然它们也会涉及支持性的行动。尽管如此，她的宽恕概念仍保留了人际宽恕的一些因素，因为如我下面所论述的那样，它的关切点是人，即那个谁。另外，被宽恕之人的心灵的感知状态甚至在政治和法律背景下都所有触动，比如他们表现出悔恨自责。

阿伦特聚焦于几种可以宽恕的行动罪过。她认为,宽恕适用于那些"无意"犯下或并未意识到的过失,这似乎意味着宽恕只能发挥有限的作用。她写道:"不可逆性困境——尽管一个人不知道也无法知道自己之所为,他仍无法取消做过的一切——的可能解救之道,是宽恕能力"(Arendt 1958:237)。阿伦特宣称,"犯罪和有意作恶极为罕见"(Arendt 1958:240),这正是过失行动值得宽恕的原因所在。在这里,阿伦特申论,我们宽恕"所为之事……正是为了犯下此事的谁"(Arendt 1958:241)。这些过失以及它们的结果是人类生活之不可逆性的一个方面,她的特别关注就是政治中的这些过失以及针对它们可能的政治反应。

212　　无边性涉及的是行动的结果,在这里,它正是阿伦特的观点惹人注意的独特性。尽管看起来她只是涉及宽恕那些小过失而不是严重罪过,但是她对我们行动的不可预见的结果的关注,也包括那些开始只是小过失却有严重结果的情形。在那种意义上,阿伦特对宽恕的论述预示了后来的"道德运气"论述,根据后者,我们对行动的判断在一定程度上取决于随行动而来的后果(参看 B. Williams 1981)。此外,她的言外之意还意味着我们在判断时可能犯错,在此意义上,我们值得被宽恕。宽恕总是被认为是对有意伤害他人的行动的反应,就此而言,无心之过无需宽恕。然而,由于阿伦特在这里论述的是政治宽恕而不是个人宽恕,因此她关心的是有着一波波意想不到结果的行动。她承认,并非所有过失都是无意犯下的,如同她认为有些行动不可宽恕,因此,宽恕"不适用于犯罪和有意作恶的极端情形"(Arendt 1958:239),因为它摧毁了人类事务和权力。我们可以看到,阿伦特在这里给出的主张很强硬。在某些情形中,我们可以(适当地)宽恕极端的罪和有意之恶,至少这一点是可争辩的(Allers 2010),哪怕在其他人看来宽恕这些罪行可能是个错误(Vetlesen 2011)。然而这样一来,相关的宽恕就更像是个人宽恕而不是政治宽恕,如阿伦特在讨论惩罚时所表明的那样。

不可逆性的问题在于我们无法取消过去,因此宽恕必须扮演另一个角色。为此,阿伦特认为宽恕还包括放弃复仇,由此避免暴力的循环,以便享受一种相对稳定的政治生活,这是一个与承诺能力相关的特征。政治地来说,放弃复仇意味着不采取针对所犯下过失的行动。因此阿伦特申论,宽恕是报复的对立面,因为报复意味着最初因错误或罪过而开启的过程,在连锁反动中继续。相比之下,"宽恕无法被预测;它是唯一以意想不到的方式展开的反动,因此它尽管是一种反动,却仍具有行动的某些原始特征"(Arendt 1958:241)。阿伦特声称,尽管宽恕是对另一个人的行动的反动,但它仍是一种"奇迹",因为它不可预测和极为罕见(Arendt 2005:114)。在阿伦特看来,复仇是十分机械的,只是作出反应而已,与宽恕行动不同。相比之下,如同毁坏与制造相关,宽恕与行动相连。复仇是一种破坏性的反应,宽恕则使得新开端得以可能,从而把我们从过去的某些结果中解放出来,哪怕没有取消它们。

惩罚则是替代宽恕过失的另一个方案,当然它们之间并不对立。在阿伦特看来,宽恕和惩罚都是终结可能无限持续下去的过程的尝试。她写道,"因此它是人类事务中非常重要的一个结构性因素,因为人们无法宽恕那些无法惩罚的行动,也无法惩罚那些业已证明是不可宽恕的行动"(Arendt 1958:241)。不可宽恕的罪行是无法宽恕的,这一观点与雅克·德里达的观点形成对照,后者认为纯粹的宽恕正是对不可宽恕的宽恕(Derrida 2001)。这些特征无疑是对阿伦特意义上的极端恶行——"根本恶"的刻画。我们无法宽恕或惩罚根本恶,因为它超越了人类事务领域(Arendt 1958:241)。在《极权主义的起源》中,阿伦特描述了根本恶剥夺人的法律身份、道德选择以及破坏他们作为人的基本自由的连续过程;简

213

而言之,根本恶把人们看成是多余的(Arendt [1951] 2004:577-89)。此外,根据阿伦特的叙述,根本恶的独特之处在于其理解上的困难,它无法通过"普通的"邪恶动机加以理解,比如贪婪、仇恨、愤恨、通常所谓的自利、复仇心,甚至施虐和残暴(Arendt [1951] 2004:591-2)。平庸的恶则是一种极端但无思的恶,比如艾希曼所犯下的恶行,它无法被宽恕而只能加以惩罚,哪怕惩罚也无法与罪行的极端性及其性质相匹配(Arendt [1963] 1965)。阿伦特在惩罚与宽恕之间所给出的关联似乎引起了一个困惑,因为阿伦特提供的许多政治宽恕的例子关注的恰恰是取消惩罚,也就是说,宽恕是作为惩罚的一个替代方案出现的。不过,考虑到无意的过失既可以惩罚,也可以通过限定惩罚或作出轻微的惩罚进行宽恕,这一困惑至少可以得到部分解决。

尽管阿伦特所论述的是政治宽恕,但她仍赞成宽恕的个人性,因为个人之所以被宽恕,并不是因为他之所为,而是因为他是谁(Arendt 1958:241)。在"道德哲学的若干问题"中,阿伦特强调我们宽恕的是人,而不是行动:"换句话说,在给予谅解时,被宽恕的是人而不是罪行"(Arendt 2003:95)。在这里,阿伦特通过使用"谅解"(pardon)一词强调了宽恕的政治性,不过她依然认为,在这种宽恕中,我们宽恕的总是一个人,即她所表述的那个谁。阿伦特强调宽恕的这一方面,意指的是每一个人都是独特的,能够进行宽恕。人不同于物体、植物和动物,他是独特的(Arendt 1958:176),

214 而且这种在言说和行动中得到揭示的独特性使他们可能被宽恕。这个"谁"不同于人的"什么",即不同于人的"性质、天赋、才能和缺陷"(Arendt 1958:179-80)。它是每一个人的个性,显现为"全然独特的、不可确定的但仍可明白确认的东西",哪怕我们在生活中改头换面,他人也能经验到它(Arendt 2003:13)。阿伦特还认为,这个谁是通过对一个人生活中的言说和行动的叙述得到揭示,因此,宽恕经由对这种叙述的理解而得以可能(Arendt 1958：186)。由于每一个人都是独特的,所以我们都有可能被宽恕。

阿伦特申论,政治宽恕必须基于尊重或友爱,而不能像私人生活中的宽恕那样基于爱,这样它才能适合于公共领域。她主张,爱就其本性而言是非世界的,它不仅是非政治的,而且是反政治的。因为阿伦特相信,爱的亲密性摧毁了把我们联系在一起又把我们与他人分开的空间。她考量的可能是强烈的爱而不能理解为仁慈的爱,她称之为一种激情,并且指出私人生活需要这种爱,但极少为人们所经验(Arendt 1958：242)。阿伦特断言,爱使得私人生活中的宽恕得以可能,而尊重使得宽恕在政治中得以可能。

在政治语境下,尊重可以说更加合适,因为它不是一种强烈的、亲密的或私人的感情,而且更加易于控制。在阿伦特看来,尊重是一种政治友爱,与亲密和亲近无关,这使得人们之间的空间得以可能,而且不依赖于我们所尊崇或崇拜的性质。此外,我们所关注的是那个谁、个人、叙述,而不是这个人的“性质、缺点,也不是他的得失罪过”(Arendt 1958：242)。阿伦特申论,“无论如何,尊重只关注人,它足以为了这个人的缘故而促成对其所为的宽恕”(Arendt 1958：243)。我们正是因为他们的缘故,才能够在政治语境下宽恕他们的行动,而且由于阿伦特这里并没有涉及极端恶,她能够接受如下观点:一切过失都是可疑宽恕的错误。

宽恕和承诺都特别注重作为政治领域之本质的复多性。阿伦特申论,我们无法宽恕自身,因为我们无法像向他人显现自身那样向自己显现。无论在何种真正的意义上,我们都无法宽恕自己,当然我们也无法在政治意义上宽恕自己,因为我们无法同时既是宽恕的主体又是宽恕的对象。我们要依靠他人才能进行宽恕。对于我们自己,我们缺乏那种能够进行宽恕所需要的对于这个人或其为谁的(外在)经验。在这种意义上,与他人相比,我们对于自己更多了解的是什么,因为我们总是通过成功失败来判断自己。这两种能力都依赖于复多性,"因为没有人能够宽恕自己,也没有人觉得受到只给自己许下的承诺束缚;在孤独或孤寂状态下作出的承诺和宽恕始终是不真实的,至多无非是在自己给自己演戏"(Arendt 1958:237)。在阿伦特看来,尽管一个人可能会通过在自己那里进行的内在对话来达到某种和谐,但宽恕必定是对他人的宽恕,尤其当这种宽恕是政治宽恕时。她的这一观念在《思考与道德考量》一文中做了阐述,在那里她说,"在某种意义上,我也是为自己的,尽管我很难向自己显现"(Arendt 2003:183)。我们意识到自己,但我们无法像向他人显现自身那样向自己显现,也就是说,我们无法向自己公开显现。因此,我们无法觉察到那个需要被宽恕的谁。在接下来的部分,我将根据阿伦特的理解,勾勒承诺的几个独特方面及其在政治中的作用。

承诺与不可预测性

除了是暂时的之外,人的行动还是不可预测的。这种不可预测性有两个特征:第一是人的易变性,第二是我们无法料想自己行动的结果(Arendt 1958:244)。阿伦特写道:

> 人的行动由于被投进了一个关系网络,在那里人们追求相互冲突的目的,因而几乎从未实现其原初的意图;制作者可以愉快地确认自己的作品,但行动者却无法同样如此地确认自己的行动。无论是谁开始行动,就必须清楚自己开启了某种其结果他也无法预知的事件,因为他自己的行迹已然改变了一切,使之变得更加不可预测。

> (Arendt [1961] 1968:84)

通过对行动之奇特性的鲜明描述,阿伦特意图抵抗的是如下一种

诱惑:阐述一种搞清楚行动之无序和无边界性的理论。相反,我们
要依赖于承诺的具体特征去对抗和限制不可预测性最糟糕的方
面,但我们做到这一点却不可避免地要采取一种零碎的方式,而且
只有如此才合适。不可预测性也不完全是消极的。关于这一点,
我们想想北非和中东的起义就明白了,这样的情形之所以发生,恰
恰是因为行动是不可预测的。

216

与宽恕的可能性不同,创造稳定性的承诺能力众所周知,可以
回溯到罗马法、圣经中的亚伯拉罕故事、立约以及数世纪的政治契
约论(Arendt 1958:243-4)。她认为,相互承诺可以把人们联结在
一起;然而,她把自己的承诺观点与社会契约论的承诺观点区分了
开来。在《什么是自由?》一文中,阿伦特把承诺与政治联系在一
起,她说:

> 一切政治事业都是而且向来都是在一个为了未来而精心
> 编制的纽带——比如法律和宪法、条约和盟约——的框架下
> 进行的,所有这些最终都是源于人们在面对未来的根本不确
> 定性时作出承诺和信守承诺的能力。

> (Arendt [1961] 1968:164)

正如基南(Keenan 1994)所言,具体的成文法为这些最初的承诺提
供了一个得到了进一步强化的权威。承诺中展现的相互信任增加
了政治上一起行动的权力。因此,承诺不仅对于创建新国家这些
重大时刻以及对它们更为世俗的维护至为重要,也对提升或扩展
现存政体至为重要(Arendt 1963:201)。阿伦特认为,承诺并不
能完全消除不可预测性;它只能产生"可预测性的岛屿"和"可靠
性的路标"(Arendt 1958:244)。此外,我们力图创造一种制造物
所具有的稳定性和持久性,阿伦特将这一目标与制作活动联系在
一起。

阿伦特把政治中的承诺观念与社会契约论区分开来有两个理

由。第一个理由是,她所关注的承诺是事件而非理论。

阿伦特认为,美利坚共和国的发展源于英国殖民者自五月花号以来立下的协议(或协定),因此新权威可以基于所有此前的权威形成,这一主题她在《过去与未来之间》(Arendt [1961] 1968)有所论述。阿伦特申论,早期的美国殖民者通过承诺创建了一种新的政治言说形式。她是这样描述的:

> 行动的原理:行动是唯一要求复多的人们的人类能力;权力的规则:权力是唯一只应用于世俗的在之间空间的人类特征,借由这一空间,人们彼此相连,通过作出承诺和信守承诺在建国行动中联合起来,可以说,在政治领域,承诺是人的最高能力。

> (Arendt 1963:175)

这种承诺是一个事件,而不是一个理论,因为它是对具体背景下特殊困难的回应,是基于对他人的忠诚和决心的相互信任(Arendt 1963:172-3)。阿伦特认为,这种承诺的力量保证了独立战争的成功,为美国革命奠定了一个原则性基础(Arendt 1963:214)。与那些为了创建新政体而认可暴力革命的政治观点相比,阿伦特主张,承诺导向一个更具行动特征的政治领域。

第二个差异在于,社会契约论所依赖的是虚构的统一,而不是真正的复多性。承诺必须涉及政治的复多性。重要的区别在于,阿伦特的社会契约观念是基于平等的真实承诺,而契约论者假定认同的则是一种虚构的契约。两者都得到了理论化,但它们的差异常常被视而不见,阿伦特认为,第一种契约直到美国人在英国殖民地才第一次付诸实践。她主张,在基于承诺的契约中,我们获得了与他人一起行动的权力,不再与他人彼此隔离;在虚构的契约中,我们丧失了这种权力,而且我们与他人仍处于隔离之中(Arendt 1963:170,181)。她的意思是,在她的承诺概念中,我们体验到了

217

让权力得以可能的复多性和共同体,与此相反,在社会契约中,联合的权力因国家权力而被牺牲。阿伦特这里所关注的权力,与松散联盟而非统一体的形成有关:

> 易言之,相互契约,权力通过承诺在其中构成,主要包括两条原则,一是共和原则,据此权力属于人民,在那里"相互臣属"使统治变得荒谬⋯⋯一是联邦原则,即"叠增共和国"原则⋯⋯据此作为构成部分的政治体可以联合起来达成持久的联盟而无需丧失各自的身份。

(Arendt 1963: 171)

相互承诺为一起行动的共享权力提供了基础。阿伦特把英国移民在美洲创建的政治社会,描述为一个政治舞台,它"虽不拥有或主张主权却享受权力,并且有资格主张权利"(Arendt 1963: 168)。在阿伦特的意义上,主权更适于来描述通过承诺而形成的政治团体,而传统的主权则与支配相关,它无需他人。阿伦特申论,"主权在于其对未来的不可计算性的有限摆脱"(Arendt 1958: 245)。

在这一点上,阿伦特发现霍布斯、洛克和卢梭那里的社会契约使得政府吞并个人意志和权力,形成"绝对统治"和"国家原则"(Arendt 1963: 171)。重要的是,承诺并不是要复多的人们统一为单一的意志,如卢梭在其社会契约中所做的那样。她断定,卢梭断开了意志与其他一切能力以及在政治领域与他人讨论之需要的关联,从而使得意志成了一种非政治的甚至反政治的力量(Arendt [1961] 1968: 164)。卢梭的公意有别于同意观念,阿伦特认为后者与政府和具体的政治决定有关。阿伦特认为,公意观念意味着一种统一的意志,而不是许多人公开达成的意见,比如在罗伯斯庇尔那里(Arendt 1963: 76)。这个统一的意志将取代绝对君主的单一意志。此外,公意缺乏承诺的那种稳定性,因为对它而言,重要的是统一在一起,而不是团结在一起。因此,在那种情形下,政治

218

承诺只在它能够让意志或利益满足时才有效,因而可以随意改变。阿伦特在这里的论述表明,承诺在创建政治义务上扮演了一个重要角色,而且它尊重意见的复多性。

就像宽恕一样,阿伦特认为对他人的承诺是首要的,对自己的承诺则是次要的。她认为,若没有承诺,我们就无法维持自己的同一性,因为:

> 我们被判处在自己孤独心灵的黑暗里毫无方向地无助游荡,深陷于重重矛盾和诸般模糊之中——这种黑暗唯有通过他人(他们确保作出承诺之人与履行承诺之人之间的同一性)的在场投射在公共领域的光芒,才能驱散。
>
> (Arendt 1958:237)

相互承诺以及承诺带来的期待,创建了一个关系网以及自我的持久性。她再次认为,承诺"让我们诚实",因为我们必须向他人作出承诺,而不是在许诺以及自己所是的那种人上欺骗自己。我怀疑,她否认我们可以对自己许诺或下定决心。她的想法是,人们之间的承诺是个先天概念,这样的许诺依赖于我们与他人达成的同意。

乔治·凯特伯是阿伦特的这种宽恕观和承诺观的批评者之一。他认为,由于基于这两种行动的道德准则关注的是行动的脆弱性,"这就好像道德,无论如何理解,是人们奋进的一个负担,而不是一项至高的人类成就,哪怕仅仅是一套令所约束之物具有尊严的限制条件"(Kateb 2000:142)。此外,凯特伯认为阿伦特没有考虑到宽恕和承诺的内容和结果。然而在阿伦特那里,这一忽视是深思熟虑的,因为她所勾勒的是承诺和宽恕能为之事,而不是它们必做之事。不过,在后来的一篇论文中,他承认阿伦特一套关于行为或行动的道德法则提供了一个极具启发性的草图,它可以由她在其他文本中所关注的原则和德性加以补充(Kateb 2001)。在阿伦特看来,重要的是在宽恕和承诺的情形中,道德具有一种特别的政治相关性。

政治意蕴

阿伦特认为一般所谓的道德或伦理完全不同于政治领域,因为它们关心的不是我们与他人的共享之物,而是我们与自身在思想中的对话。因此,我们有必要去理解基于宽恕和承诺的道德法则的独特之处。阿伦特的现象学路径并不要求宽恕和承诺提供一个充分规范的证成,不过在她的观点中仍蕴含了如下一点:由于与他人的公共关联,它们创造了期望和义务的关系链。她在每个人的违法行为之间创建的关联,蕴含了激发宽恕的连贯性;同样地,由于我们的期待,他人也会信守承诺。这一观念并不意味着这样一个支配性的理由:我们期待别人怎样就应要求自己怎样,相反,它指的是对政治环境的反思,即宽恕和被宽恕、承诺和信守承诺都依赖于善良意志,而且产生善良意志。根据阿伦特对公共生活中宽恕和承诺的强调,我们可以看到许多意蕴,而且它们以重要的方式彼此关联。许多文献关注的是对严重罪行的宽恕,而它们恰恰是阿伦特在《人的境况》中排除的那种宽恕。阿伦特对政治宽恕的论述似乎表明,公共宽恕或集体宽恕是可能的。根据阿伦特的说法,一个政府或代表可以为了团体的利益而宽恕,但很难说存在着一个团体的政治宽恕。后者之所以成问题,是因为她所刻画的宽恕是人格的宽恕,而且她拒不认为存在着集体罪行,尽管她认为存在着集体责任(Arendt 2003:147)。因此,根据阿伦特的观点,唯有对一项具体罪行的政治宽恕或赦免是有意义的。不过格伦·佩蒂格拉芙(Glen Pettigrove)认为,即使根据阿伦特的说法,集体的宽恕仍是可能的,因为她承认个人的罪行可以因其作为某个制度或体

220

制不公正的部分而加重(Pettigrove 2006:494)。尽管如此,但正如阿伦特强调的那样,惩罚必定是个人的惩罚,由此断定在她看来政治宽恕必定是个人的宽恕。佩蒂格拉芙承认,集体无法成为阿伦特意义上的那个谁或人格,而且我们最好更多地思考团体之间的规范化关系,少去想它们之间充满敌意的政策(Pettigrove 2006:496)。个人的政治宽恕可以在一系列和解与转型正义过程中看到,比如南非或波斯尼亚和黑塞哥维那的真相与和解委员会(Truth and Reconciliation Commissions),以及卢旺达政府的审判,它们是仅有的两个例子,不过这些过程常常被理解为主要是私人宽恕。然而,如果放弃因个人的行动而报复国家,或许就有无数的战争可以避免。承诺和宽恕也可以有比在政治中更强大的力量,因为它们所关涉的例子本身虽不是什么大规模事件,却可以有宽泛的影响。

在小过失中把报复置于一边,根据阿伦特这一对宽恕的理解,最重要的一种政治宽恕或许就是对政治中违背承诺的宽恕。政治生活展现了大量道德主义的例子,后者宣称政客们违背了承诺或者撒谎,哪怕他们完全有理由这样做,比如缺乏支持、缺乏资金、缺乏可行性。此外,阿伦特对我们行动的不可预见的结果的关注尤其与政治相关,因为决定所具有的广泛效应难以预测。公共讨论常常集中于这些不怎么重要的关注,而真正重要的议题则易于被忽略。人们通常会说,公众不信任政客,然而正如阿伦特指出的那样,单方面的善意是不够,需要相互的善意。政治生活中宽恕的缺乏,使得政治参与对于每一个人来说成了一个毫无吸引力的议题,而这经由阿伦特所痛惜的那种无止尽的反动链进一步败坏了政体。

正如我们在近来无数的政治道歉中看到的那样,真正的道歉包括在其中的承诺做得更好、承诺进行改良、承诺不让错误再次发

生,就是处于政治生活核心的承诺(参看 La Caze 2006；Muldoon
2009)。违背承诺,尤其是违背对于受压迫团体的承诺,也表明缺
乏尊重,而这也是道歉力图体现的尊重。承诺在犯错后的政治生
活中具有重要作用,由此表明宽恕和承诺在这种进一步的意义上
是彼此相关的。如果许下了作出改变的承诺,那也可以是加以宽
恕的条件。承诺也可以与政治进步相关。对于政治中的进步,一
种理解就是日益承认他人的平等,比如通过女性主义运动和反种
族主义运动。或许,根据阿伦特的论述,由于她把恰当的契约和协
议视为承诺,那么就出现了一个更具包容性的公共领域,即承诺所
及之处即为公共领域。比如,殖民者与土著达成协议的国家,无论
条款多么不利,可以说更有可能改善土著与殖民者之间的关系。
这样的承诺一旦作出,就至少在某种程度上承认了这片土地的传
统所有者的先占权。同样地,拒绝或不愿作出哪怕最为基本的承
诺,则意味着缺乏对他们基本政治立场以及与他们的适当关系的
承认。像宽恕一样,承诺与我们同他人的关系有关,而不是与我们
同自身的关系有关。阿伦特对这两种政治道德行动——宽恕使我
们从过去的重负中摆脱出来,承诺则使我们与一个共享的未来捆
绑在一起——的描述,指向了一条虽不确定但更温和的政治之路,
而且这种确定性阿伦特欣然接受。

221

生平和著作年表

1906 年 10 月 14 日	出生于德国的汉诺威
1913 年 10 月	父亲去世
1924 年春	哥尼斯堡高中毕业
1924 年秋—1928 年	开始在马堡大学学习;参加马丁·海德格尔的演讲课和讨论班;在弗赖堡大学待了一个学期,跟随埃德蒙德·胡塞尔学习;在卡尔·雅斯贝尔斯的指导下继续在海德堡大学学习;完成博士论文,题为"圣奥古斯丁的爱的概念"（*Saint Augustine's Concept of Love*）
1929 年	来到柏林,展开一项由德国科学临时学会(the Notgemeinschaft der deutschen Wissenshcaft) 资助的研究
1929 年 9 月	与君特·斯特恩(安德斯)结婚
1933 年 1—2 月	希特勒当选德国总理;国会大厦纵火案,紧接着出现了一系列反犹措施和对犹太人的逮捕

1933 年春	为库尔特·布鲁门菲尔德领导的德国犹太复国主义联盟进行研究;遭盖世太保逮捕,8 天后被释放;逃离德国,成为一个"无国籍"民
1930 年代中后期	为巴黎的 Agriculture et Artisanat 和 Youth Aliyah 工作,它们是一些帮助年轻犹太难民移民巴勒斯坦的组织
1936 年初	与君特·斯特恩离婚,开始与海因里希·布吕希尔交往,后者是一位前斯巴达成员和共产主义者
1936 年后期	在国际反-反犹主义联盟工作 (the ligue Internationale contrel' Antisémitisme),为大卫·法兰克福特(David Frankfurter)提供法律援助,后者是一位犹太学生,他在瑞士达沃斯刺杀了一个纳粹党领袖
1940 年	与布吕希尔结婚
1940 年 5 月	被关进法国古尔集中营(一个专门关押"敌国人员"和"不受欢迎者"的场所);逃离古尔集中营,与布吕希尔重逢
1941 年 5 月	获得美国的紧急签证,经由里斯本坐船前往纽约
1941 年 11 月	纽约的德语报纸《建设》(Aufbau)专栏作者
1943 年初	希特勒的最终解决方案消息传到欧洲
1940 年代中期	在《党派评论》(Partisan Review)、《犹太社会研究》(Jewish Social Studies)、《评论》(Commentary)、《国家》(The Nation)、《烛台杂志》(Menorah Journal) 和《犹太前沿》(Jewish Frontier) 发表作品;阿伦特对犹太政治的批判使得她孤立于犹太复国主义共同体

1944—1946 年	欧洲犹太文化重建委员会研究部主任,此机构的建立是为了恢复欧洲的犹太文化遗产
1944 年	与玛丽·麦卡锡相遇
1946 年	担任肖肯丛书(Schocken Book)高级编辑
1948—1952 年	犹太文化重建组织执行主任
1948 年 5 月 14 日	以色列建国
1948 年夏	犹大·马格勒斯(Judah Magnes)领导的团体成员开启了巴勒斯坦的和平化进程,进一步促进了犹太人与阿拉伯人之间的合作,为联邦的建立改善了条件
1948 年 7 月	母亲去世
1949 年 8 月—1950 年 3 月	以犹太文化重建委员会的名义第一次来到战后的欧洲;造访雅斯贝尔斯;重建与海德格尔的关系
1951 年 2 月	《极权主义的起源》出版
1952 年 4 月	获得古根海姆基金的资助,开展"马克思主义中的极权主义因素"研究
1953 年秋	受邀在普林斯顿大学主持关于批评的基督教高斯研讨会(the Christian Gauss Seminars),她是第一位获得这一邀请的女性
1955 年春	加州大学伯克利分校的访问教授
1956 年春	受邀在芝加哥大学主持瓦尔格林基金(the Walgreen Foundation Lectures)讲座
1956 年秋	匈牙利革命
1958 年 6 月	《人的境况》出版
1959 年 9 月	获得汉堡自由市的莱辛奖
1961 年 8 月	《过去与未来之间》出版
1961 年 4—6 月	作为《纽约客》的记者参加在耶路撒冷进行的对阿道夫·艾希曼的审判

1963 年 2 月	《耶路撒冷的艾希曼:一个关于恶的平庸的报道》出版;引发广泛的争议,与许多此前的犹太朋友关系紧张,包括库尔特·布鲁门菲尔德
1963 年 3 月	《论革命》出版
1963 年秋—1967 年	芝加哥大学社会思想委员会教授
1967—1975 年	纽约社会研究新校教授
1967 年 10 月	获德国语言与诗歌学会的西格蒙德·弗洛伊德奖(the Sigmund Freud Preis of the Deutsche Akademie für Sprache and Dichtung)
1968 年春	学生抗议在许多美国大学爆发;阿伦特对学生反叛做了有所保留的背书
1968 年 10 月	《黑暗时代的人们》出版
1969 年 4 月	获美国艺术与科学学会的爱默生-梭罗奖章(the Emerson-Thoreau Medal of the American Academy of Arts and Sciences)
1969 年 2 月 26 日	卡尔·雅斯贝尔斯去世
1970 年 3 月	《论暴力》出版
1970 年 10 月 31 日	海因里希·布吕希尔因心脏病去世
1972 年 9 月	《共和危机》出版
1973 年春	在阿伯丁大学主持吉福德讲座(Gifford Lectures),主题为"思考",它构成了计划中的《心灵生活》的第一部分
1974 年 5 月	主持第二个系列的吉福德讲座,主题为"意愿",期间发作过一次心脏病
1975 年 4 月	获得松宁奖(Sonning Prize),这是丹麦政府对为欧洲文明作出贡献的人设立的奖项
1975 年 12 月 4 日	在纽约寓所招待朋友时因心脏病发作去世

参考文献

汉娜·阿伦特的著作

Arendt, H. 1929. *Der Liebesbegriff bei Augustin: Versuch einer Philosophischen Interpretation.* Berlin: Verlag von Julius Springer (English edition: Arendt 1996).

Arendt, H. 1945. "The Stateless People". *Contemporary Jewish Record* 8 (2): 137-53.

Arendt, H. 1946. "The Nation: Review of *La Nation*, by J.-T. Delos". *The Review of Politics* 8(1): 138-41.

Arendt, H. 1949. "'The Rights of Man': What Are They?" *Modern Review* 3 (1): 25-37.

Arendt, H. [1951] 2004. *The Origins of Totalitarianism*, rev. edn. New York: Schocken.

Arendt, H. 1958. *The Human Condition.* Chicago, IL: University of Chicago Press.

Arendt, H. [1958] 1974. *Rahel Varnhagen: The Life of a Jewish Woman*, R. & C. Winston (trans). New York: Harcourt Brace Jovanovich.

Arendt, H. [1961] 1968. *Between Past and Future: Eight Exercises in Political*

Thought. New York: Penguin.

Arendt, H. 1963. *On Revolution*. New York: Penguin.

Arendt, H. [1963] 1965. *Eichmann in Jerusalem: A Report on the Banality of Evil*, rev. edn. New York: Penguin.

Arendt, H. 1966. "Remarks on the Crisis Character of Modern Society". *Christianity and Crisis* 26(9): 112-14.

Arendt, H. 1968. *Men in Dark Times*. San Diego, CA: Harcourt Brace & Co.

Arendt, H. 1970. *On Violence*. San Diego, CA: Harcourt Brace & Co.

Arendt, H. 1971. "Martin Heidegger at Eighty". *New York Review of Books* (21 October): 50-54.

Arendt, H. 1972. *Crises of the Republic*. San Diego, CA: Harcourt Brace & Co.

Arendt, H. 1973. "Remarks to the American Society of Christian Ethics". Hannah Arendt Papers at the Library of Congress, Speeches and Writings File, 1923-1975, http: // memory. loc. gov/cgi-bin/query/P? mharendt: 1:. /temp/~ammem_IQgy:: (accessed 20 August 2013).

Arendt, H. 1977. "Public Rights and Private Interests: In Response to Charles Frankel". In *Small Comforts for Hard Times: Humanists on Public Policy*, M. Mooney & F. Stuber (eds), 103-8. New York: Columbia University Press.

Arendt, H. 1978a. *The Jew as Pariah: Jewish Identity and Politics in the Modern Age*, R. Feldman (ed.). New York: Grove Press.

Arendt, H. 1978b. *The Life of the Mind*. San Diego, CA: Harcourt Brace & Co.

Arendt, H. 1979. "On Hannah Arendt". In *Hannah Arendt: The Recovery of the Public World*, M. A. Hill (ed.), 301-39. New York: St Martin's Press.

Arendt, H. 1989. "Die vollendete Sinnlosigkeit". In *Nach Auschwitz: Essays und Kommentare I*, E. Geisel & K. Bittermann (eds), 9-30. Berlin: Edition Tiamat.

Arendt, H. 1990. "Philosophy and Politics". *Social Research* 57(1): 73-103.

Arendt, H. 1992. *Lectures on Kant's Political Philosophy*, R. Beiner (ed.). Chicago, IL: University of Chicago Press.

Arendt, H. 1994. *Essays in Understanding*, 1930-1954, J. Kohn (ed.). New York: Schocken.

Arendt, H. 1996. *Love and Saint Augustine*, J. V. Scott & J. C. Stark (eds). Chicago, IL: University of Chicago Press.

Arendt, H. 2002. "Karl Marx and the Tradition of Western Political Thought". *Social Research* 69(2): 273-319.

Arendt, H. 2003. *Responsibility and Judgment*, J. Kohn (ed.). New York: Schocken.

Arendt, H. 2005. *The Promise of Politics*, J. Kohn (ed.). New York: Schocken.

Arendt, H. 2007a. *The Jewish Writings*, J. Kohn & R. H. Feldman (eds). New York: Schocken.

Arendt, H. 2007b. "The Great Tradition Ⅰ. Law and Power". *Social Research* 74(3): 713-26.

Arendt, H. 2007c. "The Great Tradition Ⅱ: Ruling and Being Ruled". *Social Research* 74(4): 941-54.

Arendt, H. 2007d. *Reflections on Literature and Culture*, S.Y.-A.Gottlieb (ed.). Stanford, CA: Stanford University Press.

Arendt, H. & H. Blücher 2000. *Within Four Walls: The Correspondence between Hannah Arendt and Heinrich Blücher 1936-1968*, L.Kohler (ed.), P. Constantine (trans.). Boston, MA: Houghton Mifflin Harcourt.

Arendt, H. & M. Heidegger 2003. *Letters: 1925-1975*, U. Ludz (ed.). New York: Harcourt Brace.

Arendt, H. & K. Jaspers 1992. *Correspondence*, 1926-1969, L. Köhler & H. Saner (eds), R. Kimber & R. Kimber (trans.). New York: Harcourt Brace.

Arendt, H. & M. McCarthy 1995. *Between Friends: The Correspondence of Hannah Arendt and Mary McCarthy*, 1949-1975, C. Brightman (ed.). New York: Harcourt Brace.

其他著作

Agamben, G. 1998. *Homo Sacer: Sovereign Power and Bare Life*, D. Heller-Roazen (trans.). Stanford, CA: University of Stanford Press.

Agamben, G. 2000. *Means Without End: Notes on Politics*, V. Binetti & C. Casarino (trans.). Minneapolis, MN: University of Minnesota Press.

Allen, D. 2005. "Invisible Citizens: Political Exclusion and Domination in Arendt and Ellison". In *Political Exclusion and Domination*, M. S. Williams & S. Macedo (eds), 29-76. New York: New York University Press.

Allers, C. R. 2010. "Undoing What Has Been Done: Arendt and Levinas on Forgiveness". In *Forgiveness in Perspective*, C. R. Allers & M. Smit (eds),

19-42. Amsterdam: Rodopi.

Aristotle 1955. *The Nicomachean Ethics*, J. A. K. Thompson (trans.). London: Penguin.

Aron, R. 1993. "The Essence of Totalitarianism according to Hannah Arendt". *Partisan Review* 60(3): 366-76.

Aschheim, S. (ed.) 2001. *Hannah Arendt in Jerusalem*. Berkeley, CA: University of California Press.

Astell, A. W. 2006. "Mater-Natality: Augustine, Arendt, and Levinas". *Analecta Husserliana* 89: 373-98.

Augustine. 1972. *City of God*, H. Bettenson (trans.). London: Penguin.

Axtmann, R. 2006. "Globality, Plurality and Freedom: The Arendtian Perspective". *Review of International Studies* 32(1): 93-117.

Baehr, P. 2002. "Identifying the Unprecedented: Hannah Arendt, Totalitarianism, and the Critique of Sociology". *American Sociological Review* 67(6): 804-31.

Baehr, P. 2010. *Hannah Arendt, Totalitarianism, and the Social Sciences*. Stanford, CA: Stanford University Press.

Balibar, É. 2007. "(De)constructing the Human as Human Institution: A Reflection on the Coherence of Hannah Arendt's Practical Philosophy". *Social Research* 74(3): 727-38.

Barash, J. A. 2002. "Martin Heidegger, Hannah Arendt and the Politics of Remembrance". *International Journal of Philosophical Studies* 10(2): 171-82.

Barnes, B. 1988. *The Nature of Power*. Cambridge: Polity Press.

Barnouw, D. 1990. *Visible Spaces: Hannah Arendt and the German-Jewish Experience*. Baltimore, MD: Johns Hopkins University Press.

Beiner, R. 1983. *Political Judgement*. London: Methuen.

Beiner, R. 1992. "Interpretive Essay". In H. Arendt, *Lectures on Kant's Political Philosophy*, R. Beiner(ed.), 89-156. Chicago, IL: University of Chicago Press.

Beiner, R. 1996. "Love and Worldliness: Hannah Arendt's Reading of Augustine". See May & Kohn (1996), 269-84.

Beiner, R. 2000. "Arendt and Nationalism". See Villa (2000), 44-62.

Beiner, R. & J. Nedelsky (eds) 2001. *Judgment, Imagination, and Politics: Themes from Kant and Arendt*. Lanham, MD: Rowman & Littlefield.

Beltrán, C. 2009. "Going Public: Hannah Arendt, Immigrant Action, and the Space of Appearance". *Political Theory* 37(5): 595-622.

Benhabib, S. 1988. "Judgment and the Moral Foundations of Politics in Arendt's Thought". *Political Theory* 16(1): 29-51.

Benhabib, S. 1990. "Hannah Arendt and the Redemptive Power of Narrative". *Social Research* 57(1): 167-96.

Benhabib, S. 2002. "Political Geographies in a Global World: Arendtian Reflections". *Social Research* 69(2): 539-66.

Benhabib, S. 2003. *The Reluctant Modernism of Hannah Arendt*, new edn. Lanham, MD: Rowman & Littlefield.

Benhabib, S. 2004. *The Rights of Others: Aliens, Residents and Citizens.* Cambridge: Cambridge University Press.

Benhabib, S. 2006. "The Philosophical Foundations of Cosmopolitan Norms." In *Another Cosmopolitanism*, R. Post (ed.), 13-44. Oxford: Oxford University Press.

Benhabib, S. (ed.) 2010. *Politics in Dark Times: Encounters with Hannah Arendt.* Cambridge: Cambridge University Press.

Benhabib, S. 2011. *Dignity in Adversity: Human Rights in Troubled Times.* Cambridge: Polity Press.

Benhabib, S. 2012. "Arendt and Adorno: The Elusiveness of the Particular and the Benjaminian Moment". See Rensmann & Gandesha (2012), 31-55.

Benhabib, S. & R. Eddon 2007. "From Anti-Semitism to the 'Right to Have Rights.' The Jewish Origins of Hannah Arendt's Cosmopolitanism". *Babylon* 22: 44-62.

Berkowitz, R., T. Keenan & J. Katz (eds) 2009. *Thinking in Dark Times: Hannah Arendt on Ethics and Politics.* New York: Fordham University Press.

Bernstein, R. J. 1996. *Hannah Arendt and the Jewish Question.* Cambridge, MA: MIT Press.

Bernstein, R. J. 1997. "'The Banality of Evil' Reconsidered". See Calhoun & McGowan (1997), 297-322.

Bernstein, R. J. 2008. "Are Arendt's Reflections on Evil Still Relevant?" *The Review of Politics* 70(1): 64-76.

Bickford, S. 1996. *The Dissonance of Democracy: Listening, Conflict and Citizenship.* Ithaca, NY: Cornell University Press.

Birmingham, P. 2006. *Hannah Arendt and Human Rights: The Predicament of Common Responsibility.* Bloomington, IN: Indiana University Press.

Biskowski, L. 1993. "Practical Foundations for Political Judgment: Arendt on

Action and World". *The Journal of Politics* 55(4): 876-87.

Black, S. 2010. *Fiction across Borders: Imagining the Lives of Others in Late Twentieth-Century Novels*. New York: Columbia University Press.

Blättler, S. & I. Marti 2005. "Rosa Luxemburg and Hannah Arendt: Against the Destruction of Political Spheres of Freedom". *Hypatia* 20(2): 88-101.

Brubaker, R. 1992. *Citizenship and Nationhood in France and Germany*. Cambridge, MA: Harvard University Press.

Brunkhorst, H. 1996. "Are Human Rights Self-Contradictory? Critical Remarks on a Hypothesis by Hannah Arendt". *Constellations* 3(2): 190-99.

Brunkhorst, H. 2000. "Equality and Elitism in Arendt". See Villa (2000), 178-98.

Buckler, S. 2011. *Hannah Arendt and Political Theory: Challenging the Tradition*. Edinburgh: Edinburgh University Press.

Burke, E. 2004. *Reflections on the Revolution in France*, C. C. O'Brien (ed.). London: Penguin.

Calhoun, C. & J. McGowan (eds) 1997. *Hannah Arendt and the Meaning of Politics*. Minneapolis, MN: University of Minnesota Press.

Canovan, M. 1974. *The Political Thought of Hannah Arendt*. London: J. M. Dent.

Canovan, M. 1977. "The Contradictions of Hannah Arendt's Political Thought". *Political Theory* 6(1): 5-26.

Canovan, M. 1992. *Hannah Arendt: A Reinterpretation of Her Political Thought*. Cambridge: Cambridge University Press.

Canovan, M. 1994. "Politics as Culture: Hannah Arendt and the Public Realm". In *Hannah Arendt: Critical Essays*, L. P. Hinchman & S. K. Hinchman (eds), 179-206. Albany, NY: SUNY Press.

Canovan, M. 1999. "Lasting Institutions: Arendtian Thoughts on Nations and Republics". *Graduate Faculty Philosophy Journal* 21(2): 133-51.

Cesarani, D. 2006. *Becoming Eichmann: Rethinking the Life, Times, and Trial of a "Desk Murderer"*. London: Da Capo Press.

Cohen, J. L. 1996. "Rights, Citizenship, and the Modern Form of the Social: Dilemmas of Arendtian Republicanism". *Constellations* 3(2): 164-89.

Cotter, B. 2005. "Hannah Arendt and 'the Right to Have Rights'". See Lang & Williams (2005), 95-112.

Curtis, K. 1999. *Our Sense of the Real: Aesthetic Experience and Arendtian Politics*.

Ithaca, NY: Cornell University Press.

Degryse, A. 2008. "The Sovereign and the Social: Arendt's Understanding of Hobbes". *Ethical Perspectives*. 15(2): 239-58.

Denneny, M. 1979. "The Privilege of Ourselves: Hannah Arendt on Judgment". See Hill (1979), 245-74.

Derrida, J. 1986. "Declarations of Independence". *New Political Science* 7(1): 7-15.

Derrida, J. 2001. *On Cosmopolitanism and Forgiveness*, M. Dooley & M. Hughes (trans.). London: Routledge.

Dietz, M. G. 1991. "Hannah Arendt and Feminist Politics". In *Feminist Interpretations and Political Theory*, M. L. Shanley & C. Pateman (eds), 232-52. Cambridge: Polity Press.

Dietz, M. G. 2000. "Arendt and the Holocaust". See Villa (2000), 86-109.

Dietz, M. G. 2002. *Turning Operations: Feminism, Arendt, and Politics*. London: Routledge.

Disch, L. 1993. "More Truth than Fact: Storytelling as Critical Understanding in the Writings of Hannah Arendt". *Political Theory* 21(4): 665-94.

Disch, L. 1994, *Hannah Arendt and the Limits of Philosophy*. Ithaca, NY: Cornell University Press.

Disch, L. 2011. "How could Hannah Arendt Glorify the American Revolution and Revile the French? Placing *On Revolution* in the Historiography of the French and American Revolutions". *European Journal of Political Theory* 10 (3): 350-71.

Dowding, K. 1996. *Power*. Buckingham: Open University Press.

Ettinger, E. 1995. *Hannah Arendt/Martin Heidegger*. New Haven, CT: Yale University Press.

Euben, J. P. 2000. "Arendt's Hellenism". See Villa (2000), 153-64.

Ezra, M. 2007. "The Eichmann Polemics: Hannah Arendt and Her Critics". *Democratiya* 9: 141-65.

Fanon, F. 1965. *The Wretched of the Earth*. London: Penguin.

Feldman, L. C. 2004. *Citizens without Shelter: Homelessness, Democracy and Political Exclusion*. Ithaca, NY: Cornell University Press.

Fine, R. 2012. "Debating Human Rights, Law, and Subjectivity: Arendt, Adorno, and Critical Theory". See Rensmann & Gandesha (2012), 154-72.

Finlay, C. J. 2009. "Hannah Arendt's Critique of Violence". *Thesis Eleven* 97: 26-54.

Frazer, E. & K. Hutchings 2007. "Argument and Rhetoric in the Justification of Political Violence". *European Journal of Political Theory* 6(2): 180-99.

Frazer, E. & K. Hutchings 2008. "On Politics and Violence: Arendt contra Fanon". *Contemporary Political Theory* 7(1): 90-108.

Frazer, E. & K. Hutchings 2011a. "Avowing Violence: Foucault and Derrida on Politics, Discourse and Meaning". *Philosophy and Social Criticism* 37(1): 3-23.

Frazer, E. & K. Hutchings 2011b. "Remnants and Revenants: Politics and Violence in the Work of Giorgio Agamben and Jacques Derrida". *British Journal of Politics and International Relations* 13(2): 127-44.

Friedrich, C. J. & Z. K. Brzezinski 1965. *Totalitarian Dictatorship and Autocracy*. New York: Praeger.

Fuss, P. 1979. "Hannah Arendt's Conception of Political Community". See Hill (1979), 157-76.

Gadamer, H.-G. 1989. *Truth and Method*, 2nd edn, J. Weinsheimer & D. G. Marshall (trans.). New York: Crossroad.

Goldoni, M. & C. McCorkindale (eds) 2012. *Hannah Arendt and the Law*. Oxford: Hart Publishing.

Gottsegen, M. 1993. *The Political Thought of Hannah Arendt*. Albany, NY: SUNY Press.

Gündoğdu, A. 2012a. "'Perplexities of the Rights of Man:' Arendt on the Aporias of Human Rights". *European Journal of Political Theory* 11(1): 4-24.

Gündoğdu, A. 2012b. "Potentialities of Human Rights: Agamben and the Narrative of Fated Necessity". *Contemporary Political Theory* 11(1): 2-22.

Habermas, J. 1977. "Hannah Arendt's Communications Conception of Power". *Social Research* 44(1): 3-24.

Habermas, J. 1987. *The Theory of Communicative Action*. Boston, MA: Beacon Press.

Habermas, J. 1989. *The Structural Transformation of the Public Sphere*. Cambridge, MA: MIT Press.

Habermas, J. 1996. *Between Facts and Norms: Contributions to a Discourse Theory of Law and Democracy*. Cambridge, MA: MIT Press.

Hammer, D. 2002. "Hannah Arendt and Roman Political Thought: The

Practice of Political Theory". *Political Theory* 30(1): 124-49.

Hansen, P. 1993. *Hannah Arendt: Politics, History and Citizenship*. Cambridge: Polity.

Hansen, P. 2004. "Hannah Arendt and Bearing with Strangers". *Contemporary Political Theory* 3(1): 3-22.

Hayden, P. 2007. "Superfluous Humanity: An Arendtian Perspective on the Political Evil of Global Poverty". *Millennium: Journal of International Studies* 35 (2): 279-300.

Hayden, P. 2009. *Political Evil in a Global Age: Hannah Arendt and International Theory*. London: Routledge.

Heidegger, M. [1927] 1967. *Being and Time*, J. Macquarrie & E. Robinson (trans.). San Francisco, CA: Harper SanFrancisco.

Herzog, A. 2000. "Illuminating Inheritance: Benjamin's Influence on Arendt's Political Storytelling". *Philosophy and Social Criticism* 26(5): 1-27.

Herzog, A. 2004. "Political Itineraries and Anarchic Cosmopolitanism in the Thought of Hannah Arendt". *Inquiry* 47(1): 20-41.

Hill, M. A. (ed.) 1979. *Hannah Arendt: The Recovery of the Public World*. New York: St Martin's Press.

Hinchman, L. & S. Hinchman 1984. "In Heidegger's Shadow: Hannah Arendt's Phenomenological Humanism". *Review of Politics* 46(2): 183-211.

Hinchman, L. & S. Hinchman 1991. "Existentialism Politicized. Arendt's Debt to Jaspers". *Review of Politics* 53(36): 435-68.

Hinchman, L. & S. Hinchman (eds) 1994. *Hannah Arendt: Critical Essays*. Albany, NY: SUNY Press.

Hindess, B. 1996. *Discourses of Power: From Hobbes to Foucault*. Oxford: Blackwell. Hobbes, T. 1996. *Leviathan*, R. Tuck (ed.). Cambridge: Cambridge University Press.

Hollander, P. (ed.) 2008. *Political Violence: Belief, Behaviour and Legitimation*. New York: Palgrave Macmillan.

Honig, B. 1991. "Declarations of Independence: Arendt and Derrida on the Problem of Founding a Republic". *American Political Science Review* 85(1): 97-113.

Honig, B. (ed.) 1995. *Feminist Interpretations of Hannah Arendt*. University Park, PA: Pennsylvania State University Press.

Howard, D. 2010. "Keeping the Republic: Reading Arendt's *On Revolution* after the Fall of the Berlin Wall". See Benhabib (2010), 277-92.

Hull, M. 2002. *The Hidden Philosophy of Hannah Arendt*. London: Routledge.

Hyndman, J. & A. Mountz 2008. "Another Brick in the Wall? *Neo-refoulement* and the Externalization of Asylum by Australia and Europe". *Government and Opposition* 43(2): 249-69.

Ingram, J. 2008. "What is a 'Right to Have Rights'? Three Images of the Politics of Human Rights". *American Political Science Review* 102(4): 401-16.

Isaac, J. C. 1992. *Arendt, Camus, and Modern Rebellion*. New Haven, CT: Yale University Press.

Isaac, J. C. 1996. "A New Guarantee on Earth: Hannah Arendt on Human Dignity and the Politics of Human Rights". *American Political Science Review* 90(1): 61-73.

Isaac, J. C. 1998. *Democracy in Dark Times*. Ithaca, NY: Cornell University Press.

Jacobson, D. 1996. *Rights Across Borders: Immigration and the Decline of Citizenship*. Baltimore, MD: Johns Hopkins University Press.

Jay, M. 1978. "Hannah Arendt: Opposing Views". *Partisan Review* 45(3): 348-68.

Kafka, F. 2002. "He: Aphorisms from the 1920 Diary". In his *The Great Wall of China and Other Short Works*, M. Pasley (ed., trans.), 104-13. London: Penguin.

Kant, I. 1983. *Critique of Pure Reason*, N. K. Smith (trans.). London: Macmillan.

Kant, I. 1987. *Critique of Judgment*, W. S. Pluhar (trans.). Indianapolis, IN: Hackett Publishing.

Kant, I. 1997. *Critique of Practical Reason*, M. Gregor (trans.). Cambridge: Cambridge University Press.

Kaplan, F. 2013. "The Woman Who Saw Banality in Evil". *The New York Times* (24 May), www. nytimes. com/2013/05/26/movies/hannah-arendt-directed-by-margarethe-von-trotta.html? pagewanted=all (accessed 5 October 2013).

Kateb, G. 1984. *Hannah Arendt: Politics, Conscience, Evil*. Totowa, NJ: Rowman & Allanheld.

Kateb, G. 2000. "Political Action: Its Nature and Advantages". See Villa (2000), 130-48.

Kateb, G. 2001. "The Judgment of Arendt". In *Judgment, Imagination, and Politics: Themes from Kant and Arendt*, R. Beiner & J. Nedelsky (eds), 121-38. Lanham, MD: Rowman & Littlefield.

Kateb, G. 2003. *The Inner Ocean: Individualism and Democratic Culture*. Ithaca, NY: Cornell University Press.

Katznelson, I. 2003. *Desolation and Enlightenment*. New York: Columbia University Press.

Keck, M. E. & K. Sikkink 1998. *Activists Beyond Borders: Advocacy Networks in International Politics*. Ithaca, NY: Cornell University Press.

Keenan, A. 1994. "Promises, Promises: The Abyss of Freedom and the Loss of the Political in the Work of Hannah Arendt". *Political Theory* 22(2): 297-322.

Kesby, A. 2012. *A Right to Have Rights: Citizenship, Humanity, and International Law*. Oxford: Oxford University Press.

King, R. & D. Stone (eds) 2007. *Hannah Arendt and the Uses of History: Imperialism, Nation, Race, and Genocide*. New York: Berghahn Books.

Klusmeyer, D. B. 2000. "Hannah Arendt's Case for Federalism". *Publius* 40 (1): 31-58.

Klusmeyer, D. B. 2005. "Hannah Arendt's Critical Realism: Power, Justice, and Responsibility". See Lang & Williams (2005), 113-78.

Kohn, J. 1996. "Evil and Plurality: Hannah Arendt's Way to The Life of the Mind". See May & Kohn (1996), 147-78.

Kohn, J. 2000. "Freedom: The Priority of the Political". See Villa (2000), 113-29.

Kohn, J. 2005. "Introduction". In H. Arendt, *The Promise of Politics*, vii-xxxiii. New York: Schocken.

Krause, M. 2008. "Undocumented Immigrants: An Arendtian Perspective". *European Journal of Political Theory* 7(3): 331-48.

Kristeva, J. 2001. *Hannah Arendt: Life is a Narrative*, R. Guberman (trans.). New York: Columbia University Press.

La Caze, M. 2006. "The Asymmetry between Apology and Forgiveness". *Contemporary Political Theory* 5(4): 447-68.

LaCapra, D. 2001. *Writing History, Writing Trauma*. Baltimore, MD: Johns Hopkins University Press.

Lang, Jr, A. F. 2005. "Governance and Political Action: Hannah Arendt on

Global Political Protest". See Lang & Williams (2005), 179-98.

Lang, A. F., Jr & J. Williams (eds) 2005. *Hannah Arendt and International Relations: Readings across the Lines.* Basingstoke: Palgrave Macmillan.

Lara, M. P. 2007. *Narrating Evil: A Postmetaphysical Theory of Reflective Judgment.* New York: Columbia University Press.

Lauren, P. G. 1998. *The Evolution of International Human Rights: Visions Seen.* Philadelphia, PA: University of Pennsylvania Press.

Lincott, A. 2004. *The Constitution of the Roman Republic.* Oxford: Oxford University Press.

Luban, D. 1983. "Explaining Dark Times: Hannah Arendt's Theory of Theory". *Social Research* 50(1): 215-48.

Lukes, S. 1974. *Power: A Radical View.* Basingstoke: Macmillan Education.

Lurie, A. 2013. "The Revolt of the Invisible Woman". *The New York Review of Books* (9 May), www.nybooks.com/articles/archives/2013/may/09/revolt-invisible-woman/? pagination=false (accessed 5 October 2013).

Mannheim, K. [1929] 1960. *Ideology and Utopia*, E. A. Shils & L. Wirth (trans.). London: Routledge.

Mantena, K. 2010. "Genealogies of Catastrophe: Arendt on the Logic and Legacy of Imperialism". See Benhabib (2010), 83-112.

Markell, P. 2011. "Arendt's Work: On the Architecture of *The Human Condition*". *College Literature* 38(1): 15-44.

May, L. & J. Kohn (eds) 1996. *Hannah Arendt: Twenty Years Later.* Cambridge, MA: MIT Press.

McClure, K. 1997. "The Odor of Judgment: Exemplarity, Propriety and Politics in the Company of Hannah Arendt". See Calhoun & McGowan (1997), 53-84.

Michelman, F. 1996. "Parsing 'A Right to Have Rights'". *Constellations* 3 (2): 200-209.

Montesquieu, C. de. 1989. *The Spirit of Laws.* Cambridge: Cambridge University Press.

Morris, P. 2002. *Power: A Philosophical Analysis*, 2nd edn. Manchester: Manchester University Press.

Moruzzi, N. C. 2000. *Speaking through the Mask: Hannah Arendt and the Politics of Social Identity.* Ithaca, NY: Cornell University Press.

Muldoon, P. 2009. "Past Injustices and Future Protections: On the Politics of

Promising". *Australian Indigenous Law Review* 13(2): 2-17.

Negri, A. 2009. *Insurgencies: Constituent Power and the Modern State*, M. Boscagli (trans.). Minneapolis, MN: University of Minnesota Press.

Neiman, S. 2002. *Evil in Modern Thought: An Alternative History of Philosophy*. Princeton, NJ: Princeton University Press.

Nietzsche, F. 1968. "How the 'True World' Finally Became a Fable: The History of an Error". In *The Portable Nietzsche*, W. Kaufmann (trans.), 485-6. New York: Penguin.

Nussbaum, M. 1995. *Poetic Justice: The Literary Imagination and Public Life*. Boston, MA: Beacon Press.

O'Byrne, A. 2010. *Natality and Finitude*. Bloomington, IN: Indiana University Press.

Olafson, F. A. 1998. *Heidegger and the Ground of Ethics: A Study of Mitsein*. Cambridge: Cambridge University Press.

Owens, P. 2005. "Hannah Arendt, Violence, and the Inescapable Fact of Humanity". See Lang & Williams (2005), 41-65.

Owens, P. 2007. *Between War and Politics: International Relations and the Thought of Hannah Arendt*. Oxford: Oxford University Press.

Owens, P. 2011. "Beyond 'Bare Life': Refugees and the 'Right to Have Rights'". In *Refugees in International Relations*, A. Betts & G. Loescher (eds), 133-50. Oxford: Oxford University Press.

Parekh, B. 1981. *Hannah Arendt and the Search for a New Political Philosophy*. London: Macmillan.

Parekh, S. 2004. "A Meaningful Place in the World: Hannah Arendt on the Nature of Human Rights". *Journal of Human Rights* 3(1): 41-53.

Parekh, S. 2008. *Hannah Arendt and the Challenge of Modernity: A Phenomenology of Human Rights*. New York: Routledge.

Passerin d'Entrèves, M. 1994. *The Political Philosophy of Hannah Arendt*. London: Routledge.

Pettigrove, G. 2006. "Hannah Arendt and Collective Forgiving". *Journal of Social Philosophy* 37(4): 483-500.

Pitkin, H. 1981. "Justice: On Relating Public and Private". *Political Theory* 9(3): 327-52.

Pitkin, H. F. 1998. *The Attack of the Blob: Hannah Arendt's Concept of the Social*. Chicago, IL: University of Chicago Press.

Plato 1995. *Plato*: *Euthyphro*, *Apology*, *Crito*, *Phaedo*, *Phaedrus*, H. N. Fowler (trans.). Cambridge, MA: Harvard University Press.

Postone, M. 2000. "Hannah Arendts *Eichmann in Jerusalem*: Die unaufgelöste Antinomie von Universalität und Besonderem". In *Hannah Arendt Revisited*: *Eichmann in Jerusalem und die Folgen*, G. Smith (ed.), 264-90. Frankfurt: Suhrkamp.

Rancière, J. 2004. "Who is the Subject of the Rights of Man?" *The South Atlantic Quarterly* 103(2/3): 297-310.

Rensmann, L. 2012. "Grounding Cosmopolitics: Rethinking Crimes against Humanity and Global Political Theory with Arendt and Adorno". See Rensmann & Gandesha (2012), 129-53.

Rensmann, L. & S. Gandesha (eds) 2012. *Arendt and Adorno*: *Political and Philosophical Investigations*. Stanford, CA: Stanford University Press.

Ricoeur, P. 1965. *History and Truth*. Evanston, IL: Northwestern University Press.

Ricoeur, P. 1983. "Action, Story and History: On Re-reading *The Human Condition*". *Salmagundi* 60: 60-72.

Ricoeur, P. 1991. "Life in Quest of Narrative". In *On Paul Ricoeur*: *Narrative and Interpretation*, D. Wood (ed.), 20-33. London: Routledge.

Ring, J. 1989. "On Needing Both Marx and Arendt: Alienation and the Flight from Inwardness". *Political Theory* 17(3): 432-48.

Risse, T., S. C. Ropp & K. Sikkink (eds) 1999. *The Power of Human Rights*: *International Norms and Domestic Change*. New York: Cambridge University Press.

Rorty, R. 1993. "Human Rights, Rationality, and Sentimentality". *In On Human Rights*: *The Oxford Amnesty Lectures*, S. Shute & S. Hurley (eds), 111-34. New York: Basic Books.

Sartre, J.-P. 1965. "Preface". In F. Fanon, *The Wretched of the Earth*, C. Farringdon (trans.), 7-26. Harmondsworth: Penguin.

Sartre, J.-P. 1998. "Merleau-Ponty *vivant*". In *The Debate between Sartre and Merleau-Ponty*, J. Stewart (ed.), 565-626. Evanston, IL: Northwestern University Press.

Sassen, S. 2002. "The Repositioning of Citizenship: Emergent Subjects and Spaces for Politics". *Berkeley Journal of Sociology* 46: 4-26.

Schaap, A. 2005. *Political Reconciliation*. London: Routledge.

Schaap, A. 2011. "Enacting the Right to Have Rights: Jacques Rancière's Critique of Hannah Arendt". *European Journal of Political Theory* 10 (1): 22-45.

Schiff, J. 2012. "The Varieties of Thoughtlessness and the Limits of Thinking". *European Journal of Political Theory* 12(2): 99-115.

Scholem, G. 1978. "Eichmann in Jerusalem: An Exchange of Letters between Gershom Scholem and Hannah Arendt". In H. Arendt, *The Jew as Pariah: Jewish Identity and Politics in the Modern Age*, R. H. Feldman (ed.), 240-51. New York: Grove.

Scott, J. V. 2002. "Hannah Arendt Twenty Years Later: A German Jewess in the Age of Totalitarianism". *New German Critique* 86: 19-42.

Scott, J. V. & J. C. Stark 1996. "Rediscovering Hannah Arendt". In H. Arendt, *Love and Saint Augustine*, J. V. Scott & J. C. Stark (eds), 125-34. Chicago, IL: University of Chicago Press.

Somers, M. R. 2008. *Genealogies of Citizenship: Markets, Statelessness, and the Right to Have Rights*. Cambridge: Cambridge University Press.

Sorel, G. 1999. *Reflections on Violence*, J. Jennings (ed.). Cambridge: Cambridge University Press.

Soysal, Y. N. 1994. *Limits of Citizenship: Migrants and Postnational Membership in Europe*. Chicago, IL: University of Chicago Press.

Taminiaux, J. 1997. *The Thracian Maid and the Professional Thinker: Arendt and Heidegger*. Albany, NY: SUNY Press.

Taminiaux, J. 2000. "Athens and Rome". See Villa (2000), 165-77.

Terada, R. 2004. "Thinking for Oneself: Realism and Defiance in Arendt". *English Literary History* 71(4): 839-65.

Thaler, M. 2011. "Political Judgment beyond Paralysis and Heroism". *European Journal of Political Theory* 10(2): 225-53.

Tsao, R. T. 2002a. "The Three Phases of Arendt's Theory of Totalitarianism". *Social Research* 69(2): 579-619.

Tsao, R. T. 2002b. "Arendt against Athens: Rereading *The Human Condition*". *Political Theory* 30(1): 97-123.

Vetlesen, A. J. 2011. "Can Forgiveness be Morally Wrong?" In *The Ethics of Forgiveness: A Collection of Essays*, C. Fricke (ed.), 143-65. London: Routledge.

Villa, D. R. 1996. *Arendt and Heidegger: The Fate of the Political*. Princeton, NJ:

Princeton University Press.

Villa, D. R. 1997. "Hannah Arendt: Modernity, Alienation, and Critique". See Calhoun & McGowan (1997), 287-309.

Villa, D. R. 1999. *Politics, Philosophy, Terror: Essays on the Thought of Hannah Arendt*. Princeton, NJ: Princeton University Press.

Villa, D. R. (ed.) 2000. *The Cambridge Companion to Hannah Arendt*. Cambridge: Cambridge University Press.

Villa, D. R. 2008. *Public Freedom*. Princeton, NJ: Princeton University Press.

Visker, R. 2007. "Pluralisme, participatie en vertegenwoordiging: Hannah Arendt herlezend". *Tijdschrift voor Filosofie* 69(3): 419-44.

Vollrath, E. 1977. "Arendt and the Method of Political Thinking". *Social Research* 44(1): 160-82.

Walters, W. 2002. "Deportation, Expulsion, and the International Police of Aliens". *Citizenship Studies* 6(3): 265-92.

Weber, M. [1920] 2011. *The Protestant Ethic and the Spirit of Capitalism*, S. Kalberg (trans.). Oxford: Oxford University Press.

Weber, M. 1978. *Economy and Society*, G. Roth & C. Wittich (eds). Berkeley, CA: University of California Press.

Weber, M. 2000. *Political Writings*, P. Lassman & R. Speirs (eds). Cambridge: Cambridge University Press.

Weitz, E. D. 2008. "From the Vienna to the Paris System: International Politics and the Entangled Histories of Human Rights, Forced Deportations, and Civilizing Missions". *American Historical Review* 113(5): 1313-43.

Wellmer, A. 1996. "Hannah Arendt on Judgment: The Unwritten Doctrine of Reason". See May & Kohn (1996), 33-52.

Wellmer, A. 2000. "Arendt on Revolution". See Villa (2000), 220-41.

Wessel, J. S. & L. Rensmann 2012. "The Paralysis of Judgment: Arendt and Adorno on Antisemitism and the Modern Condition". See Rensmann & Gandesha (2012), 197-225.

Whiteside, K. 1994. "Hannah Arendt and Ecological Politics". *Environmental Ethics* 16(4): 339-58.

Whitfield, S. 1980. *Into the Dark: Hannah Arendt and Totalitarianism*. Philadelphia, PA: Temple University Press.

Williams, B. 1981. *Moral Luck: Philosophical Papers*, 1973-1980. Cambridge: Cambridge University Press.

Williams, G. 1998. "Love and Responsibility: A Political Ethic for Hannah Arendt". *Political Studies* 46(5): 937-50.

Williams, G. (ed.) 2006. *Hannah Arendt: Critical Assessments of Leading Political Philosophers*. London: Routledge.

Wolin, S. 2008. *Democracy Inc.: Managed Democracy and the Specter of Inverted Totalitarianism*. Princeton, NJ: Princeton University Press.

Xenos, N. 1993. "Refugees: The Modern Political Condition". *Alternatives: Global, Local, Political* 18(4): 419-30.

Yeat, A., P. Hansen, M. Zolkos & C. Barbour (eds) 2011. *Action and Appearance: Ethics and the Politics of Writing in Hannah Arendt*. New York: Continuum.

Young, I. M. 2002. "Power, Violence and Legitimacy: A Reading of Hannah Arendt in an Age of Police Brutality and Humanitarian Intervention". In *Breaking the Cycles of Hatred: Memory, Law and Repair*, M. Minow (ed.), 260-87. Princeton, NJ: Princeton University Press.

Young-Bruehl, E. 2004. *Hannah Arendt: For Love of the World*, 2nd edn. New Haven, CT: Yale University Press.

Young-Bruehl, E. 2006. *Why Arendt Matters*. New Haven, CT: Yale University Press.

Zerilli, L. 2005. "We Feel Our Freedom: Imagination and Judgment in the Thought of Hannah Arendt". *Political Theory* 33(2): 158-88.

索　引

图书在版编目(CIP)数据

阿伦特:关键概念/(英)帕特里克·海登
(Patrick Hayden)编;陈高华译.—重庆:重庆大学
出版社,2017.4(2019.12重印)
(思想家和思想导读丛书)
书名原文:Hannah Arendt:Key Concepts
ISBN 978-7-5689-0433-9

Ⅰ.①阿… Ⅱ.①帕…②陈… Ⅲ.①阿伦特
(Arendt,Hannah 1906—1975)—政治哲学—哲学思想—思想
评论 Ⅳ.①B712.59

中国版本图书馆 CIP 数据核字(2017)第 041278 号

阿伦特:关键概念
ALUNTE GUANJIAN GAINIAN

帕特里克·海登 编
陈高华 译
策划编辑:邹 荣 任绪军 雷少波
责任编辑:邹 荣 版式设计:邹 荣
责任校对:邹小梅 责任印制:张 策
*
重庆大学出版社出版发行
出版人:饶帮华
社址:重庆市沙坪坝区大学城西路 21 号
邮编:401331
电话:(023)88617190 88617185(中小学)
传真:(023)88617186 88617166
网址:http://www.cqup.com.cn
邮箱:fxk@cqup.com.cn(营销中心)
全国新华书店经销
重庆市正前方彩色印刷有限公司印刷
*
开本:890mm×1168mm 1/32 印张:9.625 字数:227 千 插页:32 开 2 页
2017 年 4 月第 1 版 2019 年 12 月第 2 次印刷
ISBN 978-7-5689-0433-9 定价:56.00 元

Hannah Arendt: Key Concepts, by Patrick Hayden, ISBN: 978-1-84465-808-4

First published in 2014 by Acumen

Published 2014 by Routledge

2 Park Square, Milton Park, Abingdon, Oxon OX14 4RN

711 Third Avenue, New York, NY 10017, USA

Editorial matter and selection © Patrick Hayden, 2014

Individual chapters © contributors, 2014

gu⚑de

思想家和思想导读丛书

★表示已出版

思想家导读

导读齐泽克★   导读德里达★
导读德勒兹★   导读弗洛伊德(原书第2版)★
导读尼采★   导读海德格尔(原书第2版)
导读阿尔都塞★   导读鲍德里亚(原书第2版)★
导读利奥塔★   导读阿多诺★
导读拉康★   导读福柯★
导读波伏瓦★   导读萨义德(原书第2版)
导读布朗肖★   导读阿伦特
导读葛兰西★   导读巴特勒
导读列维纳斯★   导读巴赫金★
导读德曼★   导读维利里奥
导读萨特★   导读利科
导读巴特★

思想家著作导读

导读尼采《悲剧的诞生》★   导读德勒兹《差异与重复》
导读巴迪欧《存在与事件》   (亨利·萨默斯-霍尔 著)
导读德里达《书写与差异》   导读德勒兹与加塔利《什么是哲学?》
导读德里达《声音与现象》   导读福柯《性史(第一卷):认知意志》★
导读德里达《论文字学》   导读福柯《规训与惩罚》
导读德勒兹与加塔利《千高原》★   导读萨特《存在与虚无》
导读德勒兹《差异与重复》   导读维特根斯坦《逻辑哲学论》
(乔·休斯 著)   导读维特根斯坦《哲学研究》

思想家关键词

福柯思想辞典★   朗西埃:关键概念
拉康派精神分析介绍性辞典   布迪厄:关键概念(原书第2版)
巴迪欧:关键概念★   福柯:关键概念
德勒兹:关键概念(原书第2版)   阿伦特:关键概念★
阿多诺:关键概念★   德里达:关键概念
哈贝马斯:关键概念★   维特根斯坦:关键概念